U0141241

SOUTHEAST ASIA
A History in Objects

大英博物館裡的
——東南亞史——

ALEXANDRA GREEN
亞歷山卓・葛林

著

葉品岑——譯

SOUTHEAST ASIA
A HISTORY IN OBJECTS

目次

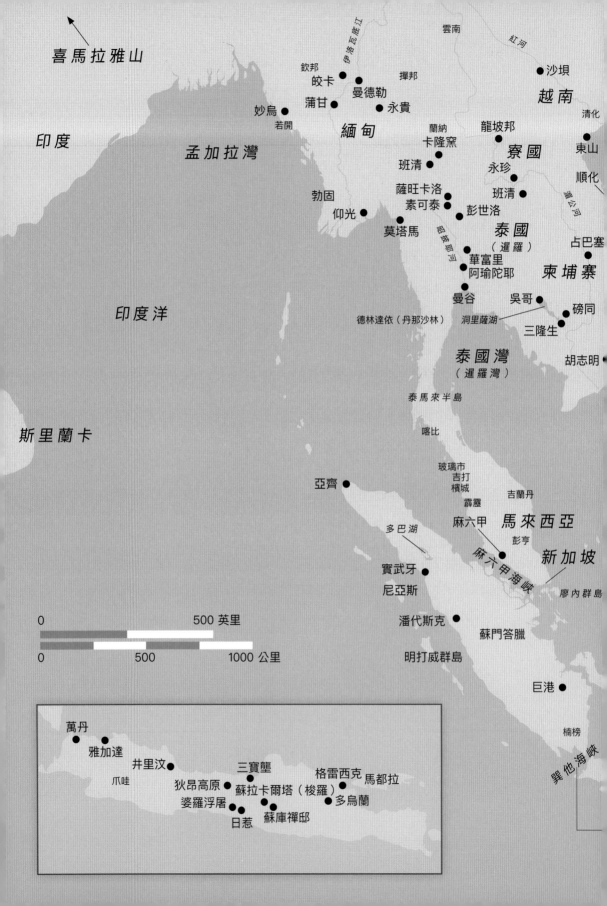

喜馬拉雅山

印度

孟加拉灣

印度洋

斯里蘭卡

緬甸

伊洛瓦底江

雲南

紅河

欽邦
皎卡
曼德勒
蒲甘
永貴
妙烏
若開

撣邦

沙壩
越南
清化
東山
順化
湄公河

蘭納
卡隆窯
班清
龍坡邦
寮國
永珍
班清

勃固
仰光
薩旺卡洛
素可泰
彭世洛
莫塔馬
泰國
（暹羅）

華富里
阿瑜陀耶
曼谷
吳哥
磅同
三隆生

占巴塞
柬埔寨

胡志明

德林達依（丹那沙林）
洞里薩湖

泰國灣
（暹羅灣）

泰馬來半島

喀比

玻璃市
吉打
檳城
霹靂
吉蘭丹

亞齊

多巴湖
麻六甲
彭亨
馬來西亞
新加坡
麻六甲海峽
廖內群島

實武牙
尼亞斯

潘代斯克
蘇門答臘
明打威群島

巨港

楠榜

巽他海峽

0 ──────────── 500 英里
0 ──────────── 500 ──────────── 1000 公里

萬丹
雅加達
井里汶
爪哇
狄昂高原
婆羅浮屠
日惹
蘇拉卡爾塔（梭羅）
蘇庫禪邸
三寶壟
格雷西克
馬都拉
多烏蘭

中國　　福建　　　臺灣
廣東

東南亞

南海　　　科迪勒拉區

峴港　　　　　　呂宋　　　　　太平洋
會安

馬尼拉

越南　　　　　　民都洛

菲律賓

汶萊　　　　民答那峨

加拉必高地　　　沙巴

伊甘河　　　　　　　　　塔勞群島

砂拉越　　巴南河

拉讓河

桑巴斯　　　　　　　　　　　　　摩鹿加群島（馬魯古群島）

加里曼丹

蘇拉威西

印度尼西亞　　　馬馬薩　　　　　　　希蘭

望加錫（烏戎潘當）　　　　　　安汶

烏魯冷

卡伊群島

辛多羅山　　阿貢山　　騰加南帕靈馨干　　　　里塔貝爾

塞梅魯山　　　　　龍目　　　　　　　　　塔寧巴群島

索洛島

峇里　　卡馬桑　　松巴　　　東帝汶

烏布

緒論

　　東南亞作為一個獨特區域的概念在二戰後出現，今天它大抵涵括在 1967 年成立的東南亞國家協會（Association of Southeast Asian Nations，簡稱東協〔ASEAN〕）。目前東南亞有兩個部分：由緬甸、泰國、柬埔寨、寮國和越南組成的大陸區；以及印尼、馬來西亞、汶萊、新加坡、東帝汶和菲律賓組成的島嶼區。兩區都住著許多不同的族裔和語言群體，這些群體至今仍有從複雜的大型社會到小型的狩獵採集社會等不同樣貌。有鑑於區域內語言的、宗教的、社會的和文化的多樣性，以及和臺灣、中國西南部和印度東北部的原住民族有強烈文化連結，還有和斯里蘭卡與馬達加斯加的關聯，「東南亞」一詞的效用引發熱烈討論。然而，在文化面、歷史面和物質面，東南亞地區內部存在明確的交流路線和強烈的相似性。

　　東南亞的多樣性源自地形特徵，它有促進互動的豐饒河流盆地和淺海（圖二），以及阻礙互動的山區和高地（圖一）。稻米成為低地居民的糧食作物（圖三），其他澱粉類，像是西米棕櫚（sago）、木薯和旱稻，由住在不適合水稻農業的高地和部分東南亞島嶼區（特別是印尼東部島嶼）的居民種植。東南亞有豐富的資源，像是丁香和檀香木，其中很多都曾經只出產於東南亞，東南亞人在當地開採和使用這些資源，同時也發展出交易的路線（圖五）。漸漸的，這些網路在區域間和國際間擴張，東南亞介於南亞次大陸和中國之間的地理位置，使它成為一個貿易樞紐。由於每年的季風迫使商人留在東南亞，等待順風帶他們繼續前進，國際化的港口和城市隨之而生，特別是巨港（Palembang）、麻六甲（Melaka）、汶萊、莫塔馬（Mottama，馬達班〔Martaban〕）、阿瑜陀耶（Ayutthaya）、會安（Hoi An），以及後來的峴港（Da Nang）、雅加達（Jakarta，

圖一　泰國夜豐頌府泰緬邊境附近的山區

東南亞大陸被大致呈南北向的河流劃分開來，湄公河、紅河、伊洛瓦底江和昭披耶河及其支流形成了適合水稻種植的低地河流平原。高地河流（如圖所見），以及濃密的熱帶叢林，構成陸上旅行的主要障礙。這些山區不適合大規模農業，在沿海和河流人民以及高地和內陸人民之間創造出文化差異。高地地形支持較小規模的半游牧社會，也提供躲避國家控制的藏身處直到最近。

巴達維亞〔Batavia〕）（圖六）和新加坡。阿拉伯人、泰米爾人、古吉拉特人、中國人和東南亞人等，以及後來的西方人，在那裡互動和混合（圖七）。東南亞對外開放，意味著新思想不斷被整併到當地的文化框架裡，創造出東南亞各色各樣的藝術形式。然而，觀念和資訊的流動是互惠的，術語、技術和藝術形式證明很多觀念在區域內外傳播。

對東南亞人來說，世界上住著肉眼看不見的靈魂、祖先、惡魔和神祇，他們與來自印度次大陸的印度教和佛教的概念和圖像、透過阿拉伯人和印度穆斯林商人傳播的伊斯蘭信仰，以及各種基督教派的價值觀交織在一起。直到近代以前，藝術不被認為是有別於手工藝、表演或日常生活的獨立範疇，它是由社會各階層所生產，也是為社會各階層而生產。也沒有特定材料被認為比其他材料更能代表藝術；它們或耐用或短暫的特質

被運用到不同的用途上，像是供奉神靈的石廟，到提升宗族聲望的木雕、日常使用的漆器、編織的樹葉供品、保護作用的紋身、可實用和展示用的籃子，以及表演中使用的面具或戲偶。物品的功效——展示社會身分和地位，以及使環境更有力，和神與精神世界溝通，或孝敬祖先以確保家族、社會和世界當前和未來的福祉——才是最重要的。東南亞藝術家通常不會在自己的作品上簽名，而且許多類型的文物都是合作製造。自19世紀以來，為藝術而創造的作品產量增加。藝術近來被用於記錄特定事件，例如越南對美國的戰爭，以及當時的越南社會（圖七）。今天，東南亞的當代藝術蓬勃發展。

圖二　印尼東努沙登加拉省科莫多群島帕達爾島的景觀

半島區和島嶼區結合了地質穩定的土地和隱沒帶沿線的土地，形成從蘇門答臘島到馬魯古群島（摩鹿加群島）、從蘇拉威西島穿過菲律賓再向北延伸的火山弧。有些地區，譬如爪哇島，擁有肥沃土壤和季風氣候，維繫了高人口密度；但在火山區之外，島嶼往往土壤貧瘠，只能養活稀疏的人口，例如婆羅洲中部。淺海和紅樹林是海洋游牧民族（如海人〔Orang Laut〕）佔據的地盤，他們在歷史上是海洋商品和海軍兵力的來源。

稻是東南亞最廣泛種植的主食作物，有數千個品種，可以種植在氾濫的田野、沼澤地區、梯田和山坡上。雖然需要密集的勞動力，但產量很高，特別是低地地區的水稻生產。種稻產生的剩餘使階層化社會得以在 2500 多年前出現，並在 20 世紀之前，創造出當地統治者重現的勞力需求。

自 18 世紀晚期起，歐洲人開始收藏出自不同東南亞文化的藝術品，然後在 19 世紀和 20 世紀期間，這些藝術品有越來越多被捐贈給博物館。大英博物館的東南亞藏品的分類是根據 19 世紀和 20 世紀殖民期間出現的國界，這點反映在本書的內容結構。（自 1960 年代起成為印尼省分的巴布亞和西巴布亞，在大英博物館被列為大洋洲文化的一部分，因此不在本書範圍裡。）東南亞藏品因而和殖民歷史密切相關，強烈代表英國曾經殖民或從事貿易的地區：緬甸、馬來西亞，包括沙巴和砂拉越、爪哇、蘇門答臘和泰國。不可避免的，這類藏品反映收藏家和策展人的興趣和想法，而不是東南亞的重要事項。史坦福‧萊佛士爵士（Sir Stamford Raffles，19 世紀初期東印度公司的官員）收集大量的印度教和佛教神祇的爪哇金屬雕像，以及其他小型金屬物品（圖四），既是因為它們的便攜性，也因為它們暗示曾經有一個符合歐洲標準的偉大文明，並把當代歐洲科學的收藏原則應用到許多類文物上。同樣的，英國殖民統治者查

圖四　裝飾十二宮與天神的碗

像這樣的碗目前在東爪哇騰格里
地區和峇里島的儀式中用來盛裝
聖水，但在 14 世紀最初生產時
的用途則無從得知。碗上通常有
兩排人物，下排是從水瓶座到摩
羯座的十二宮，上排可能是代表
天上星宿的諸神。許多早期的碗
在上排都有一個年代，暗示它們
在特定事件中的使用；這只碗的
年代寫在鳥的上方。

西元 1329 年
印尼東爪哇
青銅
直徑 14.5 公分，高 11.4 公分
威廉・萊佛士・弗林特（William
Raffles Flint）捐贈，史坦福・萊
佛士收藏
1859,1228.139

爾斯・霍斯（Charles Hose）參與抑制婆羅洲的獵頭活動（他試
圖用划船比賽取而代之），因此能夠在 19 世紀晚期和 20 世紀
初期收集大量的獵頭設備。20 世紀下半葉，大英博物館向馬來
偶戲師托阿旺拉（Tok Awang Lah）收購皮影戲偶，並收購越南
陶瓷，作為博物館豐富中國陶瓷藏品的補充。由於很多東南亞
文物是在特定時刻收集而來，而不是隨著時間循序漸進的系統
性蒐羅，它們呈現的多半是東南亞眾多文化的簡要印象，而非
完整地記錄其變遷。

　　儘管如此，書中討論的物品展示從遠古時代至今在東南亞
發現的不同民族、文化、材料和技術的豐富樣本。雖然不可能
面面俱到，但這些主題涉及並貫穿了東南亞歷史的主要脈絡：
山與水、地理、貿易和交流網絡、跨文化互動、聖靈和祖先、
宗教在地化，以及社會和政治結構。第一章探討東南亞的遠古
歷史，觀看不斷變化的社會結構、使用物質材料和技術的出現，

圖五　丁香船

丁香來自馬魯古群島（摩鹿加群島），是香料貿易的主要動力。由穿成串的丁香構成的迷你船，作為紀念品製造已有數百年歷史。它們是否是當地的儀式文物尚不清楚。船對東南亞具有重要意義，它們是從捕魚到奴隸貿易等各種生計的工具，而且是社會和信仰體系的一部分。

西元 19 世紀
印尼馬魯古群島
丁香，纖維
長 58 公分，高 30 公分
As 1972,Q.1944

以及特定的遺址，藉以了解普遍的趨勢，其中一些趨勢一直持續到 20 世紀。誠如第二章討論的，王國和早期帝國的崛起和繁榮，見證東南亞民族參與了廣闊的印度教與佛教世界，並改變新觀念以符合當地的政治與宗教需求。伊斯蘭教出現，沿著貿易路線發展。第三、四、五和六章不太按時間順序排列，因為這四章看的是東南亞從約西元 1500 年至今的不同面向。這並不是暗示東南亞文化在數百年裡不受時間影響、維持不變；事實上，它反映的是物品在熱帶氣候的短暫性，因此利用物品講述完整歷史存在著困難。第三章從貨物、社群、商品和藝術的角度討論帝國、外交和貿易的題目。第四章探討習俗、實踐、信仰體系和文化表達方法，其中有些在 21 世紀倖存下來，有些則隨著東南亞的現代化而變得過時。第五章和第六章聚焦非常重要的藝術形式：敘事、表演、織物與編籃。圖像故事的證據可以追溯到 1500 多年前。表演因為轉瞬即逝的特質，歷史比較不明確，但依據 15 世紀開始的區域文獻和遊客描述，還

The City of BATAVIA in the Island of Java end Capital of all the Dutch Factories & Settlements in the East Indies.　　　Published as the act directs by JN WHITTLE and RH LAURIE, N°53 Fleet St London　La Ville de BATAVIA en l'Iste de Java et Capitale de tous les Comptoirs et Establissements Hollandois dans les Indes Orientales.

有石頭浮雕，透露表演的盛行。多樣化和創新的織物生產是東南亞的偉大成就之一；編籃不如織物為人所知，是相對被忽視的領域，但對東南亞人而言有實際用途和象徵意義。最後，第七章探討一些二戰後出現的眾多趨勢，特別是殖民主義的終結和經常動盪紛擾的現代民族國家的興起。全球趨勢的參與透過蓬勃發展的旅遊業、現代與當代藝術運動的發展，影響了東南亞地區，導致了許多傳統工藝知識的流失與新材料的採用。然而，現代趨勢仍以適合東南亞人及其概念框架的方式被塑形和調整，一如幾千年來的運作。

　　本書收錄的每個文物都代表當一套思想、材料、信仰和技術匯流，使人得以創作出精彩的文化作品的時刻。隨著時間過去，這些物品被重製以適應新來的人，產生由於環境到人類等無數因素而不總是被記錄下來的變化。隨著時間的推移，這些

圖六　楊‧范萊恩（Jan van Ryne），爪哇島巴達維亞城，也是東印度群島所有荷蘭工廠和聚落的首府

1619 年，荷蘭東印度公司（VOC）在爪哇島北海岸建立了一個港口，命名為巴達維亞。隨著荷蘭在 19 世紀鞏固其控制權，巴達維亞城成為荷屬東印度群島（由現今印尼的部分地區組成）的首都，這幅版畫就是出自 19 世紀。泥濘的港口區規劃成網格狀，郊區有運河和農地。1949年，城市更名為雅加達，成為新建國的印尼的首都。

西元 1818 年
倫敦
版畫
高 30 公分，長 42.5 公分
E‧E‧萊加特（E. E. Leggat）
捐贈
1916,0411.60

圖七 光湫，峴港同慶街角

峴港是 19 世紀越南的重要港口，也是 1965 年美國開始登陸地面部隊的地方。入伍的藝術家被鼓勵記錄當代越南人的生活，而不是 20 世紀中期越南獨立戰爭期間的戰鬥。光湫上校（Quang Tho，1929–2001）因其藝術獲得無數獎項，其作品被多間博物館收藏。

西元 1967 年
越南
水彩素描，繪於紙上
高 27.5 公分，寬 39 公分
1999,0630,0.66

物品被重新調整以適應新的到來者，然而，由於從環境到人為等諸多因素，變化並未總是被記錄下來。為了便於閱讀，本書中的物品常與特定的民族國家聯繫在一起，其中許多國家是在 20 世紀才以目前的形式出現。

雖然東南亞萬花筒般的文化無法簡單分類和描述，希望本書能讓更多人認識和理解該地區及其美妙的物質文化，並啟發讀者重新思考，特別是這個地區正在成為世界第四大經濟體的路上，而且已經佔有全球人口比例的一大部分。

大事紀

約 150 萬年前	早期原始人類佔據東南亞
約 26,000 年前	出現最早的岩石畫證據
約 10,000 年前	打製石片技術的證據出土
約 10,000–8,000 年前	海平面上升創造出島嶼區
約 8,000 年前	開始生產陶器
約 5,000–2,500 年前	南島語族，可能來自臺灣，最初落腳菲律賓，然後擴散到許多東南亞島嶼地區
約西元前 3600– 西元 200 年	泰國班清文化複合體
約西元前 3000–2000 年	出現大量人口移動的證據
	與中國長江流域的聯繫
	大陸區出現稻作種植
	海洋貿易網絡發展
	使用馬洛斯箭頭的托利安文化複合體興起
約西元前 3000–300 年	柬埔寨三隆生有人居住的證據
約西元前 2500–1500 年	馮原文化在越南北部蓬勃發展
約西元前 2000–1000 年	東南亞大陸區開始使用青銅
約西元前 500 年 – 西元 1 世紀	中國雲南滇文化金屬加工興盛
約西元前 500–300 年	越南北部開始生產最早的東山文化青銅鼓
約西元前 500–200 年	島嶼區和大陸區之間的大規模遷徙
	島嶼區的新興稻作種植
	東南亞島嶼區出現青銅加工
	東南亞島嶼區和大陸區進入鐵器時代
	區域內和南亞以及中國的貿易迅速擴張
	考古紀錄出現類似村莊的防禦工事聚落
西元前 111 年	中國漢朝入侵越南北部
1–5 世紀	從金屬加工階段過渡到信史時代

1 早期文化

約2萬6千年前至約西元500年

證據顯示早期原始人類從約 150 萬年前就居住在現在的東南亞，但考古紀錄只在過去 5 萬年內變得豐富和多樣化。人類居住的證據很多都已佚失，因為大概 1 萬年前，海平面在末次冰期的尾聲開始上升，淹沒了東南亞的低窪地區，使蘇門答臘島、爪哇島、峇里島、婆羅洲和現代印尼的其他地方成為今天的島嶼。當海平面固定在目前的高度後，兩個不同的區域隨之誕生──東南亞大陸區和島嶼區。兩者的景觀均有驚人的多樣性，從山岳峰巒（圖一）、高地高原和狹窄河谷到低地氾濫平原、海口灣和綿長的海岸線。險峻的地形使河流和大海成為最簡單的旅行路徑，人類最早的跨海航行就發生在東南亞（圖四）。

雖然東南亞大部分屬於熱帶，其降雨量變化很大，有緬甸中部的半乾旱，也有菲律賓東部的經常降雨。許多地區因為東北季風和西南季風而有明顯的乾濕季節。由於各種氣候和地理條件的排列組合，動植物種類繁多，但因其生態環境的特殊性，任何特定物種的個體數量都相對較少。因此，早期人類必

圖一　爪哇塞梅魯山

塞梅魯山（Sumeru）是爪哇島最神聖的山。在史前時期，洞穴和山脈不僅有實體的重要性，也是東南亞儀式和信仰的一部分。這種精神面一直持續到今天。

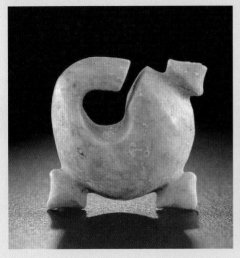

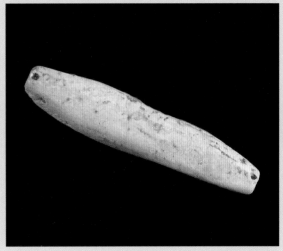

圖二　三突脊玉耳飾

三突脊玉耳飾是一種雙頭狹縫耳環，由珍貴的石頭、金屬或貝殼製成，分布廣泛。它們的分布與南島語族的遷徙有關。製作於西元前約 500 年至西元 500 年左右，有些玉耳飾是用從臺灣輸入的石頭製成。

西元 1-5 世紀
越南南部或中部
玉
高 2.6 公分
亞洲文明博物館（Asian Civili-sations Museum）
2007-56435

圖三　飾品

出自現代柬埔寨三隆生的文物顯示當地曾經長期有人居住，而且和湄公河三角洲和泰國東北部有往來。雖然這些和類似的發現往往缺乏考古學背景，但魚鉤、漁網鎮石和貝殼裝飾品（如圖中這件）顯示對水資源的實質依賴。

約西元前 3000-300 年
柬埔寨三隆生
貝殼
長 5.6 公分，高 1.4 公分
1890,0208.48

須開發大量的食物來源，隨著他們在已知地點之間移動，創造出游牧和半游牧的生活方式。群體在開採資源方面發展出專業分工，隨著時間推移，為了獲得更廣泛的原物料，群體開始彼此交易。這種互動模式一直持續到 20 世紀，並促進成為東南亞特色的廣大交流網絡的發展。

根據考古發掘透露，約 5000 年前開始，區域內曾經歷一段大量人口移動以及大量人口從外部移入的時期。南島語族最初從今天的臺灣到菲律賓，最後繼續前進到印尼群島和越南南部。東南亞大陸區經中國西南部的雲南和越南北部的聚落，和長江流域的第一批農耕人口有所往來。約 2500 年前，東南亞島嶼區和大陸區之間發生了進一步的遷徙。

最初，人們定居在沿海地區，通常是河口周圍和內陸河川及溪流沿岸，以便獲得貝類和其他水資源，同時也為了方便旅行和運輸。東南亞地區採行農耕和水稻種植是漸進發生的，在大陸區，最早是從西元前 3000 年至西元前 2000 年之間開始，島嶼區則是從約西元前 500 年開始。這個時期也看到村莊式聚落出現的最初跡象。許多遺址，例如三隆生（Samrong Sen）、班清（Ban Chiang）和烏魯冷（Ulu Leang）都有人類長時間居

圖四　邊架獨木舟

邊架是位於船隻單側或兩側有穩定作用的突出結構，可能是西元前1000至前500年間在東南亞發明，此外還有其他促進人們移動的航海技術在此時被發明。證據顯示東南亞人早在西元前2000年左右就掌握了造船、航海和貿易產品的知識，非洲則是在西元前1000年至前500年間。東南亞人在一千多年前也遷移到馬達加斯加。或大或小的船隻都會使用邊架，如圖所示，而且至今仍普遍使用。

西元1934–35年
印尼蘇拉威西島
照片可能由薇拉・德爾維斯・布勞頓（Vera Delves Broughton）拍攝
明膠銀鹽相紙
高21.4公分，寬29.1公分
第一代莫恩男爵沃爾特・吉尼斯（Walter Guinness, 1st Baron Moyne）捐贈
Oc,B57.15

住的證據（圖三）。有些社群成為定居稻農，而另一些仍然維持著狩獵採集，這種結構至今仍存在少數社群中。透過觀察牙齒磨損的模式顯示這兩種群體之間有互動，有些人在兩種類型的社會都生活過。

　　由於東南亞地貌的多樣性，採用新石器技術和青銅器與鐵器製作，以及農業發展的時間，在區域內各地各不相同。新科技的到來也不一定對社會結構有直接影響。早期狩獵採集者使用的技術包括加熱石頭烹飪、作為顏料的赭石和石片工具。在接下來的幾千年裡，人類社會開始研磨和拋光使他們的石器工具更有效率，製造燒製的陶瓷器皿，並使用貝殼等其他媒材製作個人裝飾品和陪葬品，表示代表人們相信有來世。大陸區在西元前2000年至前1000年間開始使用青銅。目前的證據指出東南亞島嶼區約在西元前500年開始生產青銅器和鐵器，但馬來半島的考古發掘暗示進一步的探查可能會修正這個評估。從墳墓發現的物品數量不斷增加，可推測社會變得越來越複雜。考古挖掘發現了米、錛子、珠寶、串珠、貝殼、玻璃、陶器、從樹皮布到絲綢的織物、半寶石（如紅玉髓、蛇紋石和玉）和武器。雖然其中有一些是用在地材料製成，但也有用進口原料

在當地製作的物品，以及其他地方製造的成品。有些墳墓藏有數百乃至數千件物品，這個事實說明在東南亞發展中的等級制度裡，獲得舶來品的管道、個人裝飾品和審美的重要性。

南海諸島嶼四處分布史前物品，像是三突脊玉耳飾（圖二）和燒製前添加紅色液態黏土的陶器，顯示海洋交易網絡 3000 多年前已經出現在東南亞。早期交易也發生在內陸聚落和沿海聚落的居民之間，逐步進化成貨物被送往上游換取原料和木材，然後再從沿海港口出口的共生關係。外來的珍貴物品因此出現在偏遠內陸的墓葬。

印度、東南亞和中國之間的貿易約從 2500 年前開始迅速擴張，再加上農業和製鹽生產帶來的財富，促使商業貿易政權出現，並促進了政治、社會和文化結構的共享。這開啟了一個重大變革的時期，包括持續擴大的社會結構發展成西元 1 世紀的酋邦政權和王國。從西元前 500 年左右開始，這些亞洲的海洋及內陸網絡和其他網絡的往來，創造出一個從地中海延伸到印度次大陸、東南亞和中國的互動格局。東南亞不僅位於印度和中國之間的中心地，它的物產更是價值連城，聲名遠播到羅馬都廣為人知。人和商店的流動刺激了藝術生產，外國工匠也紛紛在東南亞定居。

1│1 狩獵採集社會和新石器社會

在東南亞，史前狩獵採集社會的遺跡分布在沿海地區，特別是在河口，以及靠近河流和森林的內陸。能夠接近水源對開採資源非常重要，而尋找製造工具所需的卵石和石頭也是資源開採的一部分（圖二）。考古紀錄顯示，早期東南亞人頻繁地跨越各種地貌，他們狩獵和捕魚（圖五）、採集水果、蔬菜並加工食品，跟著季節性的食物來源移動，然後在他們定期返回的不同地點暫時落腳。岩畫似乎是一種標記地景的方式，也可能和信仰有關（圖一）。由於資源種類多樣，但數量有限，早期東南亞人需要能夠靈活從事各種任務的工具。已知的工具樣本有用骨頭、石頭和貝殼製成，使用模式顯示石器也被用來製作竹器和木器（圖三、四）。遺址長時間有人居住使我們得以追蹤技術的變化。在現代泰國的一些地方，例如科帕儂迪（Khok Phanom Di），鋤頭和收割刀等專門工具的出現暗示植物的馴化程度不斷提高。班那迪（Ban Na Di）發現的黏土小雕像則說明了豬和水牛等家畜的重要性。

圖二　卵石錘子

這種形狀未經加工的物品被用來擊打其他岩石，製造石片工具。這種錘子和早期技術有關。

西元前 3000–1000 年
發現於柬埔寨三隆生
黃色花崗岩
高 6.1 公分，直徑 6.3 公分
1890,0208.25

圖三　初步加工的錛子

初步加工的錛子是一種未完成的斧狀工具。隨著時代演進，工具從簡單的片狀石器，發展成更有效的精美、斜角且邊緣經過磨製的類型。

約西元前 2000–1000 年
發現於馬來西亞吉蘭丹（Kelantan）
石頭
長 23.8 公分
H・李德利（H. Ridley）捐贈
1951,0725.6

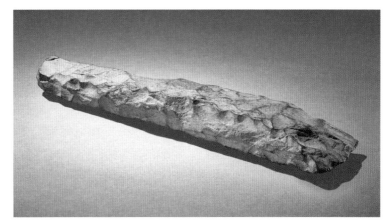

圖四　錛子

形狀規則（通常為四邊形）的精美錛子是技術改良後製作出的石片工具。儘管石頭的美顯示它可能是一件儀式文物，但器身上的磨損表明了它其實曾被使用過。

西元前 2000–1000 年
馬來西亞檳城巴東拉浪（Padang Lalang）
石頭，可能是碧玉
長 7.4 公分
阿德雷德・李斯特（Adelaide Lister）捐贈
As 1914,1012.52

圖五　漁網的鎮石

捕魚是史前東南亞的一項重要食物來源，早期東南亞地區的考古發掘成果包括捕魚設備。這塊石頭應該要綁在纖維網的邊緣，使漁網有沉入水裡的重量。

約西元前 3000–500 年
發現於柬埔寨三隆生
石頭
直徑 2.4 公分
1890,0208.42

1│2 印尼蘇拉威西的烏魯冷和林布倫

　　由於半游牧的生活方式，加上人群流向東南亞和在東南亞周邊移動，考古遺址展現區域內和區域外有顯著的相互聯繫。然而，東南亞地區的地形也造就僅存在小範圍內的獨特地方傳統。蘇拉威西島西南部就是其中一個這樣的地方，蘇拉威西島位於今天的印尼，人類至少在此住了 3 萬年。1960 年代晚期和 70 年代發掘的烏魯冷喪葬遺址（Ulu Leang）和林布倫岩蔭（Leang Burung），揭露一個擁有獨特技術複合體的狩獵採集社會，考古學家將它命名為托利安文化（Toalean）。

　　這兩個遺址出土年代最早的工具，是各式各樣的刀刃狀石片和細石器（小型的石器），這是典型的東南亞島嶼技術，後來擴充到包括尖銳的骨器（圖二）、貝殼刮刀，以及鋸齒狀和空心的工具石尖，通常是以燧石製成（圖一）。貌似有鋸齒邊緣的箭頭石製品，即所謂的馬洛斯箭頭（Maros points），證明托利安文化在東南亞是獨一無二的（圖三）。托利安文化也製作岩畫。雖然貝類、野生動物（如猴子、野豬、果子狸和侏儒水牛）以及野生種子與堅果構成這些遺址居民的早期飲食，後來他們也採集野生穀物，其中可能包括稻米。遺址也挖到玻璃珠（和大概西元前 3 世紀起印尼使用鐵金屬有關），以及當地生產的陶瓷（圖四）。進口的中國上釉陶瓷顯示這些遺址在過去幾千年一直有人居住。

圖一　石片工具

在烏魯冷的考古發掘發現了許多小型石片工具，這是一種早期技術。有些工具在使用後沒有重新磨利，暗示它們是用完即丟棄的，有些則帶有不是來自拋光，而是來自切割植物後留下的植物殘渣的光澤。

約西元前 4000–2500 年
烏魯冷 1
燧石
長 3.8–4.7 公分
伊恩・格洛弗（Ian Glover）和印尼政府捐贈
2000,1209.1–3

圖二　骨器

烏魯冷發現了最大一批由早期東南亞文化生產的骨器。區域內其他地方更常使用石頭、木材和竹子。主要由大型哺乳類動物骨頭切割而成的烏魯冷骨器，分為三大類型：兩端各有一個尖頭的實心的、對稱的骨器、末端粗而尖銳的實心工具，以及具有空心部分的尖頭。它們的具體用途仍是未知，但若和其他東南亞社會一樣，它們可能具有多種功能。

約西元前 4000–2500 年
烏魯冷 1
骨頭
長 3.1–6.7 公分
伊恩・格洛弗和印尼政府捐贈
2000, 1209.11–15

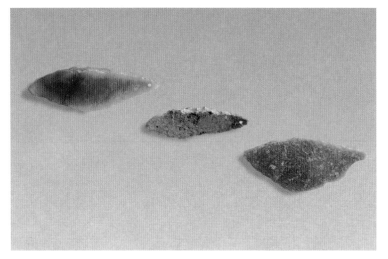

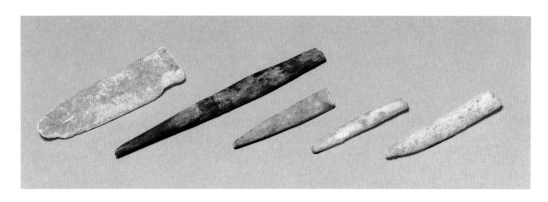

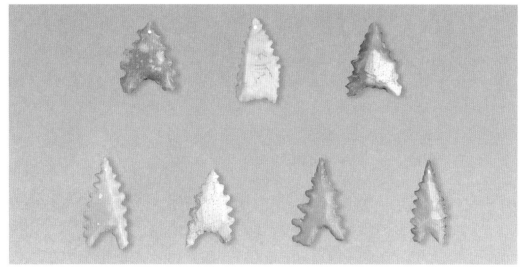

圖三　馬洛斯箭頭

馬洛斯箭頭是蘇拉威西南部特有的物品，在經拋光、彩繪、切割和壓印裝飾的陶器出現後，馬洛斯箭頭變得特別常見。這暗示一系列新技術的發展；目前尚不清楚這些技術是在蘇拉威西島上獨立形成，隨著人群的遷徙而一同出現。中空的馬洛斯箭頭的特點是兩側均有鋸齒狀邊緣，並匯聚成一個銳利的點。

約西元前 4000–2500 年
烏魯冷 1
燧石
長 1 公分
伊恩・格洛弗和印尼政府捐贈
2000,1209.4

圖四　彩繪陶碎片

這塊陶碎片出自一件器皿，上面有雕刻圖案和由黑色、紅色和白色 V 字紋組成的彩繪裝飾。烏魯冷出土的少量陶器中只有一小部分經過美化加工，但這些作品使用繪畫、壓印、雕刻和貼花等多種裝飾技術。裝飾的形狀包括貝殼紋、V 字紋、蜿蜒紋、迴紋及人字紋和幾何形狀。

西元 1–8 世紀
烏魯冷 2
土器和顏料
寬 9.3 公分
伊恩・格洛弗和印尼政府捐贈
2000,1209.16

1│3 陶器生產

　　陶器是重要的考古紀錄，因為它們的保存不太受到歲月影響。它們顯然受到東南亞史前民族的高度重視，因為墳墓裡發現了為數可觀的陶器。除了獨立的發明之外，製陶技術還透過定期的人群遷徙和貿易——包括約 5000 年前南島語族從臺灣遷徙到東南亞島嶼區——傳播到東南亞各地。

　　陶器生產本來被認為最早是發生在人類變得更為安定並開始農耕的時期，但這個觀點現在已知是不正確的。在東南亞，早在農耕開始之前，人們就在暫時停留的地方一邊開採季節性資源，一邊生產陶器。根據泰國西北部鬼神洞（Spirit Cave）的出土文物顯示，這種情況最早在 8000 年前就發生了。裝飾最初包括簡單的繩紋或編籃紋、雕刻和磨光（摩擦使表面光滑閃亮）（圖二）。東南亞最早的陶器有些是在帝汶島發現，年代可追溯到約 4500 年前。在這之後不久，人們用紅泥（一種液化的稀黏土）裝飾陶器，並壓印圓形等圖案。這類陶片分布廣泛，從臺灣到菲律賓、印尼的一些島嶼，乃至密克羅尼西亞都有發現。陶器開始生產後不久，裝飾就變得普遍，這點透露美學對早期東南亞人的重要性（圖一）。後來的陶器也常被壓印、繪畫和雕刻，通常帶有複雜的幾何和弧線設計（圖四）。除了罐子和器皿，史前民族還製作用於彈弓的黏土球、用來固定漁網的重物、紡錘整速輪（圖三），最終還有用於鑄造青銅器的模具。

圖一　大酒杯

現今越南紅河流域最早出現的部落之一，是繁榮於西元前 2500 年至 1500 年間的馮原文化（Phung Nguyen）。他們最初製作的陶器刻有平行線，裡面填滿 S 形。後來，雕刻帶被填滿斑紋印記，再後來，出現了曲線紋路。在這件器皿上，斑紋印記與曲線結合。陶器和骨器、石器及青銅器同時一起生產。

西元前 2500–1500 年
越南
陶器
直徑 14.7 公分，高 21 公分
A・W・法蘭克斯（A. W. Franks）捐贈
Franks.3100

圖二　撇口器皿

馬來半島各地的幾個新石器時代遺址發現了土器。條痕（Striations）表示它們是用慢輪（陶輪的最早形式）製作，器皿上半部的表面經過磨光，器身有繩紋環繞。器物的形狀五花八門，既有八字腳大酒杯，也有像圖中的撇口陶器。關於這些器皿的研究很少，但它們可能用於烹飪，作為盛水的容器，也可能有儀式和殯葬的用途。

約西元前 2000–500 年
馬來半島玻璃市（Perlis）登姑倫武山（Bukit Tengku Lembu）
土器
直徑 24.9 公分（口），高 16 公分
馬來西亞國家博物館捐贈
1956, 1118.14

圖三　紡錘整速輪

東南亞許多地方都發現了紡錘整速輪，在製造紡織用紗線時，紡錘整速輪被當作紡錘的重物。這件作品刻印幾何紋，顯示其生產年代較晚。它來自位於洞里薩湖（Tonle Sap lake）的磅同省（Kampong Thom），洞里薩湖與湄公河相連。儘管織物沒有留下來，但黏土上的壓印和考古出土文物上的殘留紋路，都是早期生產的證據。

西元前 500– 西元 500 年
柬埔寨磅同省
紅陶
直徑 3.8 公分，高 4.2 公分
H‧李德利捐贈
1951,0725.74

圖四　陪葬器皿

這類的陪葬品出現在身分地位較高的個人墓中，代表炫耀性展示成為許多東南亞社會的重要元素。這個物品出土於現今泰國班清遺址，約可追溯到西元前 3600 年至西元 200 年。這個陶壺為該遺址晚期文物，有典型的外翻式邊緣，和獨特的曲線及螺旋紅漆紋飾。高足也是一個常見的特徵。

西元前 3–1 世紀
泰國班清
陶器
直徑 18.6 公分（口），高 25.4 公分
1972,0919.1

1│4 青銅加工

　　黃銅和青銅技術可能是在 4000 多年前透過玉石交換的貿易網絡，從中國北方傳入東南亞大陸區。東南亞島嶼區則有不同的軌跡，青銅和鐵器技術顯然都在 2500 年前左右傳來，不過進一步的考古成果可能會改變這樣的認識。青銅是一種重要的貿易品項，在東南亞地區以鑄塊和成品的形式被交易，而青銅隨葬品則代表社會變得更為複雜。

　　青銅用於製作禮儀的飾品和用具，也用來製作武器和其他裝備（圖一）。大型的、複雜的青銅器，需要高超的製作工藝，在西元前 1000 至 500 年間出現。東南亞的工匠使用合範法（bivalve moulds，兩個鑄型在注入熔融金屬時固定在一起）和脫蠟法（lost-wax casting）。後者先用蠟製造出模型，然後在蠟模型外再做一個模具，之後融掉蠟倒入熔化後的青銅。最令人印象深刻的青銅器是鼓和鐘。最早的鐘鼓青銅器，出自西元前 500 至 300 年間越南北部的東山文化，飾有淺浮雕、人物和幾何紋，生產規模龐大，其中青銅鼓作為象徵性的物品，沿著既有的貿易路線在東南亞和中國南部廣泛流通。青銅鼓的傳統在區域內被幾個文化採用（圖二）；它們在中國西南部、緬甸東部高地和越南北部被製造和使用，此傳統甚至沿用到 20 世紀。身體細長的鼓是在印尼史前時期生產的。這些工具的用途隨著時間和地點而有所不同。除了敲擊之外，它們還被當作埋葬的甕、農業儀式的器皿和婚嫁時的聘金。

　　東南亞也發現了青銅甕和青銅鐘，這些文物並非在可以掌控的考古環境中出土，而且產地不明，因此人們對它們所知不多（圖三、四）。青銅鐘如何使用仍舊不為人知。

圖一　槍尖

儘管人們經常將越南北部紅河流域的東山文化和鼓的生產聯想在一起，工匠們也生產大量的矛頭、刀和匕首、手鐲、農具、鐘和斧頭。在東南亞，通常最早的青銅物品不是工具和武器，而是珠子和手鐲（後來換成鐵）。然而，像這些槍尖之類的工具也可能在儀式上發揮作用，很多具備明顯功能的物品也被當作陪葬品埋葬。

西元 1 世紀
越南東山文化
青銅
長 9 公分，長 10.5 公分
古美國立亞洲藝術博物館捐贈
1950, 1215.43–44

圖二　鼓

兩千多年前位於今日中國西南部的滇文化開始製作類似東山文化的鼓。它們的圖案包括從幾何形狀、星星和動物到船上的戰士，以及準備食物、宗教儀式和音樂表演的場景。和其他製鼓文化的花樣連續性，暗示這些圖案具有強大的象徵力量。在這面鼓上，邊緣的青蛙和中央的星星成為在區域內延續直到 19 世紀的意象。

約西元前 100– 西元 500 年
中國西南地區
青銅
直徑 85.3 公分，高 59.3 公分
英國政府（陸軍部）捐贈
1903,0327.6

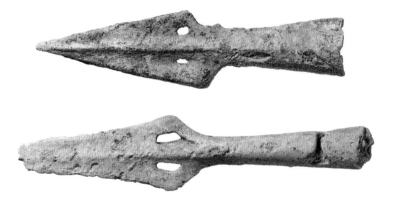

圖三　鐘

馬來半島發現多口青銅鐘，柬埔
寨發現一口。它們可能都源自同
一個文化中心，但不一定是東
山，因為西元前 2 世紀的時候，
東南亞已經有許多青銅鑄造產
地。這口鐘有鋸齒紋貼著從排列
緊密的 S 形設計延伸出的雙 Z 字
形線。S 形裡是淚滴的形狀。

約西元前 2 世紀
發現於馬來西亞
青銅
直徑 31.3 公分，高 58 公分
1949,0715.1

圖四　螺旋圖案的鐘

所有早期的東南亞鐘，無論大
小，整個外部的表面都呈現 S 曲
線和螺旋紋裝飾。

西元前 500 年－西元 500 年
發現於泰國
青銅
高 5.8 公分
約翰尼斯・施密特和瑪雷塔・
米　德（Johannes Schmitt and
Mareta Meade）捐贈
1992,1214.128

1｜5 鐵器時代

鐵傳入東南亞預告重大文化變遷的來臨，和越來越深化的社會階層，包括發展出強大的地方酋邦。鐵器製作約在 2500 年前傳入東南亞，可能是源自印度。最初，鐵器主要被當作個人裝飾品，就像青銅器一樣，但很快就被用來製作農業、狩獵和捕魚的工具，以及刀具、紡錘整速輪（用於織物生產）和武器（圖一）。

這個時代大幅擴張的貿易網絡把各式各樣的商品帶到東南亞。金屬鑄塊及成品都被人們拿來交易，而且有證據顯示流動工匠的存在。內陸社會可以透過和海上貿易路線相連的陸上貿易路線獲得新原料和技術。印度棉花和中國絲綢都是貿易的商品，另外也包含漢麻和蕉麻纖維等原物料。玻璃、紅玉髓和瑪瑙不是被當成未加工原物料運用在當地，就是以珠子和其他裝飾品的形式交易（圖二、三）。遠從地中海傳來的物品包括石頭凹雕、玻璃碗和硬幣，有些在東南亞仿製為墜子。而東南亞地區出口林產，包括各式香料在內，諸如錫（在印度很稀有）等礦砂和鹽巴，特別是來自東南亞大陸區的中部。還有技術的轉移，例如越南北部在西元 1 世紀受中國控制時採用漢人的陶瓷上釉技術（圖四）。

這段時期出土的大量武器透露競爭和衝突擴大，鐵的生產使情況加劇。聚落周圍築起大型護城河和土堤，可能是為了防禦，而且得益於鐵器的幫助。金屬製造階段在西元 200 至 500 年間過渡到信史時期，開始出現石刻碑銘和建築，並運用了與印度次大陸相似的概念。

圖一　斧頭

這是一把有孔槽的斧頭，是眾多透過使用鐵而不是硬度較低的青銅來提升效率的工具之一。西元前 400 至 200 年，冶鐵和鑄鐵普遍出現在東南亞各地。

西元前 2–1 世紀
馬來半島霹靂（Perak）
鐵
長 29.8 公分
1880.1166

圖二　紅玉髓珠

在西元前 400 至 200 年間，半寶石珠是透過南海和印度洋持續擴大的貿易網絡運輸的其中一項高檔商品。這些交流，其中也包括新技術的交流，使南亞和東南亞的社會越來越階層化，還帶來深刻的經濟和政治變化。從此時直到信史時代，橘色和紅色的紅瑪瑙珠在東南亞區域內都隨處可見。

約西元前 400 年至約西元 1000 年
發現於婆羅洲
紅玉髓
直徑 1.1 公分，高 4.5 公分
砂拉越拉尼（王后）瑪格麗特・布魯克（Margaret Brooke, Ranee of Sarawak）捐贈
As 1896,0317.43.b

圖三　玻璃珠

作為一種高級貨物，玻璃是重要
的商品，尤其是作成珠子的時
候。這些玻璃珠最初在印度生
產，但東南亞在西元前 4 世紀到
2 世紀之間也發展出生產中心。

約西元前 300 年至西元 500 年
印尼蘇拉威西烏魯冷 2
玻璃
長 39.6 公分
伊恩・格洛弗和印尼政府捐贈
2000,1209.19

圖四　罐子

這件透明釉、暗黃色的陶罐是從
張溝（Lach Truong，越南清化
省近河口的一個重要墓葬遺址）
的一座墓葬出土。上釉的技術由
中國殖民者帶到越南北部，然後
針對當地習慣做調整。

西元 1 世紀 –2 世紀
越南清化
陶器
高 20.3 公分
吉美國立亞洲藝術博物館（Mu-
sée des Arts Asiatiques Guimet）
捐贈
1950,1215.8

大事紀

約西元前 2 世紀 –6 世紀	湄公河三角洲地區喔呋文化的港口勃興
約西元前 1 世紀 –10 世紀	緬甸中部的驃文化
約 1–4 世紀	佛教在驃人及緬甸南部的民族之間發展
約 6–11 世紀	佛教的陀羅缽地文化在泰國中部和東北部蓬勃發展
約 7–13 世紀	三佛齊－末羅瑜帝國的崛起和興盛
732 年	爪哇印度教珊闍耶王朝最早的記載
778 年	爪哇佛教夏連特拉王朝出現
約 8 世紀	穆斯林貿易商人來到東南亞
8–10 世紀	越南南部占族文化的藝術綻放
802 年	吳哥建立於柬埔寨中部
900 年	菲律賓呂宋島的拉古那銅版銘文記載了島嶼區的幾個政體
929 年	中爪哇的宮廷遷往東爪哇，宮廷持續留在東爪哇直到 1500 年代， 許多長篇敘事詩撰寫於此期間
938 年	越南北部脫離中國漢朝的控制獨立
1009–1225 年	大越李朝（越南北部）
1025 年	三佛齊遭到印度南部的朱羅王朝攻擊
約 11–13 世紀	泰國中部的華富里王國高棉時期 傣語民族席捲東南亞大陸區，在政治上崛起，但和當地人口融合
11–13 世紀晚期	蒲甘王國在緬甸蓬勃發展
1222–1292 年	東爪哇信訶沙里王朝
1225–1400 年	大越陳朝
13 世紀初期 –15 世紀中期	泰國中部素可泰王國
13 世紀中期	蘭納王國在泰國北部興起
1292 年	最早記載蘇門答臘島東北部蘇木都剌穆斯林蘇丹國的年代
約 1293–1527 年	東南亞島嶼區滿者伯夷帝國
13 世紀末	阿瑜陀耶王國出現在泰國中部
14 世紀中期	瀾滄王國在寮國崛起
14–16 世紀	泰國和越南的出口陶瓷生產全盛期
15 世紀初	淡目蘇丹國建立於爪哇北海岸
1430 年代	謬烏城成為若開首都
1431 年	阿瑜陀耶王國擊敗吳哥

2 王國

約西元300至1500年

巨變在西元第一個千年初期到第二個千年中期之間橫掃東南亞各地。驅使藝術變革的部分原因是社會階層化的加劇，加上能夠聚集大量資源（包括勞動力）的主要政體形成。在今天的緬甸，繼驃族（Pyu）等早期文化之後掌權的是蒲甘王國（Bagan kingdom），而在今天泰國這一帶，陀羅缽地（Dvaravati）政體先後由素可泰王國（Sukhothai）和阿瑜陀耶王國繼承。高棉王國（Khmer kingdoms）出現在湄公河三角洲，但最終向內陸遷移到吳哥平原，吳哥平原後來成了高棉帝國的中心；它以吳哥窟等偉大古蹟聲名遠播。占族（Cham）在今日越南南部形成了數個政體，它們主要透過磚造建築和石雕與金屬雕塑而聞名（圖一），大越則是在北部建立了自己的國家。東南亞濱海地區長期以來由三佛齊-末羅瑜帝國（Srivijaya-Malayu）統治，該帝國控制著多數東西方貿易必經的麻六甲海峽。爪哇島發展出多個王國，包括夏連特拉王國（Sailendra）、珊闍耶王國（Sanjaya）、信訶沙里王國（Singasari）和滿者伯夷王國（Majapahit），滿者伯夷也是另一個重要的海洋

圖一　躍立的獅子

在這段時間，躍立的動物是南亞與東南亞常見的圖像。占族製作動物雕塑，像是這隻獅子，還有跳舞的人物的雕塑，用來裝飾印度教和佛教的祭壇和基座。占族的藝術創作在 8 至 10 世紀之間達到頂峰，其中石雕、金屬雕塑和宗教建築保存得最好。

西元 10–11 世紀
越南南部的占族文化
砂岩
高 30 公分
1981,0304.1

圖二　G·P·貝克上尉（G. P. Baker），爪哇島珀拉胡山比馬兩座寺廟的東南視角

珀拉胡山的狄昂高原（Dieng Plateau）曾經擁有數百座寺廟，從 7 世紀中期到 13 世紀初期是宗教朝聖的信仰中心。比馬的兩座寺廟（如圖所示）和北印度建築有一些共同的特徵，顯示爪哇在文化圈的參與超越了政治疆界。歐洲人提出一個假說，認為印度人曾經殖民爪哇，然後建造了寺廟。以此合理化歐洲的殖民。

西元 1815 年
爪哇
水墨，繪於紙上
高 43.8 公分，寬 56.9 公分
J·H·德雷克捐贈，史坦福·萊佛士收藏
1939,0311,0.4.2

帝國。在呂宋島發現的拉古那銅版銘文（Laguna copperplate inscription）可追溯至西元 900 年，這顯現了菲律賓群島上出現政權，而且與爪哇島有聯繫的證據。東南亞各地還有數不清的小規模政治單位，至今大多僅以中國歷史記錄中的名稱流傳於世。貿易對島嶼政體和帝國很重要，而大陸區的主要國家則強調對農業和相關人力資源的掌控。大陸區和島嶼區在取得森林的產品和資源方面，皆仰賴內陸社會。

印度教和佛教對東南亞許多地區的深刻影響約始於兩千年前。商人、工匠和宗教人士往返於南亞和東南亞之間，在區域內傳播技術、工藝和思想。來自印度南部的泰米爾人，是東南亞島嶼區最早出現的族群之一，海上貿易路線沿線發現使用南印度文字的銘文證明這一點。西元 7 至 9 世紀左右，印度文字被適應改良為當地版本，並發展出地方書寫文字。隨著外來社

35

要對這類雕像進行非類有一定的
困難，例如這件 802 年高棉王
國搬遷至吳哥前所製作的雕像，
因為它們大都失去了用於識別的
特徵，通常是雕像手裡握著的物
體。這尊來自柬埔寨的頭像的髮
綹風格，也出現在同時期的其他
雕像上，微彎的眉毛、雕刻紋路
清晰的眼睛，露出凝視目光，還
有厚唇，也都是東南亞半島區域
一些早期石雕會看到的特徵。

西元 7–8 世紀初期
柬埔寨
砂岩
高 25.4 公分
1968,0213.1

群在東南亞定居，贊助成立寺院和其他宗教機構，印度教和佛
教得到百姓的歡迎。東南亞菁英接觸新興的宗教文化，利用它
們的思想和形象促進國家發展和鞏固自己的地位。對於和王權
有關的印度教神毗濕奴（Vishnu）的崇拜，在早期國家的形成
中發揮重要作用，而另一個重要的印度教神濕婆（Shiva）在
西元 8 世紀的東南亞地區出現時，主要是作為一股政治力量。
佛教自 4 世紀開始在緬甸的驃王國成為主要宗教，爪哇島的夏
連特拉王國則是到 7 世紀才皈依佛教。東南亞人將印度教和佛
教思想與在地的概念結合，例如山脈的象徵作用和海洋的重要
性，形成了該地區獨特的信仰體系。

　　雖然宗教的概念使統治者看起來具有正當性，但在低地、
農耕文化之中發展出來的政治結構卻是以能人之士的觀念為基
礎，也就是一個有領袖魅力的人，能夠透過他（或者，偶爾是
她）出眾的能力獲得追隨者效忠，能力包括軍事實力、使用超
自然力量和擁有神聖的物品。親族關係和禮物（像是舶來品和
貴重物品、政治地位和農產品）也有吸引與留住追隨者並維持
合法性的作用。因此，政治實力對應的是領導人的關係網，而
不是領土大小。

　　海洋政體主要以海洋為基礎，仰賴貿易而非農業，它們在
部分東南亞島嶼區出現，這些帝國——譬如三佛齊——連結起
一大片跨越海洋的地區。它們的中心設在靠近海岸和通往內陸
的路線，提供農林產品的交易。只要能控制貿易並確保其港口
的使用，它們便能持續存在。海洋游牧民族和海盜行為也對強
化或削弱海洋政體有影響。

這段時期也見證新民族的逐漸到來，主要是從中國西南部沿河流和山谷遷徙的民族，包括分別在9世紀和11至13世紀遷來的緬族和傣語民族（Tai groups）。中東的商人在伊斯蘭教傳入東南亞後不久就來了。穆斯林飛地逐漸在濱海地區發展起來，但伊斯蘭教直到14、15世紀才成為東南亞的主要宗教。漢人也從南方的沿海地區移居東南亞。透過交易網絡和中國互動的交流始於史前時期；早期的王國派遣帶著地方產品的使團和特使到中國的宮廷，這種外交活動斷斷續續地進行到19世紀。許多遺址的重要性，使其被載入在中國早期的史書中，像是婆羅洲山都望河（Santubong River）河口的港埠和馬來半島上的政體。港口遺址的考古發掘發現了中國的陶瓷，以及對中國出口鐵的產業遺跡。

藝術提供關於300至1500年間一些東南亞社會的豐富資訊。19世紀晚期和20世紀初期的西方學者認為，東南亞藝術家先是模仿印度的藝術形式，然後才發展出當地的風格（圖二）。現在我們已經知道情況並非如此。東南亞的藝術形式和南亞大約同時出現，代表兩個地區參與了重疊的文化景觀，雖然兩個地區的藝術有相似之處，但都不是對另一方的直接抄襲。誠如雕塑和建築遺跡所示，東南亞和特定的南亞地區有往來，尤其是北印度的笈多王國（Gupta kingdom，4至6世紀）和南部的帕拉瓦王國（Pallava，4至9世紀）。越南北部是例外，那裡曾經被中國殖民。然而，最強烈的藝術關係發生在東南亞內部本身，東南亞各地的石雕和金屬雕塑在4至7世紀左右展現出一貫的風格，讓人想起史前藝術的共同藝術詞彙（圖三）。直到8世紀左右，獨特的區域風格才為了適應新的當地政治需要而出現。

圖四　婆羅浮屠內牆浮雕，第一層

這是爪哇婆羅浮屠寺廟遺址一系列講述佛陀生平故事的浮雕的一部分。上層描繪的是禮佛的信徒，下層描繪的是富人和他的追隨者，展示當代的物質文化，包括雨傘、寶座和供品等地位象徵，以及珠寶和頭飾。

西元 8 世紀晚期至 9 世紀初期
中爪哇婆羅浮屠
火山石（安山岩）

　　受到氣候、時間、盜竊和其他破壞力量的影響，這段早期歷史留下的東南亞藝術最持久的是——石頭、陶瓷、金屬、灰泥和寺廟內的繪畫。從爪哇婆羅浮屠（Borobudur）（圖四）和柬埔寨吳哥窟等宗教遺址的石雕，或類似在蒲甘發現的繪畫，都可以找到描寫日常活動的圖像，例如烹飪和編織、宗教儀式，還有皇家儀式及戰爭等重大事件。這些圖像為東南亞社會使用的易腐爛的材料提供重要證據，例如織物、編籃和木造建築，它們現在已消失。

2│1 泰–馬來半島，三佛齊帝國和末羅瑜

　　泰—馬來半島和蘇門答臘島東部因其戰略位置，長期都是早期貿易路線的一部分。三佛齊和末羅瑜似乎一度是一體的，同屬以蘇門答臘島東岸為基地的政體。從 7 世紀起，這兩者就出現在中國的文獻中，其涵蓋範圍北至泰國半島，以及爪哇西部和婆羅洲沿岸主要貿易據點，其影響一直持續到 13 世紀。三佛齊—末羅瑜是一個重要的佛教中心，吸引許多學生和僧人前來學習，誠如 7 世紀曾經長住當地的唐代僧人義淨所記載。印度宗教遺址的銘文記錄了三佛齊國王出資在各地大興土木，其中包括那爛陀寺（Nalanda），那爛陀寺是印度東北部的一個佛教重鎮，從 4 世紀左右蓬勃發展至 13 世紀。古馬來語最古老的銘文講述一位國王帶著一艘船出外賺錢，最後結尾寫道「偉大的三佛齊。神奇的力量與財富」（Guy 2014，21）。現代馬來半島吉打州（Kedah）的考古發掘出土了東南亞最早的佛教經典，還有便於攜帶的宗教泥板，那一帶附近還發現更多其他的泥板（圖二、三）。其他藝術品包括觀世音菩薩的雕像，觀世音菩薩充滿慈悲心，被認為會幫助船員（圖四）。

　　半島上的空統地區（Khlong Thom）鑄造的金幣（圖一），以及來自波斯灣地區的玻璃杯碗、印度的玻璃珠和石珠、附近地區和波斯的鐵器，南亞和中國唐代的陶器等物品，都證明該地區有大規模的貿易交流。作為交換，三佛齊—末羅瑜提供內陸商品，如香料、樹脂、黃金、錫和樟腦。

圖一　硬幣

空統是西元 1000 年初期的海洋貿易樞紐，在這裡發現的金幣暗示交流廣泛，儘管有證據顯示它們是在當地生產。這些硬幣的書寫文字、重量規範和海螺圖像都借鏡印度風格，而其中一些硬幣上的側面頭像則源自經印度硬幣傳統傳來的印度–希臘和羅馬硬幣。空統硬幣也在喔呋文化（Oc Eo，今天的越南南部）的港口遺址被發現，顯示空統在跨泰國灣貿易的角色。

可能是西元 2–5 世紀
泰國喀比（Krabi）空統
黃金
直徑 0.8 公分
1983,0530.4

圖二　刻有銘文的宗教泥板

東南亞佛教最早的證據有些來自用黏土製作的禮佛泥板。它們體積小、重量輕，生產成本低廉，使各階層的人都能參與這種形式的宗教習俗。作為一種保護，這片泥板上的銘文向名為菩提噶爾巴蘭卡拉羅剎陀羅尼（Bodhigarbhalamkaralaksadharani）的佛陀致敬。人們相信，複製這些文本並大聲念誦，有助於淨化奉獻者，保障他將來能有更好的轉世投胎。

約西元 11 世紀
位在泰—馬來半島外的檳島（Penang island）
紅陶
高 12.5 公分，寬 9.5 公分」
W・紀馮斯（W. Jevons）捐贈
As 1864,1201.4

圖三 刻有觀世音菩薩的宗教泥板

這塊泥板由日曬乾燥的黏土製成，描繪有四隻手臂的觀世音菩薩。菩薩是靈性高人一等的存在，他們留在塵世幫助他人。這塊泥板的男菩薩戴著高高的頭飾，坐在象徵純潔的蓮座上。他右上方的手持一串念珠，左上方的手持蓮花。左下方的手放在大腿，右下方的手放在膝蓋。飾板左上方有一座窣堵坡（stupa，舍利丘）。區域內有大量像泥板一樣小而輕的物品在各地流轉。

西元 8–11 世紀
泰國半島區
紅陶
高 9 公分，寬 7.5 公分
W・葛雷罕（W. Graham）捐贈
1907,–.39

圖四 觀世音菩薩立像

觀世音大約是 7 世紀左右在東南亞變得受人歡迎的菩薩，泰－馬來半島、蘇門答臘島和爪哇島，以及遠至婆羅洲的許多考古遺址都能證明。觀世音菩薩的四臂化身通常穿裙布，腰下有飾帶，人稱「世主」（Lokanatha）。誠如這尊立像，早期的描繪呈現他苦行者的一面，從纏結的頭髮可以看出。面部特徵和大約同時期東南亞大陸區製作的其他雕像相似，尤其是陀羅缽地王國，相似的特徵有豐唇和寬鼻。

約西元 8–9 世紀
泰國
銀鎏金
高 10.6 公分
1981,0704.1

圖一　帶有寶座和斯里瓦察圖案的銀幣

這是 7 至 9 世紀的四種主要硬幣之一，和早期緬甸的驃人有關，呈現像是吉祥的斯里瓦察符號，和傳播佛教教義有關的海螺或法輪、寶座，或升起的太陽等符號。硬幣的一面是裡面包著海螺的斯里瓦察符號。另一面則是朝中央收窄的束腰式寶座，這個供奉佛陀的形式一直沿用至今。這類硬幣也有用黃金製成的。

西元 8–9 世紀
緬甸驃文化
銀
直徑 2.2 公分
斯賓克拍賣行（Spink & Son Ltd）
捐贈
1921,1014.144

圖二　尼蒂昌德拉國王發行的銀幣

這枚若開硬幣一面是鑄有太陽和月亮的吉祥的斯里瓦察符號，另一面是印度教濕婆神坐騎公牛南迪（Nandi）的圖像。銘文以婆羅米文寫出發行的統治者為尼蒂昌德拉（Nitichandra，8 世紀時在位）。串珠邊框是從薩珊帝國到東南亞大陸區都使用的一種流行裝飾紋。雖然這枚硬幣的設計是以鄰國孟加拉的硬幣為基礎，其設計本身卻是源自 6 至 7 世紀的尼泊爾硬幣。

西元 8 世紀
緬甸若開
銀
直徑 3.2 公分
葛林德利（Grindlay）捐贈
1884,0510.1

圖三　帶有海螺和斯里瓦察圖案的銀幣

這枚硬幣在緬甸南部被發現，上面有一個被珠子包圍的海螺，這種強調圖像的方法在多種藝術形式中反覆出現，直到 20 世紀。背面刻有吉祥的斯里瓦察符號。

西元 8–9 世紀
下緬甸
銀
直徑 3.3 公分
亞瑟・菲爾（Arthur Phayre）捐贈
1882,0508.41

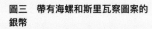

圖四　銀的馬薩塊幣

馬薩（masa）是爪哇的主要硬幣面額，相當於 2.4 公克。重量的規範似乎是在 9 世紀發展起來的。

西元 9–10 世紀
印尼爪哇
銀
直徑 1.2 公分
斯賓克拍賣行捐贈
1982,0624.2

圖五　黃金塊幣

這枚硬幣的一面飾有被垂直線和兩側圓點分成兩半的正方框，另一面則刻有印度文字城體（Nagari）的字母 ta。ta 是塔希爾（tahil）的縮寫，相當於 16 馬薩的面額，儘管這些硬幣的重量和一枚馬薩差不多。這枚硬幣來自爪哇島，但蘇門答臘島和菲律賓也有發現這種硬幣。

西元 9 世紀
印尼爪哇
金
高 0.7 公分，寬 0.65 公分
斯賓克拍賣行捐贈
CH.399

硬幣

驃族從約西元前 1 世紀直到西元 9、10 世紀主宰著今天緬甸的中部地區。他們把鐵器時代的舊址擴張為東南亞最早的一些城市，包括室利差呾羅（Sri Ksetra）、毗濕奴城（Beikthano）和罕林（Halin）。西邊是若開王國，從西元最初幾世紀起由印度教的旃陀羅王朝（Chandra dynasty）統治，在定耶瓦底（Dhanyawadi）、維沙里（Vesali）和謬烏（Mrauk-U）建立了城市。南邊住著與北方驃族和位於今天泰國的陀羅鉢地王國有共同文化特徵的民族。三個地區都生產具有多種用途的硬幣，主要作為朝貢、稅收和儀式活動的通貨，而不是用於日常交易。

驃銀幣從 8 至 9 世紀鑄造了各種不同面額，上面有海螺、法輪、寶座、升起的太陽和斯里瓦察（srivatsas），斯里瓦察是一種代表神性或崇高的吉祥圖樣，和印度教神毗濕奴有關（圖一）。其意象和 7 世紀與 8 世紀的若開銀幣密切相關，這些若開銀幣裝飾著公牛、海螺殼和斯里瓦察，並刻有印度婆羅米文字的國王名字（圖二）。若開硬幣出於不明原因於 9 世紀停止生產。類似的貨幣在緬甸南部地區生產

（圖三）。金幣和銀幣於 10 世紀左右消失在東南亞大陸區，一直要到五百多年後才被重新輸入。

硬幣在東南亞島嶼區雖然仍保持流通，但並沒有連續不斷地生產。馬來半島發現了早期的硬幣，貨物從陸地跨過狹窄的地峽運往半島。有些硬幣類似驃文化和南方的硬幣。考慮到它們的重量統一，這些硬幣可能是用來從事交易，而不是作為儀式用途。在爪哇島，當地最早生產的硬幣——印有宗教圖樣、花卉紋或表明硬幣重量的印度文書寫字母的金塊和銀塊——可以追溯到約 9 世紀（圖四、五）。菲律賓和峇里島也發現了類似的硬幣，年代介於 10 至 12 世紀。它們可能僅用來從事高價值交易和行政稅收，也可能是一種王權的象徵。爪哇島和峇里島在 13 世紀晚期之前就停止鑄幣，因為當時的滿者伯夷帝國採用中國的青銅錢作為貨幣。儘管有鑄幣的存在，塊銀、金屬物品、寶螺殼（cowrie shells）、織物和陶瓷在東南亞很多地方皆扮演如同貨幣的重要作用，而以物易物則是一種主要的交易形式。

2│2 陀羅缽地像

　　陀羅缽地仍然是一個較不為人知的實體。它是一個統一的王國嗎？還是一系列文化上相關的城邦？還是一個社會文化區？這個名稱被用來指西元 6 至 11 世紀之間，在泰國中部、東部和東北部可以看到的一些（但不是全部）風格特徵的藝術和建築遺跡。雖然可以看見一些早期印度教的證據，佛教從 7 世紀中期起變成主流。起初，陀羅缽地和早期柬埔寨藝術有共同的風格特徵，但後來它和南印度與北印度，以及驃族和緬甸南部其他民族的連結日益增強。在陀羅缽地的末期，與今天越南南部占婆（Champa）產生聯繫。

　　陀羅缽地藝術主要以其石頭、紅陶和灰泥的雕塑聞名（圖一）。建築物為磚造，但以紅陶和灰泥的高浮雕的做裝飾。陀羅缽地還製作帶有人像的宗教飾板（圖二）。在石頭上，佛陀站立，雙手做出施願印（vitarka mudra）的手勢很常見。這些佛像的臉部特徵包括寬大的嘴巴和豐唇、大捲髮和突出但未經裝飾的肉髻（ushnisha，代表智慧的顱骨隆起）（圖三）。低垂的眼睛更給人一種完全平靜的印象。陀羅缽地風格的一些元素一直延續到 13 和 14 世紀，通常和新的特徵相結合，像是來自吳哥高棉王國的特徵。

圖一　佛頭

陀羅缽地像的特徵包括幾乎及肩的垂墜耳垂和一抹微笑，如圖所示，不過這個佛頭的嘴唇比一般薄。除了陀羅缽地留下的石佛像和界碑，類似這個佛頭的灰泥物件也多有發現或被挖掘出土。這些文物透過再現佛陀和佛教圖像，增添了窣堵坡（存放佛陀舍利的建築土墩）和寺廟的神聖性。

西元 9–10 世紀
泰國
灰泥
高 15.8 公分，寬 12.9 公分
P．T．布魯克‧蘇埃爾（P. T. Brooke Sewell）捐贈
1957,0726.4

圖二　宗教飾板

這塊飾板雕刻佛陀在樹下以禪定印（dhyana mudra）打坐，被眾多天體環繞著。背面有雕刻銘文的殘跡，整塊飾板都覆蓋著棕色漿料。在泰國、緬甸，遠至西爪哇都曾發現類似的宗教飾板，呈矩形，上面有佛陀或宗教敘事的圖像，年代可以追溯到 7 和 8 世紀。

約西元 8 世紀
發現於柬埔寨吳哥
陶器
高 14 公分，寬 11 公分
A．W．法蘭克斯捐贈
1894,0926.19

圖三 佛頭

陀羅缽地像有強調對稱性、大捲
髮、在鼻梁處相交的彎眉毛和豐
唇的類似特徵,這尊頭像就是一
例。然而,由於和陀羅缽地有關
聯的文化中心為數不少,其圖像
並不統一,比例各異。這個佛頭
所使用的深色石灰岩是首選材料
之一。

西元 8–10 世紀
泰國
石灰岩
高 33 公分
路易絲・薩姆森(Louise Sam-
son)的子嗣捐贈
1963,1016.1

2│3 高棉帝國

高棉帝國被認為從 802 年國王闍耶跋摩二世（King Jayavarman II，802-35 年在位）接受祝聖起開始，一直延續到 15 世紀。其中心位於吳哥，是當時世上最大的城市，因為富裕而廣為人知。1296 至 1297 年的元朝使節周達觀曾寫道一次皇家出巡隊伍：「其後則是國主，立於象上，手持金劍，象之牙亦以金套之。打銷金白涼傘凡二十餘柄，其傘柄皆金為之。」（Harris 2007，82-3）。

日積月累，帝國修建出龐大的水資源管理水壩和水庫，以及許多石造的宗教寺廟建築群，包括名聞遐邇的吳哥窟。洞里薩湖周圍的沃土為這些建設提供了必要的財富和人力資源調度。出於象徵性意義，吳哥窟的建築遵循宇宙原則，包括須彌山（Meru）的五座山峰（根據印度教和佛教思想，是宇宙中央的山）以及四周的山脈和海洋（圖一）。遺址有專門的石刻銘文，詳細說明用於維護的資源，包括土地和奴隸。

吳哥社會以生產獨立式石頭浮雕、金屬製品和陶瓷出名。高棉雕塑的特點是無比精確，形狀和尺寸受到嚴格慣例的規定。儘管美觀，高棉雕塑主要是由菁英人士生產，用來敬拜眾神（圖二、三）。高棉陶瓷的形制和釉料樣式有限，有綠色或棕色、乃至未上釉的屋瓦、甕、壺、碗、瓶和罐（圖四）。陶瓷有時被埋在寺廟和宗教地基底下。

圖一 路易斯·戈德弗羅伊（Louis Godefroy），夕陽時分的聖所（吳哥）

和印度教神毗濕奴有關的吳哥窟寺廟由國王蘇利耶跋摩二世（Suryavarman II，1113 至約 1150 年）於 12 世紀初期建造。每位高棉統治者主要是以砂岩在紅土上興建寺廟，紀念他們的祖先和守護神——毗濕奴、濕婆或佛陀。這些單一樓層的寺廟建在多層的平臺上，有數座階梯式屋頂的塔樓圍繞著中心結構對稱排列。整個吳哥窟被護城河環繞。在後吳哥時期的柬埔寨，吳哥窟曾被佛教徒使用，後來歐洲人深受吸引，創作大量遺址的素描、攝影和插圖。今天，它是一個觀光勝地。

西元 1921 年
柬埔寨吳哥
蝕刻
高 26.9 公分，寬 36.5 公分
路易斯·戈德弗羅伊（Louis Godefroy）捐贈
1930,0211.6

圖二 天神像

次要神祇擁有固定格式和理想化的臉孔和身體，如圖所示，代表神的完美。儘管如此，許多神像的細節都有個別特色，成為建築物牆上複雜的集合藝術。立體雕像由單一石塊製成，浮雕則是建築物結構的一部分，並且由幾塊石頭組成。

西元 12 世紀
柬埔寨
砂岩
高 100 公分，寬 30 公分，深 20 公分
2002,0330.1

圖三 觀世音菩薩

多頭觀世音菩薩對大乘佛教和金剛乘（密宗）佛教非常重要，在佛教國王闍耶跋摩七世（Jayavarman VII，1181–1218年在位）統治期間盛行於吳哥城。多頭代表菩薩的德行，用來克服阻擋證悟的障礙，祂因爲有無盡的慈悲心能夠幫助信徒而聲名遠播。頭飾上的小雕像是和祂有關聯的阿彌陀佛。

西元 12 世紀
柬埔寨
砂岩
高 38.7 公分，寬 21.8 公分
1933,0407.1

圖四 上釉炻器瓶

高棉菁英在宮廷儀禮和宗教儀式使用上釉炻器（stoneware），從雕塑的浮雕圖像可以得知。多數炻器都是拉胚製作，盡可能地精簡雕刻或捏塑的裝飾。釉色來自氧化鐵灰化合物，從綠色到濃重的棕黑色（如圖所示）都有。陶瓷器和車床木製品的裝飾有相似之處，有些形狀在金屬製品上也能看到。這類瓶子沒有出口，而是留給當地人使用。流傳下來的文獻沒有關於陶瓷具體上如何使用的資訊。

西元 11–12 世紀
柬埔寨
炻器
高 48.4，高 36 公分，高 24 公分
1993,0417.1, 1993,0417.2, 1993,0417.3

2│4 高棉藝術形式的傳播

　　高棉藝術遺跡遍布廣大地區，從今天的柬埔寨到泰國東北部、寮國南部和越南南部，說明高棉帝國的疆域及其影響力範圍。有些地區是重要的中心，像是泰國東北部的披邁（Phimai），在11至13世紀期間發揮重要的行政和宗教作用。其他地方則是高棉影響力的前哨基地。泰國中部的華富里（Lopburi）在11至13世紀也斷斷續續地受到高棉的支配，例如國王闍耶跋摩七世（1181-1218年在位）任命他的其中一個兒子擔任該地區的統治者。華富里的菁英究竟是高棉人，還是出於政治目的而採納高棉思想的當地人（在東南亞常見的一個做法），目前尚不清楚。

　　繼承了該地區先前的佛教傳統，華富里在高棉時期生產的藝術結合了源自陀羅缽地和高棉的元素，透露隨政治互動而產生的文化和藝術概念（圖二）。在石頭和金屬製作的宗教圖像融入高棉風格的王冠和珠寶，以及坐在那伽（naga，神話蛇）下的佛像，都是華富里藝術家運用高棉思想的例子（圖三、四）。柬埔寨和華富里也製作類似的青銅器，例如轎鉤，同時這些器物上也可以看到高棉的主題和圖案（圖一）。當泰國中部的高棉時代進入晚期時，藝術形式也展現出和緬甸有關的元素。

圖一　高棉轎鉤

地位高的人乘坐從裝飾就能看出身分的轎子。根據13世紀晚期一位出使吳哥的中國特使記錄，這個以戴動物頭飾的後腳站立馬匹、幾何紋和火焰圖案作裝飾的鉤子，應該會附加在一根用來掛吊床的桿子上。

西元 12–13 世紀
可能是泰國華富里
青銅
高 33.7 公分，寬 17.8 公分
1946,1015.1–2

圖二　佛頭

這尊佛頭寬而飽滿的嘴唇和寬闊的額頭，以及有柔和下垂的眼睛和微彎眉毛的優雅臉龐，都是和13世紀泰國中部華富里地區生產的圖像有關的典型面部特徵。

西元 13 世紀初期
泰國中部
石灰岩
高 32.5 公分
P・T・布魯克・蘇埃爾捐贈
1957,0726.2

圖三　佛的頭部和軀幹

儘管和西邊信奉佛教的緬甸的往來漸增，加上青銅像在地區內的流動，鼓勵藝術家在13世紀期間放棄泰國中部的高棉風格意象，這尊佛像的首飾和多層肉髻（顱骨隆起）設計，保有和柬埔寨的強烈連結。

西元 13 世紀
泰國中部
砂岩
高 39.4 公分
1931,0724.1

圖四　佛頭

這尊佛頭露出一抹微笑，使面容變得柔和，頭飾以兩種蓮瓣增添美感，蓮瓣也可見於額帶上。蓋過正面捲髮的圖案連接起額帶和肉髻，這在華富里的金屬塑像上也看得到，但在石像上就不那麼普遍。方正的額頭和橫過額頭的額帶在高棉雕塑中很普遍，但在這尊佛頭上，它們被改成直到 19 世紀在泰國佛像上仍然很流行的簡化形式。

西元 13 世紀
泰國中部
砂岩
高 40 公分
厄爾上校（Colonel Earle）捐贈
1951,1112.1

2｜5 緬甸的佛教雕塑

隨著今天緬甸中部的蒲甘王國（約 11-13 世紀）和蒲甘歷史上第一位國王阿奴律陀（Anawrahta，1044-77 年在位）的崛起，興建寺廟、僧院及其他宗教建築的熱潮席捲超過 65 平方公里的一大片土地。在將近三個世紀的時間裡，虔誠的佛教徒奉獻了數千座磚砌建築，其中有許多屹立至今。這些建築物內藏有佛像和繪畫，有些建築的牆面甚至掛滿宗教泥板，增添了建築的神聖性。這段時期發展出的風格元素在蒲甘王國衰落後持續存在（圖三）。在宗教上，蒲甘王國兼容並蓄，包容不同形式的佛教（圖六），也包容印度教和靈的信仰。然而，隨著時間過去，透過與斯里蘭卡的宗教交流，上座部佛教逐漸盛行。

宗教建築及物品的生產是因為施主要積功德，它們的存在提醒人們想起佛陀，以及確保佛教傳統的延續。保護宗教是國王的職責之一，因此在江喜陀王（Kyanzittha，1084-1113 年在位）和梯羅明羅王（King Htilominlo，1211-35 年在位）統治時期，王國派出使團幫助修復在印度菩提伽耶（Bodhgaya）的寺廟，那是佛陀覺醒的地方。在梯羅明羅王的領導下於蒲甘仿造菩提伽耶的寺廟，並以其他藝術形式複製，例如泥板（圖一）。印度的藝術家在蒲甘工作，蒲甘和印度東北部有強烈的藝術連結（圖二、四、五）。

圖一　雙足下垂的坐佛泥板

在這裡，佛陀做出傳法的姿勢，弘揚佛法，幫助眾生脫離輪迴苦海，而雙足下垂的坐姿，顯示他的至高無上。考古發掘在寺廟院區周圍、寺廟牆壁和洞穴裡發現了數十萬片這樣的宗教供牌。圖像種類範圍廣泛，從神聖文本和護法頌歌到窣堵坡（舍利丘），以及歷史佛祖像和前世諸像。

西元 11–12 世紀

緬甸

紅陶

高 15.5 公分，寬 12.5 公分

A・W・法蘭克斯捐贈，羅德威・C・J・史溫霍（Rodway C. J. Swinhoe）收藏

1896,0314.15

圖二　刻有佛陀生平場景的泥板

在這塊泥板上，佛陀被祂畢生
最重要的 8 個事件環繞，這是
9 至 13 世紀期間在印度東北部
和蒲甘流行的一個宗教和藝術主
題。這些事件包括祂的出生、成
佛時的證悟、祂第一次說法、退
居森林隱修、馴服佛陀之敵派來
的暴怒大象那拉吉利（Nalagiri
elephant）、 祂 向 母 親 說
法 後 從 忉 利 天（Tavatimsa
Heaven） 下 凡、 在 舍 衛 城
（Srivasti）施展奇蹟，最終擺
脫輪迴的涅槃（Parinirvana）。

西元 13 世紀
緬甸
紅陶
高 16.5 公分，寬 11.7 公分
多 布 森 中 尉（Lieutenant Do-
bson）捐贈
1899,1016.1

圖三　佛陀做證悟手勢

佛陀結跏趺坐於象徵純淨的蓮
座，一手置於膝上，作證悟姿勢。
代表智慧的肉髻鑲有琥珀頂飾，
緬甸北部丘陵從史前時期就開始
開採琥珀。「魚尾」長袍設計在
蒲甘王國期間出現，印度東北部
的圖像也有這個特徵，但佛陀纖
細的外觀暗示製作年代較晚。底
座刻有布施者的名字，並記錄布
施所產生的功德。

西元 15–16 世紀
緬甸
青銅、琥珀
高 23.7 公分，寬 15.7 公分
Ｐ・Ｔ・布魯克・蘇埃爾捐贈
1957,1015.3

圖四　佛陀結跏趺坐作觸地印

這尊佛像結跏趺坐，作證悟的觸地印（bhumisparsa mudra），展現蒲甘王國時期的特徵，其中許多特徵在當時的印度東北部和喜馬拉雅山地區的藝術中也看得到。這些特徵包括寬肩細腰、寬額逐漸縮窄為尖下巴、拱形眉毛和噘起的嘴唇。線條簡潔的貼身袈裟，以及頂部飾有寶石的空間，也顯示了與同時代國際佛教風格的連結。

西元 12 世紀
緬甸
青銅
高 34 公分，寬 25.5 公分
1971,0727

圖五　立冠佛像

雖然佛陀最常被以坐姿表現，但有些木製立像是在蒲甘時期及之後製作的，包括圖中的這尊。他們通常戴著冠冕。葉子般的高王冠和印度東北部的王冠相似，但兩側精緻的飾帶是當地的創新設計，成為持續到 18 世紀晚期的一個標準樣式。

西元 14–15 世紀
緬甸
木、金、漆
高 114 公分
1981,0611.1

圖六　阿閦佛

這尊青銅坐佛像表現出蒲甘王國時期在緬甸流傳的多種宗教思想。雖然上座部佛教最終成為主流大宗，這段期間存在不同形式的佛教，而且在展現在雕塑和繪畫之中。阿閦佛（Akshobhya）是大乘佛教和金剛乘（密宗）佛教的五方佛之一。這尊阿閦佛結跏趺坐於用來供奉他的束腰式蓮臺。

西元 13 世紀
緬甸
青銅
高 16.7 公分，寬 10.8 公分
1971,0125.1

2 | 6 素可泰雕像

傣語民族從中國西南部南下今天的緬甸、泰國和寮國，並從11 世紀和 12 世紀開始在泰國北部和中北部建立封邑。佛教素可泰土國最著名的國王是蘭甘亨（Ram Khamhaeng，1279-98 年在位），他將王國的版圖擴張到最大。蘭甘亨去世後，領土慢慢縮小，直到 15 世紀初期被阿瑜陀耶王國吞併。

1331 年，來自素可泰王國的僧人在下緬甸依據起源於斯里蘭卡的大寺派傳統受戒，1340 年代僧人西薩塔（Si Sattha）前往斯里蘭卡。他回國後，斯里蘭卡的意象出現在素可泰藝術中。

素可泰以宗教建築、青銅器、石器和灰泥製品（圖四），還有陶瓷而聞名。其雕塑最出名的地方在於創新地運用行、住、坐、臥的四種禪修姿勢製作佛像（圖一、二）。佛像以一種優雅的新風格呈現，有火焰般的尖頂（在斯里蘭卡和印度的納加帕蒂南〔Nagapattinam〕也有）、寬闊的肩膀、露出身體的長袍、鵝蛋臉、微笑和看似近乎沒有骨頭的四肢。（圖三）其他特徵，例如鵝蛋臉和雕琢的下巴，說明和斯里蘭卡藝術的關係，同時和泰國北部也有緊密的連結。

圖一　佛陀結禪定印，冥想的手勢

這裡看到的許多素可泰特徵，例如獅子般突出的胸部、象鼻般彎曲的手臂、鸚鵡喙般彎曲的鼻子、修長的手指和平板的腳，都與聖人的三十二相有關。它們顯示佛陀的非凡本性和靈性。坐姿是素可泰時期佛陀常被描繪的四種主要姿勢之一。冥想的手勢（禪定印）是指雙手放在腿上，一隻手疊在另一隻手上，掌心朝天。

西元 14–15 世紀
泰國
青銅
高 46.5 公分
克萊門蒂娜·托特罕（Clementina Tottenham）捐贈
1954,0219.4

圖二　行遊佛

佛陀行走時右手結使人安心的無畏印（abhaya mudra），是素可泰時期的創新。這些雕塑暗示行禪的修行，和同時期發展出的禮敬佛陀足印相關連。人們認為佛陀從忉利天降世後留下了腳印，他在忉利天向他的母親和眾神說法，但他也留下腳印供虔誠的那伽（神話蛇）崇拜。

西元 14 世紀
泰國
青銅
高 28 公分
1947,0514.1

圖四　青銅鎏金那伽欄杆尾端

五頭那伽（神話蛇）從印度神話的海獸（摩伽羅〔makara〕）嘴裡冒出，這可能是寺廟欄杆的尾端。摩伽羅是複合的水生動物，被描繪為守護者，通常是門檻和入口的守護者。蛇出現在寺廟是因為牠們和彩虹有關，彩虹是充滿水的地和充滿空氣的天之間的橋梁。遊客開始登寺廟的樓梯時，這些蛇頭會面向他們。那伽圖像的使用將素可泰藝術和吳哥與高棉藝術連在一起。

西元 1460-90 年
據說出自帕席拉丹那大舍利寺（Wat Phra Sri Rattana Mahathat），泰國彭世洛府（Phitsanulok）
青銅、黃金
高 95.4 公分，寬 51 公分
歐內斯特・梅森・薩托（Ernest Mason Satow）捐贈
1887,0714.1

圖三　佛頭

本來屬於一尊非常大的青銅像，這個佛頭展現出素可泰的特色，包括火焰尖頂、緊密的捲髮在額上的一點交匯、拱形眉毛、彎曲、下垂的眼睛、微笑和繞著嘴唇形狀的雙線，令人想起高棉的肖像。

西元 14-15 世紀
泰國
青銅
高 54 公分
1880.1002

2｜7 大越

西元前 111 年，中國漢朝入侵今天的越南北部，儘管偶爾爆發叛亂，對當地的控制持續到西元 938 年吳權在白藤江戰役擊敗中國人。李朝和陳朝從 1009 至 1400 年統治位於越南北部的大越，明朝永樂皇帝於 1406 年重新取得控制權，統治持續到 1420 年代。此後，中國勢力還入侵了幾次，但無法再長期殖民大越。

中國佔領時期對越南生活各方面產生深遠的影響，包含治理和政治結構到文字、文化和藝術。容器製作技術擴展到包括上釉、複雜模具、黏土精製，以及使容器可以被快速成形的快輪；這些技術來自中國，但越南陶藝家以創新的方式使用它們（圖一）。紋飾設計通常遵循中式的編排。獨立後，新的陶瓷形狀和裝飾出現，有些是供給內需，有些則是供給發展中的出口市場（圖二）。棕色底的青花瓷器最早出現在 14 世紀，迅速成為廣受歡迎的出口品項，開羅福斯塔特（Fustat）的出土文物就是證據。這類出口的鼎盛期是 15 世紀，窯口將陶瓷銷往東南亞其他地區、中東和非洲（圖二、三）。

硬幣最初來自中國的漢朝（西元前 206 年至西元 220 年）和唐朝（618 至 907 年），越南最早發行的硬幣則在 970 年出現（圖四）。越南於 1050 年左右、中國錢幣再次被使用時停止造幣，但 1205 年又恢復生產（圖五）。13 世紀晚期，越南國王為了保留銅礦製造武器，開始生產紙錢。

大越和中國相同的宗教傳統包括佛教、儒教和道教，不過鮮少有 16 世紀之前和這些傳統相關的大越雕塑流傳至今。

圖一　罐和蓋

這個帶蓋的罐子有一個圓頂狀的蓋，立在一個穿孔的底座，並覆蓋著一層奶油色的釉。燒製前、上釉後，在黏土上刮出圖案，填入鐵棕色釉，形成鑲飾的效果。這件作品的生產是為了供給內需，而不是為了出口，技術上，它和中國磁州窯瓷器有關，但寬大的器身和圖案設計是越南式改編。

西元 11–12 世紀
越南北部清化
炻器
高 26 公分
1931,0320.1

圖二　附配件的水器

發現於敘利亞，這種儀式水器「軍持」（kendi），主要為東南亞市場製造，不過最終也出口到歐洲和中東。裝飾包括圍繞容器頸部和下緣的非寫實蓮花圖案、頸部中間的印度貿易織物花樣，以及兩側的中國神話動物麒麟，展示越南北部參與的國際網絡。

西元 1440–60 年
越南北部舟逗（Chu Dau）
炻器、青銅
高 28 公分、寬 30.4 公分
2009,3014.2

圖三　象魚盤

越南窯口大量生產像這樣的盤用於出口。這個盤子描繪象魚，以鈷藍色繪製圖案，然後在燒製前施一層透明釉。象魚是東南亞的一種神話複合生物，是在雕塑上看到的摩伽羅的一種形式。在某些地區，例如中爪哇，帶有象鼻而且和水有關的摩伽羅構成寺廟欄桿的末端。在緬甸，摩伽羅代表黃道十二宮的摩羯座。

西元 1430–80 年
越南
炻器
直徑 36.5 公分
2002,1011.1

圖五　帶有書法字的硬幣

陳朝（1225–1400）統治期間的錢幣發行量應該很少，而且仍使用中國格式。這些錢幣上有可以確認是陳朝第七任君主陳裕宗的楷書、篆書和草書。

西元 1358–69 年
越南
銅合金
直徑 2.3–2.4 公分
1884,0511.2194, 1884,0511.2203,
1884,0511.2193

圖四　硬幣

大越在 938 年擺脫中國獨立後發行的硬幣，採用中式的方孔圓錢形制。如圖所示，越南語直到 20 世紀都是使用漢字或漢字風格的字體書寫。

西元 980–89 年
越南
銅合金
直徑 2.5 公分
1884,0511.2166

圖一　婆羅浮屠的早期照片

婆羅浮屠是世界上最大的佛教遺址之一，興建於 8 世紀晚期至 9 世紀初期。這張照片是寺廟在 1913 年的樣子。它由一系列方形平臺組成，平臺上矗立著壁龕，內有和大乘佛教及金剛乘（密宗）佛教相關的五方佛，以及描繪佛教經文的敘事浮雕嵌板。建築物最頂端的圓形平臺上是供有佛像的窣堵坡（舍利丘）。和中爪哇的其他建築一樣，婆羅浮屠的修築也是圍繞著一個中心的儀式點。

西元 1913 年
爪哇
明膠銀鹽相紙
高 19.3 公分，寬 26.2 公分
Oc,B122.39

圖二　G・P・貝克（G. P. Baker），〈爪哇克都區普林嘎葡斯三座寺廟裡其中兩座遺跡的西南面〉（Remains of two of the three temples at Pringapus in the Kedu district Java from the S.W.）

儘管這張圖被繪製時（19 世紀初期）記錄了三座處於不同崩塌狀態的寺廟，如今只有一座重建的寺廟還存在。這是一座供奉濕婆神的印度教寺廟，目前擺放著祂的坐騎南迪公牛的雕像。印尼各地在 20 世紀興起了許多重建計畫，包括在婆羅浮屠這類大型遺址的重建，但像圖中這樣的規模較小的遺址也得到了關注。

約西元 1815 年
爪哇辛多羅山（Mount Sindoro）的山坡上
水墨，繪於紙上
高 44 公分，寬 56.1 公分
J・H・德雷克捐贈，史坦福・萊佛士收藏
1939,0311,0.4.16

圖三　J・W・B・沃德納爾（J. W. B. Wardenaar），巴將拉圖禪邸（Candi Bajang Ratu）水彩畫

這幅畫呈現滿者伯夷舊都多烏蘭（Trowulan）的一個山形磚造結構，它曾經是進入一處寺廟建築群的門戶。在首都遷往東爪哇後，這裡發展出一個新的神聖建築規劃，反映新的宗教思想和儀式。最神聖的區域位於寺廟的後面，最接近一座山峰，而不是像中爪哇的傳統那樣位於院落的中央。這種取向類似峇里島的寺廟結構，是峇里島和東爪哇之間因為皇室通婚和滿者伯夷霸權而有往來的結果。爪哇副總督史坦福・萊佛士委任沃德納爾（一位荷蘭上尉，在英國佔領爪哇後，他和許多荷蘭人一樣留在爪哇）負責發掘多烏蘭，釐清爪哇的歷史和藝術成就。

西元 1815 年
爪哇多烏蘭
水彩，繪於紙上
高 29.4 公分，寬 23.1 公分
1939,0311,0.5.31

爪哇島的山和水

山和水在東南亞信仰體系和宇宙觀扮演重要的角色，像是在緬甸受到崇敬的自然神靈「納」（nat）的山居地，柬埔寨的大巴萊（barays，人造蓄水池）和山形寺廟，以及峇里島無處不在的面海和向山空間。在爪哇島上，山被認為是冥想的場所、神的居所，以及往往和祖先有關的靈性場所。從 7 世紀左右開始，狄昂高原上約有四百座沒有太多裝飾雕刻的小型印度教寺廟（參見 35 頁），另有其他寺廟群建在附近的山上（圖二）。在平原上，夏連特拉王朝（8-9 世紀）和珊闍耶王朝（8-10 世紀）興建了像婆羅浮屠和普蘭巴南（Prambanan）（圖一）這類規模龐大、裝飾華麗的建築。這些建築和雕塑使用當地的火山石安山岩，而各種不同的形式全都象徵著一座山──神聖的須彌山，亦即印度教和佛教宇宙的中心──但也象徵著山脈本身。

爪哇的宮廷在 929 年遷至東爪哇，原因尚不清楚。從那時到 16 世紀初期，一共出現了三個王朝──諫義理王朝（Kediri）、信訶沙里王朝和滿者伯夷王朝──每次王朝更迭都會遷都。在拉加薩納加拉國王（Rajasanagara，又名哈亞姆·烏魯克〔Hayam Wuruk〕，1350-89 年在位）和他的首相加查·馬達（Gajah Madah）的領導下，滿者伯夷成為一個重要的貿易帝國，控制今天的印尼和馬來半島的大部分地區。經過一段衝突和衰退的時期之後，滿者伯夷最後在 1527 年被爪哇的伊斯蘭王國淡目（Demak）擊敗，於是許多宮廷成員逃往峇里島。

東爪哇的建築最初是用石頭建造，但後來磚塊成為主要的工具（圖三）。雖然有些宗教場所建在城市中心附近，但很多都建在山上，包括儀式性的沐浴遺址，這些遺址透過長生不老泉阿梅爾塔（amerta）神話，和聖水及山岳崇拜的信仰產生連結。這個神話的再現儀式使用複製須彌山形狀的盛水容器（圖四）。

圖四　儀式用盛水容器

爪哇島的印度教徒曾經相信，長生不老泉阿梅爾塔是眾神以那伽（神話蛇）巴蘇奇（Basuki）作為轉動繩，用須彌山攪拌乳海而製成的。雖然器皿的確切儀式用途不明，但一定與阿梅爾塔有關，因為以蓮花瓣形狀為底的尖錐形頸部代表須彌山，而出水嘴則是那伽的形狀。

西元 13 世紀
爪哇
青銅
高 27.3 公分
1976,0406.1

2│8 西方航海時代東南亞的宗教文物

　　依據蘇門答臘島、爪哇島、峇里島和婆羅洲的歷史遺跡和雕塑可看出，現今印尼的部分領土，曾是古代佛教世界中舉足輕重的王國。來自印度南部和東部的形像輸入當地，但也有很多是在東南亞生產。

　　爪哇島的印度教和佛教宗教建築中，裝飾神祇的雕像，以及包括動物及花卉紋、紡織及幾何圖案，還有神聖故事的浮雕。金屬雕塑和器皿也在這些聖地院落內的儀式中使用。

　　雕刻和浮雕的圖像由當地安山岩製成，或是雕刻在磚塊上。佛寺和佛塔（窣堵坡）內有數不清的五方佛像（毗盧遮那佛〔Vairocana〕、阿閦佛、寶生佛〔Ratnasambhava〕、阿彌陀佛〔Amitabha〕以及不空成就佛〔Amoghasiddhi〕）和菩薩像，而浮雕展示佛祖前世和在爪哇各地流傳的佛教文獻故事。印度教遺址會有一個主神像──通常是濕婆神，偶爾是毗濕奴，鮮少會是梵天──四周環繞相關的神祇（圖三），有時還有《羅摩衍那》（Ramayana）和《摩訶婆羅多》（Mahabharata）史詩的情節。在印度教和佛教的遺址，守護者和動物經常站在入口和樓梯的兩側。在東爪哇，統治者也委託製作自己的神化雕像，這類雕像會把他們描繪成和某個神祇配對的祖先（圖四）。

　　大概 600 到 1500 年間爪哇島開始生產金屬宗教雕塑（圖一、二）。許多印度教和佛教的雕像都是用青銅製作，但也有銀和金的雕像。在中爪哇時期（600s-929 年），人物雕塑占絕大多數，但到了東爪哇時期（929-1500s 年），儀式文物和器皿成為主要產品（圖五）。同時代的文獻並沒有提供關於這些雕像和文物如何使用的資訊。

圖一　女菩薩坐像

這個女菩薩戴著當時金屬佛像典型的精緻珠寶，尤其是中央頭飾周圍的皇冠上的五個尖角。她手持海螺，代表弘揚佛法，坐在蓮花上，蓮花是純潔的象徵，也是佛教世界裡一個普遍的形像元素。

西元 9–11 世紀
爪哇
青銅
高 15.2 公分
伯克利美術館（Berkeley Galleries）捐贈
1960,1213.1

圖二　桑巴斯寶藏中的佛像

婆羅洲西部桑巴斯河（Sambas River）河畔發現了一個有小型佛像、香爐和銀箔銘文的寶藏。以古爪哇文字書寫的銘文呈現了好幾個不同佛教文獻的詩句，並提到一位不為人知的國王旃達羅伐摩（Candravarman）。這些佛像的不同特徵顯示有些是在印度次大陸製作，但大多數可能是在爪哇製作的，採用流通在區域內的風格和思想，例如起源於印度笈多藝術形式的緊貼服裝、精緻的神聖光輪（橢圓框）圍繞著人物、蓮座和觀世音菩薩。

西元 9–10 世紀
在爪哇和印度製造
青銅、金、銀
高 5.7–27.8 公分
P・T・布魯克・蘇埃爾捐贈
1956,0725.1–9

圖三　象頭神像

在爪哇島特有的安排中，一座供奉濕婆的印度教寺廟的中央聖壇擺放著一尊濕婆神像，寺廟圍牆的北側壁龕則擺放著他的配偶杜爾伽（Durga）雕像，南側是聖人阿伽斯提耶（Agastya），他的兒子象頭神（Ganesha）則在西側。這尊象頭神坐在雙蓮花寶座上，雙腳腳跟併攏，是典型的爪哇特徵，多層的頭飾和珠寶也是。

西元 11–12 世紀
爪哇
火山石（安山岩）
高 62 公分，寬 41 公分
查爾斯・米雷特（Charles Millet）捐贈
1861,1010.2

圖四　扮成濕婆和帕爾瓦蒂的祖先像

信訶沙里王朝（1222–92）和滿者伯夷帝國（約129–1527）的統治者和貴族，被認為是神的化身，他們委託製作神像，象徵死後重新回歸為他們先祖所代表的神祇（濕婆、毗濕奴或佛陀）。這對夫婦被描繪成濕婆和他的配偶帕爾瓦蒂。這兩尊立像目光低垂，把世界屏蔽在外，雙手作冥想姿勢。

西元 14–15 世紀
爪哇
火山石（安山岩）
高 49 公分，寬 25 公分；
高 48 公分，寬 23 公分
1880.290, 1880.291

圖五　香爐

香是佛教和印度教儀式的重要成分。這個鑄造的四足青銅爐有多層的爐頂，後者是東南亞建築的共同特徵。在東南亞地區許多地方，鳥類和天堂有關，而且被認為是眾神的使者。牠們出現在爐頂，和向上飄揚的香相連，以紀念佛陀。

西元 10 世紀
發現於婆羅洲桑巴斯
青銅
高 19.7 公分，寬 16.1 公分
P・T・布魯克・蘇埃爾捐贈
1956,0725.10

2|9 來自爪哇的金戒指和金耳環

　　爪哇島沒有太多金礦礦床，因此這些金屬似乎是從蘇門答臘和婆羅洲輸入，也可能是蘇拉威西。有大量證據顯示蘇門答臘存在大量且技術先進的礦井，但對這些遺址的考古調查卻很少。

　　黃金在爪哇島的宗教生活發揮著重要作用，它的閃耀象徵著皇室及神聖光環。中爪哇的山區和寺廟的地基底下，都曾發現埋藏有大量金器，而在寺廟的奠基典禮上還會贈送戒指。

　　除了宗教和政治連結，黃金也作為飾品。黃金首飾是早期爪哇數量最多的遺留文物之一，顯示它們和前伊斯蘭社會有著廣泛的關聯。狹縫耳環有多種款式（圖一），指環有戴在手指上、腳趾上、掛在項鍊上，以及固定在衣服上，不僅作為一種裝飾手段，可能有個人識別、提供保護和好運的功能。這些戒指不是以模具鑄造而成，就是用塑形的黃金片製成，不過這兩種技術也可以被結合在一起。裝飾物是經過鑄造、切割或焊接，以及透過炸珠（granulation）處理製成（圖三）。有些刻有銘文的戒指是當作從事貿易的印章（圖四），有些則刻有和毗濕奴神有關的名字或圖像（圖二）。其他圖像則是和保護、好運和財富有關，像是魚或花瓶，有些戒指上未經切割的寶石被認為能影響命運（圖二、三）。

圖三 三枚寶石戒指

戒指經常以寶石和半寶石做裝飾。多數寶石平滑且經過拋光，但呈不規則狀，不過它們偶爾會刻上設計的圖案。鑲嵌的方法有各式各樣。刻有像獅子般的神話生物凹雕的紅玉髓被裝進戒指的凹槽裡。其他戒指的水晶、石榴石和藍寶石均由凸起的金屬環固定。附加的裝飾包括許多小金珠（炸珠）和精細的絞線箍。

戒指

約西元 700–1000 年
印尼中爪哇
金和紅玉髓
直徑 1.9 公分
A・W・法蘭克斯遺贈
Af.2380

戒指

約西元 1000 儿 1400 年
印尼爪哇
金、藍寶石、石榴石、白水晶
直徑 3.4 公分
A・W・法蘭克斯遺贈
Af.2401

戒指

約西元 1000–1400 年
印尼爪哇
金和礦物
直徑 3.5 公分
A・W・法蘭克斯遺贈
Af.2400

圖四 圖章戒指

這枚戒指的橢圓戒盤以卡維文（Kawi，古爪哇文）銘刻印度梵語表示好運和獲利的單字。這種戒指被作為個人印章使用。

約西元 1000–1400 年
印尼爪哇
金
直徑 2.1 公分
A・W・法蘭克斯遺贈
Af.2375

2│10 伊斯蘭教的出現

早在 8 世紀的時候，穆斯林商人就沿著連接中東到南亞和中國的海上貿易路線來到東南亞。在接下來的幾個世紀裡，有些人定居在東南亞的商業中心，他們在那裡似乎擁有一定的威望，而且常被授予有權位的職務。這些加深的地方聯繫使新的交流網絡得以建立。其他參與傳播伊斯蘭教的人包括教師，後來還有國王。13 世紀晚期，蘇門答臘島東北部建立起東南亞第一個蘇丹國蘇木都剌（Samudera Pasai）。位於今天馬來半島西海岸的麻六甲在 15 世紀初期成為主要商業中心，其統治者在 1430 年代皈依伊斯蘭教。此後，包括蘇門答臘島和泰國南部在內的東南亞各地持續有更多的皇室皈依。在爪哇島，伊斯蘭教的傳播歸功於九聖（wali songo），第一位聖人毛拉納・馬利克・易卜拉欣（Maulana Malik Ibrahim）被認為是波斯後裔，來自印度的古加拉特（Gujarat）。1419 年去世後，他被埋葬在爪哇東北部格雷西克（Gresik）的一座石墓，該墓至今仍是一處朝聖地（圖一）。雕刻的墓碑是東南亞年代最早的伊斯蘭藝術之一。早期的清真寺遵循東南亞的建築形式，包括向心設計、屋頂層層退縮和正方形的格式（圖二）。

圖一　穆斯林聖人毛拉納・馬利克・易卜拉欣墓的繪圖

位於爪哇東北部格雷西克的加普羅韋坦清真寺（Gapuro Wetan mosque），這個墳墓採用古加拉特印度風格。印尼群島一帶在 15 世紀時有大量大理石伊斯蘭墓碑的貿易。銘文是主要的裝飾，但墓蓋上代表上帝之光的油燈圖案也隨處可見。

約西元 1815 年
爪哇
墨水和彩墨，繪於紙上
高 52.7 公分，寬 70 公分
J・H・德雷克（J. H. Drake）捐贈，史坦福・萊佛士收藏
1939,0311,0.5.55

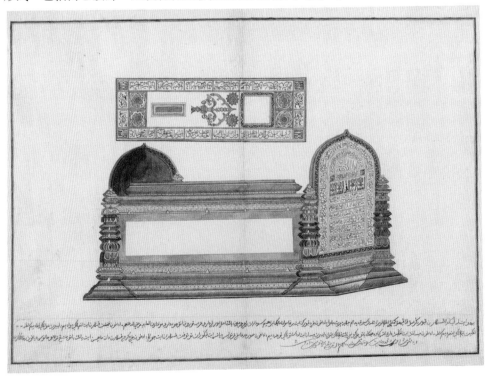

圖二　瓦保偉清真寺（Wapau–
we Mosque）

這座清真寺位於馬魯古群島（摩
鹿加群島）的安汶（Ambon），
是印尼最古老的清真寺之一。年
代可追溯到約 1414 年，它保留
原來的木造外型，多層的屋頂由
內部四根柱子支撐，沒有尖塔。
這是該區域早期清真寺的典型風
格，遵循當地的建築傳統。直到
19 世紀，中東和南亞清真寺常見
的圓頂和尖塔才開始出現在東南
亞。

大事紀

15–18 世紀	上座部佛教日漸成為現今越南以外的東南亞大陸區主流佛教
16 世紀初	亞齊蘇丹國在蘇門答臘北部成立，後來吸收了蘇木都剌蘇丹國
16 世紀–1669 年	蘇拉威西南部的戈瓦王國（當時為蘇丹國）， 最終被荷蘭東印度公司和布吉人軍隊擊敗
16–17 世紀	汶萊在麻六甲沒落後成為著名的貿易中心
1511 年	葡萄牙人征服麻六甲
1527–1813 年	以西爪哇為根據地的貿易王國萬丹
約 1527 年	滿者伯夷帝國在爪哇島被穆斯林王國淡目征服
1558 年	阮朝勢力擴張到越南南部
1565 年	第一批西班牙人殖民菲律賓宿霧島
1568–1815 年	中國、菲律賓和墨西哥之間的大帆船貿易
1571 年	西班牙人從穆斯林統治者手中奪取馬尼拉後定都於此
1578–1774 年	緬甸東吁王朝和早期貢榜王朝控制泰國北部的蘭納王國
16–19 世紀晚期	柬埔寨交替附庸於越南和暹羅之間
16 世紀晚期–18 世紀中期	爪哇的馬打蘭王國
1619 年	巴達維亞（雅加達）成為荷蘭東印度公司在爪哇的總部
1641 年	荷蘭東印度公司在柔佛蘇丹國的幫助下征服麻六甲
1675–1823/5 年	蘇門答臘的巨港蘇丹國
1707 年	寮國的瀾滄王國終結，分裂成許多小王國
1749 年	荷蘭東印度公司取得對帝汶的部分控制，為 20 世紀晚期的衝突埋下伏筆
1752–1885 年	緬甸貢榜王朝的都城分別有阿瓦、阿瑪拉普拉和曼德勒
1767 年	貢榜摧毀阿瑜陀耶城並將其百姓驅逐
1779 年	東印度群島發生反荷蘭東印度公司叛亂
1782 年	泰國卻克里王朝成立，定都曼谷
1784 年	波道帕耶國王統治的貢榜緬甸併吞若開王國
18 世紀晚期–19 世紀	以曼谷為根據地的（泰國）暹羅王國吸收蘭納
1802–1945 年	阮朝成立，定都順化
1819–26 年	貢榜大軍襲擊並減少曼尼普爾的人口，將百姓重新安置到緬甸內陸腹地
1824 年	《英荷條約》把東南亞大部分島嶼區劃分為新加坡、馬來半島和婆羅洲北部的 英國區，以及（除了菲律賓除以外）由其餘島嶼構成的荷蘭區
1824–26 年、1852 年、1885 年	三場英緬戰爭導致緬甸被英國完全併吞
1840 年代	汶萊把領土授予詹姆斯・布魯克，他在婆羅洲北海岸的砂拉越地區建立布魯克王朝
1850 年代以降	越南領土被法國蠶食鯨吞
1855 年	泰國與英國締結《寶寧條約》
1863 年	柬埔寨成為法國保護國
1887 年	法屬印度支那成立，領地包括今天的柬埔寨、寮國和越南
1888 年	汶萊成為英國保護國
1904 年	亞齊被荷蘭人佔領

3 貿易、外交和帝國

約西元1400至1900年

以柬埔寨吳哥、緬甸蒲甘、泰國素可泰、占婆政體中的美山（My Son）為中心的東南亞大陸區主要王國，以及三佛齊和末羅瑜的島嶼政體，到 1400 年時政治影響力均已下降。其他王國、帝國和蘇丹國如今成為主導，包括緬甸中部的東吁王朝（Toungoo）、泰國中部的阿瑜陀耶王國和北部的蘭納王國（Lan Na）、寮國的瀾滄王國（Lan Xang）、越南的大越、島嶼區的滿者伯夷帝國、馬來半島西側重要的麻六甲貿易港口和伊斯蘭蘇丹國，像是蘇門答臘島北部的蘇木都剌國和亞齊國（Aceh）。這些實體保有過往前朝統治者的許多價值觀、信仰、習俗和結構。

儘管經歷無數的王朝更迭和戰爭，大陸區的王國在統治方面逐漸變得更加中央集權（圖四、五）。16 世紀晚期，勃印曩國王（Bayinnaung，1551-81 年在位）領導的東吁將控制範圍擴大到泰國北部的蘭納，18 世紀晚期，阿瑜陀耶淪陷，人口遷移到緬甸中部。同樣的，若開和曼尼普爾（Manipur）也在 18 世紀晚期被納入緬甸控制。拉瑪一世國王（Rama I，1782-1809 年在位）在泰國中部建立卻克里王朝（Chakri dynasty），定都曼谷。從 18 世紀晚期到 19 世紀，泰國慢慢吸收北部的蘭納政權，並將人民從寮國遷移到東北部。越南在 17 世紀和 18 世紀由阮氏家族和鄭氏家族兩派統治，阮朝並於 1802 年統一北部和南部地區。王國版圖還擴張到納入了今天寮國和柬埔寨的部分地區。

在東南亞島嶼區，政治情勢因為許多宮廷的競爭而支離破碎，其中有不少都皈依了伊斯蘭教。它們通常以和內陸有往來的港口大城市為中心；很多宮廷都有擴張的企圖，爭奪對貿易和資源的控制權。有些國祚較長，例如亞齊，直到 1904 年才落入荷蘭人的控制。其他宮廷的壽命較短，例如爪哇島的淡目王國，淡目王國於 1470 年代崛起，1520 年代擊敗滿者伯夷帝國，然後在 1560 年代被併入爪哇馬打蘭王國（Mataram）。主要轉口港麻六甲於 1511 年被葡萄牙人征服（圖二）。

圖一　約翰·奧利佛（John Oliver），1682 年萬丹國王派給英國陛下的特使閣下的真人肖像

東南亞王國從 17 世紀開始向歐洲宮廷派遣外交官，這是一千多年來他們在區域內行之有年、也對中國施行的慣例。萬丹（Banten）是一個伊斯蘭蘇丹國，也是一個著名的貿易王國，自 16 世紀初期起以爪哇西北部為基地，直到 19 世紀初期被荷蘭吞併。萬丹統治者可能為了對抗荷蘭東印度公司，派出使團和這幅版畫所描繪的特使去尋求英國的支持，荷蘭東印度公司後來於 1682 年將萬丹國王廢黜，然後扶植他的兒子作為傀儡國王。

西元 1682 年
倫敦
版畫
高 32.3 公分，寬 21.2 公分
1849,0315.100

在 1400 至 1900 年之間，東南亞的宗教也發生了重大變化。上座部佛教逐漸在大陸區佔據主導地位，和被認為是純淨佛教發源地的斯里蘭卡仍繼續往來。而島嶼區，隨著統治者紛紛皈依，伊斯蘭教逐漸成為優勢，並透過外交與中東的穆斯林核心區建立聯繫。東南亞的伊斯蘭王國和貿易樞紐，如麻六甲、蘇拉威西島的戈瓦（Gowa）和婆羅洲的汶萊，成為伊斯蘭教擴張的中心。基督教在 16 世紀初期隨著歐洲人傳入，但在伊斯蘭教和佛教盛行的地方並未能吸引信眾，主要在印尼群島的東部和高地地區、菲律賓北部，以及東南亞大陸區的高地地區有所斬獲。統治者提倡特定的宗教，但百姓會調整新的信仰以符合當地的需要。

東南亞位於繁忙貿易路線的地理位置，其獨特的資源促使新興商業階級出現，並推動了多元文化和國際性區域中心與城市發展。許多華人在東南亞落地生根。隨之而來的是中國的銅錢，銅錢用於小額交易，而且通常是一種重要的貨幣形式。寶螺殼和其他作為貨幣的物品，還有以物易物，都仍是相當普遍（圖三）。來自古加拉特、孟加拉和印度南部的穆斯林也在東南亞落腳，他們在當時是扮演東南亞的主要印度商人，交易各式各樣的商品，包括織物（很多織物後來成為珍貴的傳家寶）和其他奢侈品。因此，東南亞族群是來自各個不同地區的民族

圖三　鱷魚形狀的錫錠

大概從 15 世紀起，動物形狀或「方帽」形狀的錫錠在馬來半島開始普遍生產，特別是西海岸的霹靂州，那裡的錫礦已經開採了有數千年之久。這些錫錠被當貨幣使用，但關於它們的資訊不多。最初，馬來半島的錫礦開採規模小而零星，但產量在 19 世紀大幅增加，等到 1900 年的時候，世界的錫供應量有一半源自此地。許多來自其他地區的移民到當地礦場工作，尤其是中國的移民。

約西元 16–19 世紀
馬來半島
錫
長 37.4 公分
由塞西爾・雷（Cecil Wray）捐贈
As 1933,1104.2

的融合，雖然多樣性是東南亞的一個特點，很多不同的民族都獲得承認，但是分類不是固定不變的，新來的移民往往成功地融入當地。人的流動是使這份彈性成為可能的部分原因，而且這段時期的人口流動增強——有些是非自願的。人們在戰爭中淪為奴隸，也會為了還債把自己賣給別人。他們的情況不同於大西洋地區的奴隸，可能會在宮廷任職或繼續做工匠、士兵、商人或農民，取決於自身擁有的技能和能力。漸漸的，很多人以非奴隸的身分被同化，或是花錢買回他們的自由。直到 18 世紀晚期和 19 世紀，東南亞統治者才開始強調以習俗或信仰為根據的忠誠，為日後的競爭埋下伏筆。

　　貿易帶來的繁榮導致人口增加和可耕地擴張。早期貿易以東南亞特有的香料和產品為大宗，但到了 18 世紀，內陸地區過度採伐造成的環境問題出現，造成低地居民與內陸群體之間的衝突。後來，隨著歐洲人透過新的科學和軍事技術取得霸權地位，諸如糖、茶葉、咖啡和鴉片等經濟作物成為主要商品。在菲律賓，馬尼拉是美洲白銀、中國絲綢與陶瓷，以及其他奢侈品的交易樞紐。

圖四　印章

泰國的印章通常由象牙製成，形狀為窣堵坡佛塔（泰語為chedi）。僧人和政府官員使用這些印章在官方文件上蓋章，或標記神聖文本屬於某間修道院。印章的圖案代表特定的官僚部門或寺院。

西元 1800 年代
泰國
象牙
高 9.2 公分，直徑（圖章面）4.8公分
F．沃德（F. Ward）捐贈
As 1919,1104.55

圖五　穀物量杯（乾塘）

乾塘（gantang）是稻米的標準化穀物量杯。以阿拉伯文書寫的銘文提供了年代，並證實這個量杯得到汶萊蘇丹的正式核准。大手柄是必要的，因為每個乾塘能容納近四公升的穀物。

西元 1899–1900 年
汶萊蘇丹國
黃銅
高 16.8 公分，直徑 21.5 公分
2020,3002.1

歐洲人於 15 世紀晚期前來尋找珍貴值錢的香料。最早到的是葡萄牙人，他們於 1511 年佔領麻六甲，然後在島嶼區各地建立許多要塞港口。西班牙人從 1570 年代起佔領包含馬尼拉在內的菲律賓北部地區。荷蘭東印度公司在 17 世紀成為東南亞海域的主要歐洲勢力，然後英國東印度公司在 18 世紀逐漸崛起。最初，東南亞人將歐洲人視為另一群商人，甚至派外交使團前往歐洲（圖一），但到了 19 世紀晚期時，東南亞大部分地區都受到殖民控制。西班牙人控制菲律賓；葡萄牙人控制東帝汶；荷蘭人控制印尼；還有法國控制印度支那；英國控制緬甸、馬來亞、新加坡和婆羅洲北部。每個歐洲勢力均建立起和先前社會組織形式截然不同的殖民官僚政治；有時，地方統治者會被扶植為傀儡。利用政治控制來榨取原物料，以及役使工業擴張所需的勞動力，整個東南亞地區被改造成種植園和礦場。法國人、西班牙人和葡萄牙人也大力推動宗教皈依。唯有泰國仍保有獨立地位，部分是因為它對歐洲人讓步，但也是因為它是英國和法國之間的緩衝區。

圖一　坐佛像

上座部佛教從 15 世紀初期起漸漸在柬埔寨盛行，到 19 世紀時成為最大宗教。和吳哥的高棉雕塑和建築相比，後來的柬埔寨佛教物品保存得比較不好，在收藏品中也不常見。這是一尊罕見的漆金石佛，身上佩戴的珠寶和早期的珠寶相似，有寬領、分層皇冠和頂飾。

西元 17–19 世紀
柬埔寨
石頭、金、漆
高 49.9 公分
1992,0707.1

圖二　兩個站立的僧人像

因為在無數個前世中的努力，舍利弗和目犍連自受戒為僧起就成為釋迦牟尼佛喬達摩最重要的弟子。舍利弗是充滿智慧且有能力的老師，目犍連則憑藉高深的靈性知識掌握了神通力。圖中兩位僧人站立，結合掌印（anjali mudra），表示崇敬。泰國佛像在 19 世紀初期流行起有裝飾的長袍。

西元 19 世紀早期至中期
暹羅（泰國）
青銅、黃金
高 109 公分；高 106.2 公分
朵麗絲杜克慈善基金會（Doris Duke Charitable Foundation）捐贈
2004,0628.20–21

東南亞大陸區的上座部佛教

大約從 11 世紀開始，上座部佛教透過僧人雲遊、寺院間的交流，以及皇室贊助和淨化，逐漸在緬甸、泰國、寮國和柬埔寨普及。它們和斯里蘭卡關係緊密，因為該島被認為是一支正統佛教教派的發源地，統治者派僧人到那裡重新受戒，確保地方僧伽（僧人群體）修行的純潔性。例如，下緬甸漢達瓦底王國（Hanthawaddy，勃固〔Bago/Pegu〕）的達摩悉提王（Dhammaceti，1471-92 年在位）在 1476 至 79 年的卡利亞尼銘文（Kalyani inscription）記載了這樣的改革，因此鄰近周邊地區的僧人也到漢達瓦底王國重新受戒。1423 年，僧人也將斯里蘭卡的傳統帶到清邁和柬埔寨。荷蘭東印度公司的船隻在 17 世紀促進斯里蘭卡和若開王國之間的僧人交流，藉此削弱葡萄牙的影響，然後在 1799 年，有一群斯里蘭卡僧人來到緬甸重新受戒。

根據上座部佛教，佛陀的教誨（佛法）就在由僧伽保護與詮釋的佛典「三藏」中。佛陀話語的文本在儀式中很重要，也是佛教的象徵符號，並認為佛典使用的語言巴利語（Pali）是神聖的。上座部的主要修行有誦念經文、祈禱、供養佛陀，以及布施食物、衣服、日用品和勞力給僧伽，以累積功德和確保來生有好的輪迴。贊助生產佛像、手稿、宗教建築和寺院也是很大的功德。

歷史上的佛陀，喬達摩或稱為釋迦牟尼，是當前時間周期內證悟的五位佛陀中的第四位（圖一）。下一位是彌勒菩薩（Metteyya，梵文 Maitreya）。其他重要人物是佛陀的主要弟子，其中最重要的是舍利弗（Sariputta）和目犍連（Moggallana）（圖二）。其他弟子則因

圖三 「捲曲蟲」子彈錢

阿瑜陀耶王國和早期卻克里王朝發行了一種在泰語中稱為「捲曲蟲」的硬幣。這些小銀球錢幣印著佛教符號，如大象、輪子和海螺殼。這枚錢幣上的輪子（cakka）圖像指的是佛法，稱為法輪，也是佛教理想的普世皇帝轉輪王（cakkavatti）的象徵。

西元 18 世紀
晚期阿瑜陀耶或暹羅（泰國）
銀

直徑 1.5 公分
雷金納德・勒梅（Reginald Le May）捐贈
1931,0505.13

特殊技能聞名，例如迦旃延（Kaccayana）。在最後一世之前，喬達摩經歷了無數的前世（jatakas，本生故事），他在這些前世修完了成佛所需的十種美德。成佛後，他進到一個綿長的前世佛陀世系，其中有很多是他在過去的前世裡曾經遇過的佛陀。除了佛陀和僧人之外，還有住在佛教宇宙諸天的神祇，這些神祇也出現在印度教（圖四），包括忉利天的主神帝釋天（Sakka，因陀羅〔Indra〕）。這些形像和敘事以多種藝術形式呈現，成為儀式活動的重點，發揮令人想起佛、法、僧「三寶」的作用，也為儀式活動提供一個焦點。

理想的佛教君主為整個王國做功德，遵循佛陀的教誨治理，展現出十個高貴的特質：布施、善行、無執、正直、柔和、苦行、不瞋、不害、忍耐與寬容。由於佛教徒相信輪迴，國王的豪華宮殿和生活方式顯示他在前世做了多少功德。17 世紀中期，阿瑜陀耶王國有一位耶穌會士曾說「放眼所及都是黃金……單單一個佛像比所有的……歐洲教堂更華麗」（Baker & Phongpaichit 2009, 14）。人們相信國王顯現出佛陀身上擁有的聖人三十二相，被視為未來的佛陀，同時他支持並確保僧伽的純淨。

統治者用佛教語言為戰爭辯護，具體來說是對不公正統治的地方推行佛法，同時也展示他們作為佛教世界帝王的地位，即轉輪王（梵文 chakravartin），轉輪王的即位，

預告人們殷切期盼的未來佛陀「彌勒菩薩」的到來。例如緬甸的東吁宮廷和後來的貢榜宮廷（Konbaung）曾在 1569 年和 1767 年兩次進攻阿瑜陀耶，理由是為了傳播更好的佛教。阿瑜陀耶王朝的國王攻打緬甸沒有得到太多成果，但在 1430 年代把吳哥王國納入控制。1770 年代和 80 年代，泰國國王征服永珍（Viantiane）、龍坡邦（Luang Prabang）和占巴塞（Champassak）等寮國王國，奪取了重要的玉佛，將玉佛安置在泰國首都，至今仍存放在那裡。同時，緬甸國王波道帕耶（Bodawpaya，1782-1819 年在位）於 1784 年將摩訶摩尼佛像（Mahamuni Buddha）從若開運至阿瑪拉普拉（Amarapura）。除了戰爭之外，佛牙舍利還可以當作外交工具，在王國間相互贈送或借用。緬甸勃印曩國王（1551-81 年在位）在 16 世紀晚期收到從斯里蘭卡來的一顆佛牙舍利，近代則有中國於 1955 年、1994 年、1996 年和 2011 年將其佛牙舍利送到緬甸進行巡迴展示。

由於國王與佛教之間的關係緊密，戴王冠的佛陀形像在 14 世紀和 15 世紀盛行於東南亞各地；戴王冠的佛像不僅說明有這樣的關聯，也以物質形式展現佛陀的精神優越性。王國發行的硬幣直到 19 世紀都經常帶有佛教符號（圖三）。

圖四　濕婆神騎在一頭公牛上，佛陀在祂的頭飾頂端

在一場勢力較量中，濕婆神挑戰佛陀玩捉迷藏的遊戲。佛陀輕鬆地找到了濕婆，但濕婆卻無法找到隱藏在自己頭飾裡的佛陀。拉瑪一世國王於 1802 年下令把佛教文本《佛教宇宙書》（Trailokavinicchayakatha）從巴利文翻譯成泰文，從那時起，像這樣的雕塑就開始流行。數百年來，和印度教相關的神一直是印度婆羅門掌管的東南亞皇家儀式的一部分，他們以保護神和天堂居民的身分被納入佛教。

西元 19 世紀早期至中期
暹羅（泰國）
鎏金青銅
高 68.8 公分
A・W・法蘭克斯捐贈
1894,0926.11

3│1 緬甸的佛像

緬甸東吁王朝在 16 世紀成功擴張其政治勢力範圍。在勃印曩國王的統治下吞併了南部的漢達瓦底（孟族）王國，後來又吞併了撣族諸邦（Shan States）、位於今天泰國北部和寮國部分地區的蘭納王國。新興貢榜王朝的辛標信國王（King Hsinbyushin，1763-76 年在位）下令進攻（泰國）阿瑜陀耶王國，導致阿瑜陀耶在 1767 年遭到毀滅，而在波道帕耶國王（1782-1819 年在位）的統治下，若開被併入緬甸，至今仍是緬甸的一部分。貢榜的國王也和中國交戰，並向西擴張到現在印度東北部的曼尼普爾邦和阿薩姆邦。隨著貢榜緬甸擴大其勢力範圍，它把被征服地區的人民遷移到王國的心臟地帶。於此同時，陸上及海上貿易路線越來越多，佛教僧人在區域內各地的寺院間穿梭。

上述的人口移動和互動，為緬甸佛教藝術帶來了創新的特徵。製作佛像的材料除了常用的大理石、木材和青銅，還包括其他金屬和玻璃。供奉的泥板和飾板呈現新型的佛像，或施加不同顏色的釉料（圖一）。繪畫和建築看得出和暹羅中部（泰國）和蘭納（泰國北部）的關聯。傳統上，佛像的重點是結跏趺坐、做出開悟手勢觸地印的佛陀，但在 19 世紀又增加了斜躺的臥佛和重新引入的立佛形象，以及創新的服飾和珠寶（圖二）。汲取上座部佛教世界所發生的變化，這些新形式看起來比早期更自然主義（圖四）。從 18 世紀左右開始，出現了帝釋天（因陀羅）記錄人們的行為描繪，強化了累積功德的重要性。（圖三）

圖一　建築的宗教飾板

從蒲甘時期（11–13 世紀）到 19 世紀，上釉的宗教飾板被貼在窣堵坡或寺廟的外部，藉此美化和強化建築物的神聖性。它們描繪佛陀在世時、過去轉世輪迴時的場景，還有僧伽重大事件的場景：圖為西元前 247 年第三次佛教結集的一幕，來自不同地區的僧人聚集在一起，藉由核對文本來維持佛陀教誨的純淨。作為模範的佛教國王，敏東（Mindon，1853–78 年在位）於 1871 召開了第五次結集。

西元 19 世紀初期
貢榜緬甸文多（Wuntho）
上釉陶瓷
高 24 公分，寬 24 公分
理查·卡納克─坦普爾（Richard Carnac-Temple）捐贈
1894,0719.4

圖二　泰式寶冠佛像

寶冠佛像在 17 世紀和 18 世紀變得普遍，這個形象一部分顯示著佛陀的至高靈性。早期的寶冠佛像戴的是有大束絲帶的王冠，但隨著 1767 年阿瑜陀耶淪陷，泰藝術家被強迫遷移到貢榜緬甸後，帶有窄尖頂和尖輪緣的泰式王冠變得普遍。

西元 19 世紀早期至中期
貢榜緬甸
木材、玻璃、金、漆
高 82.5 公分
1919,0717.1

圖三　帝釋天（因陀羅）

帝釋天是佛教宇宙中的忉利天之主。圖中的祂手持筆和寫字板，記錄人們的功過，這些功過將決定每個人未來的轉世輪迴。這個角色在 18 世紀變得廣為流行，至今仍在緬甸佛教發揮作用。它所穿的服飾反映了貢榜王朝宮廷的風格，這種服裝受到了 1767 年從阿瑜陀耶帶來的泰式劇團服裝影響。

西元 18 世紀晚期至 19 世紀初期

貢榜緬甸
砂岩、漆、金箔、玻璃鑲嵌
高 79 公分
1880.256

圖四　立佛

隨著上座部佛教世界裡的變化，19 世紀中後期來自緬甸的佛像看起來更加自然主義，臉型較為圓潤，也沒有尖頂飾，但代表佛陀智慧的肉髻仍然存在。長袍包裹身體自然垂褶，不再像皮膚一般緊貼。一條裝飾帶橫跨前額。許多這個時期的佛像，包括這尊（在他的右手中），都展現著陀向信徒提供訶黎勒（myrobalan，一種藥用果實）的場景，象徵幫助信徒解決心靈上的苦難。

西元 19 世紀中期
貢榜緬甸
木材、玻璃、金箔、漆
高 100 公分
巴蘭坦夫人（Mrs Ballantin）捐贈
1923,0305.1

3｜2 緬甸手稿

緬甸過去曾有三大類手稿：紙、漆和棕櫚葉。黑白紙本手稿用來當作習字簿和資訊手冊（圖一）；前者可以被擦除並重複使用。還有插圖白紙摺疊手稿（parabaik），描繪佛陀的生平和前世、規範社會不同階層使用物品的奢侈法、宮廷活動和佛教宇宙觀（圖三）。採用布料、金屬、象牙等不同基礎原料製成的漆金卡瑪瓦撒手稿（kammawasa），記錄了佛教寺院的戒律（圖二）。它們在僧人受戒時被捐贈給寺廟。多數巴利語和緬甸語手稿都是用標準化文字書寫的，但卡瑪瓦撒手稿使用一種不同的文字，稱為羅望子種子（magyizi），需要特殊訓練才能理解。棕櫚葉手稿（pei-za）鮮少有插圖，用於書寫宗教文本。製作這種手稿要將文字刻在葉子上，然後塗抹墨水並擦拭乾淨，使切口變黑以呈現文字（圖四）。

委託製作並捐贈手稿，是積功德和確保佛教延續非常重要的方法。寺院圖書館把大量手稿存放在稱為沙戴克（sadaik）的特殊盒子裡面。

圖一　紋身手冊

紋身大師製作白紙或黑紙的手稿供人參考。紋身圖案曾經被認為可以提供保護、帶來力量或好運，還可以吸引他人。佛教經典、神聖數字和動物（像是老虎〔如圖所示〕或歌唱的鳥兒）的力量，透過紋身在大腿、胸部、手臂和頸部轉移到個人身上。曾經很普遍的紋身在 20 世紀衰退。

西元 19 世紀晚期至 20 世紀初期
緬甸
顏料，繪於紙上
長 43 公分，寬 29 公分
2005,0623,0.1

圖二　卡瑪瓦撒手稿

這份手稿由平扎洛克的吳妙吞昂（U Myat Htun Aung of Pein-zalok）和他的兩個女兒於 1929 年奉獻給一座寺院，手稿的冊頁具有彈性，顯示它們是由上過漆的布製成，可能是某個僧人丟棄的僧袍，僧袍被認為是神聖的。在製作過程中，液態漆裡摻進吳妙吞昂妻子的骨灰，這是一種常見的做法，人們相信這麼做可以為死者帶來功德。奉獻者和他的女兒們也會累積功德，因為捐贈宗教文本被認為可以延續佛法，並且可以減緩當時人們認為正在衰退的佛教趨勢。

西元 1929 年
緬甸
漆、織物、柚木、金
長 58 公分，寬 13.9 公分
拉爾夫和露絲・艾薩克斯（Ralph and Ruth Isaacs）捐贈
1998,0723.172

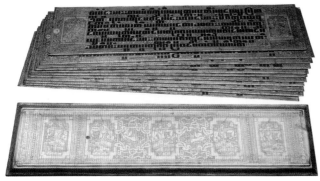

圖三　宇宙觀的摺疊手稿（局部）

展示佛教宇宙三十一層（天堂、地獄和世間）的手稿不是特別常見。在這張圖的場景中，柱子代表宇宙的中心軸須彌山及其周圍的七座山脈。宇宙魚阿南達（Ananda）環抱在海洋裡的須彌山根基。在須彌峰頂是帝釋天（因陀羅）的天界，據說佛陀曾在那裡對他的母親說法，如圖所示。緬甸皇宮的格局和建築也被認為是仿照了帝釋天的天界而建造。

西元 1800 年代末
緬甸
顏料，繪於桑皮紙上
長 924 公分，寬 53.5 公分
2010,3003.1

圖四　一頁棕櫚葉手稿

這本有 76 頁棕櫚葉的書，刻有結合緬語和巴利語的佛經。結合兩種語言的經文，利用緬甸文來解釋巴利文，以便教學。這種文本稱為依止（nissaya）。木蓋板用一條纖維繩綁住，將書頁固定成冊，棕櫚葉的邊緣經過塗漆可以保護它們免於損壞和被昆蟲侵害。

西元 19 世紀
緬甸
棕櫚葉、木材、纖維
長 52.7 公分，寬 7 公分
英國聖公會差會（United Society for the Propagation of the Gospel）捐贈
1989,1011.5

3│3 蘭納和瀾滄的佛陀及其舍利

哈利奔猜（Haripunchai）是今天暹羅北部（泰國）的一個王國，從 8 世紀持續到 13 世紀。後由孟萊王（King Mangrai，1259-1311 年在位）創建的蘭納王國接掌。從 1550 年代中期至 18 世紀晚期，緬甸控制該地區，然後在 19 世紀被暹羅（泰國）吞併。

瀾滄王國被認為是由法昂（Fa Ngum，1353-85 年在位）建立，從 1350 年代到 1707 年左右統治蘭納以東土地上的百姓。它在 18 世紀分裂為幾個規模較小的王國，它們的領土最終大致組成現代的寮國。貿易興盛和困擾該地區的頻繁戰事，代表人口經常流動或是被迫遷移，這點促使了藝術觀念在整個地區的傳播。

這些王國信奉佛教，並以各式各樣的材料生產佛像，包括青銅、金、銀、鉛、木材，乃至樹脂和灰燼。有些佛像在各個佛教社群間聲名遠播，而且擁有悠久的歷史（圖三），有些佛像則是專為國內的寺廟製作。

該地區佛教藝術的一大特點是形式的多樣性。看得到包括寬肩、長臂或行走姿態在內的素可泰雕塑元素。蘭納和瀾滄地區也盛行立像，呈現四種主要姿態之一：行、住、坐、臥（圖一）。佛像的臉部變得更多樣化，通常有消瘦或骨感的面容、揚起的眉毛和成喇叭形展開的尖耳，還有從今天的緬甸東部到寮國都變得普遍的豐滿上唇。高高的寶座和穿孔或有腳的底座很流行（圖二）。除了佛像，還有佛龕和窣堵坡模型，用來存放舍利或放置在祭壇上供奉（圖四）。

圖一　立佛像

這尊佛像以一種不尋常的姿勢握著雙手。通常雙手會平放在腹部，提醒人們佛陀成道後七週內發生的事件。佛陀花了其中一週的時間看著他在其下證悟的那顆樹冥想。佛像高高的拱眉和豐滿的上唇顯示出和泰國北部、撣邦及緬甸的聯繫。

西元 18 世紀
寮國
青銅
高 65.8 公分
2003,0806.1

圖二　坐佛像

坐在束腰式寶座上的佛像是 16 至 18 世紀期間，流行於緬甸和寮國的一種佛像。高高的肉髻（代表智慧的顱骨隆起）和大火焰尖頂，以及彎曲的耳垂、拱眉和豐滿的上唇，都屬於在 15 世紀出現的一種佛像。上半部的「船」形似乎是屬於清盛（Chiang Saen）或清康（Chiang Kham，靠近泰國今天和緬甸與寮國的邊境）附近所生產的形式，此種形製至少可追溯到 16 世紀初。

西元 16–17 世紀
蘭納（泰國北部）
青銅
高 41.5 公分
A・W・法蘭克斯捐贈，卡爾・A・波克（Carl A. Bock）收藏
FBInd.11.a

圖三　尸棄佛坐像

尸棄佛（Buddha Sikhi）出現在泰國北部一個可追溯至 15 世紀的傳說。佛陀喬達摩曾造訪該地區，坐在一塊黑色的岩石上弘揚佛法。那棵岩石被刻成五尊佛像，後世稱之為尸棄佛佛像。這尊佛像可能因為是根據早期的模型製作而被稱為尸棄佛。佛像上刻有三個人的獻詞，表達他們希望未來將一起轉世直至涅槃的願望。

西元 1540–41 年
蘭納（泰國北部）
青銅
高 55 公分
A・W・法蘭克斯捐贈，卡爾・A・波克收藏
FBInd.5.a

圖四　神龕模型

神龕模型是另一種供奉的形式。圖中的佛陀坐在一個織物的坐墊上，就在一層層的蓮花花瓣和花蕾之下，由雙層的蓮花座支撐。瓦片屋頂是泰國和寮國宗教建築的一個特徵，誠如圖中最低層屋頂上的魚鱗圖案所示。佛像面帶微笑、耳朵彎而尖，有高高的尖頂的特徵，在泰國北部和寮國的地方作坊中很常見。

西元 19 世紀晚期–20 世紀初期
寮國或蘭納（泰國北部）
木材、顏料、織物
高 63.4 公分
1880.3452

3｜4 阿瑜陀耶王國和卻克里王朝治下的佛教

阿瑜陀耶創建在離泰國灣不遠的地方，曾是一個強大的泰王國，在 1767 年被貢榜緬甸軍隊摧毀之前是國際貿易的要角。卻克里將軍後來成為拉瑪一世國王，1782 年在曼谷重新創立泰王國（當時稱為暹羅），該王國延續至今。

15 世紀時，阿瑜陀耶擴大勢力範圍，控制中北部的素可泰王國，並於 1430 年代進攻北部的蘭納王國，和佔領今天柬埔寨境內的高棉王國。儘管戰爭幾乎持續不斷，阿瑜陀耶是個國際化的王國，擁抱新思想、新商品和新人民，特別是那萊國王（King Narai，1656-88 年在位）統治時期，和歐洲及中東有大量的商業和外交活動。佛教僧人沿著宗教網絡穿越該地區，佛陀弟子的形像開始出現，促進了交流（圖三）。就像其他東南亞佛教王國一樣，印度婆羅門在宮廷儀式裡扮演重要角色，於是印度教的神也被納入皇室和其他脈絡裡（圖四）。

很大一部分的阿瑜陀耶藝術在 1767 年消失，但倖存的藝術形式透露王國有大量的跨文化互動。烏銀金屬鑲嵌技術是由波斯人或葡萄牙人傳入（圖五）。大象在展現王權和靈性方面的作用，是源自於和斯里蘭卡的宗教互動（圖二）。王冠、頭飾，以及將神話的那伽蛇用在雕像和建築設計，反映和吳哥窟的歷史關係（圖一）。這些歷史關係也體現在 19 世紀和 20 世紀初期多采多姿的藝術形式裡。

圖一　寶冠佛頭

寶冠佛像在 16 世紀初期出現，在阿瑜陀耶時期的佛教扮演重要角色，但它們在不同脈絡裡的意義目前尚未完全理解。它們可能代表未來的彌勒菩薩，或是和佛陀透過盛大排場使傲慢的閻浮主（Jambupati）謙卑的事件有關，或是連結到皇室的祖先與國王。有多層肉髻的寬大寶冠出現在 16 和 17 世紀的阿瑜陀耶像，令人想起吳哥式的佛像。佛像的裝飾變得越來越多。

西元 16–17 世紀
阿瑜陀耶
青銅
高 29.9 公分
西麗托夫人（Mrs Shillito）捐贈
1949,0413.1

圖二　象背舍利塔

這是一個紀念性的聖物盒，用來存放高僧或要人的骨灰，以及其他珍貴物品。大象支撐的鐘形佛塔，大象代表皇家和靈性的力量，和素可泰的長樂大塔（Chedi Chang Rop）和阿瑜陀耶的瑪哈永寺（Wat Maheyong）的設計相似，兩座寺廟的年代都可以追溯到 15 世紀。14 世紀泰僧人西薩塔前往斯里蘭卡後，象背上的舍利盒和窣堵坡開始流行。

西元 15 世紀
阿瑜陀耶
青銅、象牙
高 34 公分
雷金納德・勒梅捐贈
1957,1014.2

圖三　僧人迦旃延像

迦旃延是釋迦牟尼佛喬達摩的主要弟子之一，以向在家眾說明佛陀的教誨聞名。為了避免自己具有魅力的外表分散善男信女對佛法的注意力，他用神力把自己的身體變成又醜又胖。

西元 18 世紀或 19 世紀初期
阿瑜陀耶或早期暹羅（泰國）
漆金青銅和黏土芯
高 28.4 公分，寬 23.3 公分
威廉・萊佛士・弗林特捐贈，史坦福・萊佛士收藏
1859,1228.158

圖四　儀式燭臺

社會各階層在典禮上都會使用儀式燭臺，例如成年儀式、奉獻儀式、治療儀式和農業儀式，在泰國、寮國和柬埔寨都看得到這種燭臺。它們通常呈菩提樹葉狀，菩提樹是佛陀悟道時所在的樹下，尖端是窣堵坡（舍利丘）。這個燭臺上裝飾著印度教神梵天的雕像，梵天騎著祂的坐騎、神聖的桓娑鵝（hamsa）。梵天被納入佛教作為護法神。蠟燭會固定在沒有裝飾的一側。

西元 18 世紀晚期至 19 世紀初期
蘭納（泰國北部）
青銅
高 28 公分
A・W・法蘭克斯
1894,0926.16

圖五　有蓋供奉器

這款鎏金容器用於供奉佛陀，使用烏銀鑲嵌技術製成，這是一種複雜的工藝，先在銀器上雕刻圖案，然後填入硫磺和銀、銅或鉛的黑色合金。在整個容器加熱後，合金熔化，填充了切口，和周圍形成強烈的對比。

西元 19 世紀晚期至 20 世紀初期
暹羅（泰國）

銀、金、烏銀
高 33 公分
A・米契爾 – 英尼斯（A. Mitch-ell–Innes）捐贈
1934,0514.4.a–b

3│5 泰式宗教家具

佛像、手稿、供奉器等宗教文物的生產，需要有安放的地方。因此，人們委託製作精美的手稿箱和手稿櫃（圖二、三），以及擺放佛像的陳列座和佛壇（圖一），用來禮佛並防止佛教的衰退。在 20 世紀上半葉，桌子逐漸取代了階梯式座臺，成為流行的展示佛像方式，同時棕櫚葉和手繪的佛教文本產量下降，逐漸被印刷的佛教文本所替代。近年，多使用書架和玻璃櫃來展示和存放佛像、護身符、書籍和手稿。

以前的宗教家具會以上漆、鎏金、鏡面玻璃和繪畫方式做豐富的裝飾。佛像的階梯座臺和手稿櫃，可能有以顏料或金箔描繪的佛陀、佛陀生平和前世的情節，或《羅摩衍那》場景。《羅摩衍那》是泰國和其他東南亞地區諸藝術形式中常見的史詩故事（圖一、三）。而僧人帕拉瑪萊（Phra Malai）造訪地獄，提醒人們為不幸的親人做功德的故事，及歷代佛陀的形象也都廣受歡迎。

信徒將用銀、漆、珍珠母貝和烏銀合金（一種金屬鑲嵌）製作、裝有禮佛供品的器皿、架子、托盤和盒子放在佛壇和陳列座上，箱子和櫃子則是靠著寺院和寺廟裡的柱子擺放。

圖一　多層佛壇陳列櫃

這個佛壇陳列櫃由鎏金和上漆的木材製成，嵌有彩色玻璃，有一系列放置佛像和供品的平臺，以及兩個底部的抽屜。背景的畫呈現坐在寶座上冥想的佛陀置身在山水景色之中，受到多位神祇的尊崇。這樣的家具是經人委託製作並捐贈給寺廟的，但在 19 世紀晚期不再流行。

西元 19 世紀晚期
暹羅（泰國）
木材、漆、玻璃、顏料、金箔
高 153 公分，寬 67 公分，深 44 公分
朵麗絲杜克慈善基金會捐贈
2004,0628.24

圖二　手稿箱

像這樣的鎏金箱子應該是被捐給某間修道院存放宗教手稿。有玻璃鑲嵌設計的家具在 19 世紀晚期的泰國流行起來。對角斜線的格子結構也出現在為泰國市場生產的進口印度貿易織物，以及最初委託中國窯口製作供泰國消費的班加隆（Bencharong）和乃南通（Lai Nam Thong）瓷器上，因此這樣的裝飾令人聯想到奢侈品，用在布施的物品應該會讓人感覺物品更有價值，代表以奉獻者最大的能力禮敬佛陀。

西元 19 世紀晚期至 20 世紀初期
暹羅（泰國）
木材、玻璃、漆、金箔
高 33 公分，寬 82 公分，深 27 公分
朵麗絲杜克慈善基金會捐贈
2004,0628.34

圖三　手稿櫃

很多手稿櫃都是以金箔貼在黑漆
上做裝飾，描繪了《羅摩衍那》
史詩或佛教故事的敘事畫面。
這個手稿櫃正面的門板最底層
呈現羅摩王子和惡魔康巴哈納
（Kumbakarna）及其軍隊之間
的戰鬥，中層是康巴哈納和猴王
須羯哩婆（Sugriva，左）與猴
神哈努曼（Hanuman，右）之間
的戰鬥，上層是閃電神（左）和
雷神（右）之間的戰鬥。側板描
繪更多《羅摩衍那》的場景和人
物，包括猴神哈努曼和惡魔因陀
羅耆特（Indrajit）。櫃子的背面
沒有裝飾。

西元 20 世紀中期
泰國
木、漆、金箔
高 99 公分，寬 67 公分，深 42 公
分
朵麗絲杜克慈善基金會捐贈
2004,0628.36

3|6 伊斯蘭王國和硬幣

　　伊斯蘭教在東南亞蓬勃發展，有一部分是因為它和沿著活躍港口城市網絡進行的國際貿易相連，但它被採用也是因為和原有的地方信仰和習俗兼容，例如遠離塵世和冥想。東南亞伊斯蘭教很早就受到蘇非傳統的影響，蘇非傳統是一種神秘的宗教形式，強調向內尋找上帝。

　　伊斯蘭教中心最初從蘇門答臘島北部，蔓延到馬來西亞半島地區、婆羅洲北部、爪哇北部、蘇拉威西島、菲律賓部分地區，以及越南南部的占族地區。主要貨物集散地麻六甲的統治者在1430年代皈依伊斯蘭教，使伊斯蘭教在島嶼區迅速傳開，而麻六甲則成為了伊斯蘭學問的中心。馬來文獻《馬來紀年》（*Sejarah Melayu*）描述這座城市，宣稱「……從風下到風上之地，麻六甲成為著名的偉大城市……因此各國的王子都前來朝見（蘇丹）」（Brown 1953, 59）。在東南亞的西部大陸區，孟加拉蘇丹國和若開佛教宮廷之間有大量的接觸（圖六）。

　　穆斯林商人在東南亞最初的證據，來自年代可追溯到9世紀初的進口伊斯蘭硬幣，但東南亞直到14世紀才開始生產伊斯蘭硬幣。當地蘇丹發行金幣、銀幣、錫幣和鉛幣。多數硬幣的銘文使用阿拉伯文字，但後來的東南亞伊斯蘭硬幣使用阿拉伯書法刻寫當地語言，這種格式稱為爪夷文（Jawi）。這些硬幣也呈現花卉和動物圖案，和取自各種穆斯林和貿易背景的元素（圖三、四、五），並展現和其他伊斯蘭中心的聯繫，包括埃及、孟加拉、古加拉特的印度蘇丹國（圖二、三），以及鄂圖曼帝國（圖一）。

圖一　皮蒂斯幣

這枚硬幣由蘇丹慕扎法沙（Sultan Muzaffar Shah，1445–59年在位）發行，刻有13世紀晚期在鄂圖曼帝國發展出來的阿拉伯文「圖格拉」花押體（tughra–style script），這種文字從印度的古加拉特傳入麻六甲。皮蒂斯（*Pitis*）是多個東南亞王國發行的錫幣。

西元1446–56年
馬來半島麻六甲
錫
直徑1.8公分
R・布蘭德捐贈（R. Bland）
1905,0101.69

圖二　古邦幣

蘇門答臘島北海岸貿易邦國蘇木都剌的阿卜杜・達加利勒蘇丹（Sultan Abd al–Djalil，1579年在位），又名思里・阿南（Sri Alam）和吉亞特・丁（Ghiat ad–Din），授權發行這枚古邦幣（kupang）。有時，埃及馬木路克王朝（Mamluk）的頭銜被加到蘇木都剌硬幣的銘文中，還有亞齊和汶萊發行的硬幣上。小金幣是東南亞島嶼區穆斯林國家鑄造的主要貨幣。

西元1579年
印尼蘇門答臘島北部蘇木都剌蘇丹國
金
直徑1.2公分
斯賓克拍賣行捐贈
1928,0608.47

汶萊從 16 世紀晚期開始生產金幣、銀幣和錫幣，主要受到埃及和印度的蘇丹國的影響，孟加拉的影響尤甚。在穆罕默德·哈桑蘇丹（Sultan Muhammad Hassan，1582-98 年在位）發行的這枚硬幣上的圖像是駱駝，可能源自基於和中亞的聯繫所產生的中式圖畫。背面的語言和文字為阿拉伯語。

西元 1590 年代早期至中期
汶萊
錫
直徑 3.7 公分
W·威廉斯（W. Williams）捐贈
1937,0704.3

圖四　馬斯幣

這枚有阿拉伯語和文字的馬斯幣（mas）由戈瓦的馬利庫賽義德蘇丹（Sultan Malikussaid，1639-53 年在位）發行，他的父親於 1605 年皈依伊斯蘭教。戈瓦是 16 世紀和 17 世紀的強大貿易王國，1669 年才被荷蘭和布吉人（Bugis）締結的聯合勢力擊敗。根據《戈瓦編年史》（Gowa Chronicle）馬利庫賽義德蘇丹和馬尼拉的西班牙總督、果阿的葡萄牙總督和默蘇利珀德姆（Macchilipatnam）的米爾·朱木拉（Mir Jumla），以及其他統治者建立外交關係，展示了他的政治影響力範圍。馬斯幣相當於四個古邦幣。

西元 1639-53 年
印尼蘇拉威西島望加錫（烏戎潘當）戈瓦蘇丹國
金
直徑 1.9 公分
喬治四世國王（King George IV）捐贈
CH.420

圖五　皮蒂斯幣

由巨港蘇丹國穆罕默德·巴哈丁（Muhammad Bahauddin，1776-1803 年在位）發行，這枚硬幣的書寫文字和語言為阿拉伯語，但形狀是模仿中國的方孔錢，中央有一個孔，能用繩子串起。中國錢幣從 13 世紀到 19 世紀在東南亞島嶼區廣泛流通。

西元 1783-84 年
印尼蘇門答臘島南部巨港
鉛
直徑 2.1 公分

圖六　壇卡幣

由於和孟加拉蘇丹國關係密切，若開的佛教國王在 14 世紀和 15 世紀使用孟加拉的硬幣。從 16 世紀開始，他們自己發行了孟加拉風格的硬幣，就像圖中這枚刻有孟加拉語、波斯語和若開語的硬幣。在這枚硬幣上，可以同時看到三種語言：一面是若開語，另一面是波斯語和孟加拉語。自 1638 年起，銘文僅以若開語書寫。若開國王也採用伊斯蘭風格的名字，例如發行這枚硬幣的法王侯賽因（Dhammaraja Hussain，1612-22 年在位，Dhammaraja 是正義的佛教國王頭銜）。

西元 1612-22 年
緬甸若開
銀
直徑 2.95 公分
亞瑟·費爾（Arthur Phayre）捐贈
1882,0508.4

3｜7 與鄂圖曼帝國和中東的關係

在十六世紀期間，（印尼）蘇門答臘島北部的亞齊伊斯蘭蘇丹國為了對抗葡萄牙人的入侵，和鄂圖曼帝國締結外交關係以爭取支持。進一步的外交互動在 19 世紀歐洲擴張大幅增加時再次發生。雖然和鄂圖曼帝國與中東的政治交流可能斷斷續續，但隨著香料、商品（包括泰國和越南陶瓷）和人群向西移動，貿易和宗教確保這些地區保有連結。過去許多東南亞人前往麥加進行朝觀的宗教朝聖（今天依然持續）。有些人留下來學習阿拉伯語並長期研究，漸漸地形成了所謂的爪夷社群。東南亞的關係也促成全球穆斯林團結的概念，於是阿拉伯商人在東南亞定居，建立了至今仍然重要的世系血統。

部分因為鄂圖曼帝國控制聖城麥加和麥地那，吸引了穆斯林東南亞社會的想像力，地方統治者有時候在家譜裡聲稱是羅姆（Rum）後裔，羅姆是東南亞對鄂圖曼帝國的稱呼。中東故事、圖案、意象和文字被結合到藝術形式裡，羅姆國王變成東南亞島嶼區文學中的一個重要角色。回到東南亞的人們帶著紀念品、《古蘭經》和祈禱書，成為將鄂圖曼風格融入東南亞藝術的模範，包括圖格拉（皇家花押字體）、一些書法形式，包括動物形狀，以及鄂圖曼《古蘭經》文本的排版（圖三）。服裝也受到影響（圖一）。從蘇門答臘亞齊到菲律賓南部各地，先知穆罕默德女婿阿里的兩刃劍圖樣，稱為杜阿爾法卡爾（dhu al-faqar），在旗幟、蓋棺布和幡布上廣受歡迎（圖二）。

圖一　帽子

這款編織帽仿自中東菲斯帽（fez）的形狀，從 20 世紀 40 年代末起成為印尼男性民族服飾黑色天鵝絨宋谷帽（peci）的早期形式。籃子編織在東南亞各地被用來製作各種物品，從這頂帽子緊密的編織和裝飾可以看出生產者的高超技巧。

西元 19 世紀中期
印尼蘇門答臘島
植物纖維
高 7.5 公分，直徑 16.5 公分
As 1891,0815.103

圖二　書法蠟染（tulisan Arab）

由於紅色代表勇氣，這塊布可能是戰士的蓋棺布，不過這種蠟染（Batik）也可能被做成軍旗。這塊布上裝飾著和阿里（先知穆罕默德的女婿）有關的雙刃劍和雄獅的圖像，神祕的數字圖和用阿拉伯語書寫的伊斯蘭信經（Islamic Creed），均被認為具有保護作用。這些布料通常在爪哇島北海岸的井里汶（Cirebon）製造，然後出口到蘇門答臘島（發現數量最多）以及馬來世界的其他地方。

西元 19 世紀晚期至 20 世紀初期
印尼爪哇井里汶
棉
長 219.5 公分，寬 101.5 公分
2019,3034.1

圖三 《古蘭經》

亞齊《古蘭經》發展出彩飾手稿的特定慣例，後來影響了整個島嶼世界。紅色、黑色和黃色的裝飾冊頁左右對稱，文字則由填滿阿拉伯式葉紋的矩形框住。常見的三十分之一經文版型，稱為「朱茲」（juz），總共橫跨20頁，源自鄂圖曼帝國，這是一種便於記憶和背誦的格式。每個朱茲都用特殊標記細分，在這本《古蘭經》裡，這些小節由頁緣和經文裡的裝飾或亞齊圓盾來標誌。

西元 1820 年代
印尼蘇門答臘島亞齊
紙、布、皮革、金箔
高 33 公分，寬 20.5 公分
大英圖書館
OR 16915

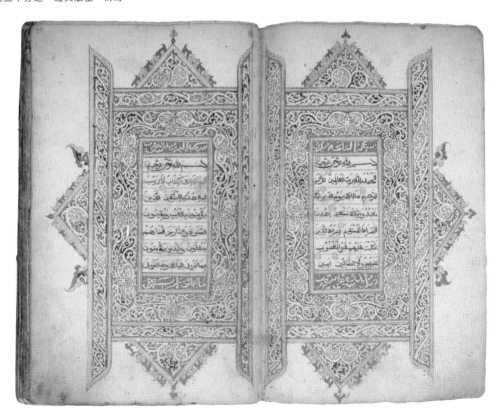

3│8 基督教象牙雕刻

菲律賓和東帝汶是今天唯一以基督教為主要宗教的東南亞國家。在 1511 年葡萄牙征服麻六甲後，作為葡萄牙和隨後的西班牙的政策的一部分，基督教傳教士開始出現在東南亞地區，而天主教傳教團也在印尼東部的一些島嶼生根。後來，隨著荷蘭控制大片東南亞島嶼區，荷蘭新教成為優勢，同時法國天主教徒改變了越南人民的信仰，浸信會則在 19 世紀的緬甸少數族群之間有所斬獲。各種基督教派對地方信仰和偶像各有不同的反應，英國聖公會及天主教會比浸信會及福音派教會採取更包容的態度，後者妖魔化其他教派的觀點。

16 世紀和 17 世紀，在菲律賓馬尼拉，可能還有阿瑜陀耶（泰國中部）開始生產基督教主題的象牙雕塑。亞洲其他地區的雕刻匠也製作象牙雕塑，包括（印度）果阿、斯里蘭卡和中國澳門。我們難以辨識作品是在哪裡製作和由誰製作，因為它們的圖像很相似，而且流通於基督教世界各地。在馬尼拉，許多雕刻匠來自中國，尤其是南部的福建省，但馬尼拉城也是一個主要的轉運港，因此象牙可能從亞洲各個城市抵達那裡，然後橫越太平洋運往墨西哥和美洲其他地區，並經墨西哥轉運至西班牙和葡萄牙。

基督教藝術生產和歐洲的思想、慣例、圖像和主題息息相關。這些高度寫實風格雕刻象牙（santo）取自流通於亞洲的歐洲圖像，有聖母瑪利亞和嬰兒耶穌、十字架上的基督和不同聖人的雕像（圖一、二、三）。基督教圖像和標誌，例如天使和十字架的圖案，也融入當地文物中。

圖一　聖若瑟

基督教象牙製品有時會用細緻畫筆彩繪，裝飾鑲嵌的玻璃眼睛、真人毛髮和貓毛的睫毛，並加以梳理。在這個雕像上，聖若瑟有繪製的黑頭髮，身穿有紅色顏料和鍍金痕跡的長斗篷。有些細節，像是眼睛和耳朵，透露出中國的影響，這件作品可能是由馬尼拉的中國雕刻匠製作。

西元 17 世紀
可能是菲律賓
象牙、金
高 32 公分
A・W・法蘭克斯捐贈
1882,1028.1

圖二　聖安東尼

這尊葡萄牙神父聖安東尼的雕像呈現他穿僧侶長袍的樣子，留著曾經上色的剃髮。現已佚失的聖嬰本來應該站在聖安東尼左手的書本上。

西元 17 世紀
可能是菲律賓
象牙
高 16.3 公分
沃特‧希爾德伯格（Walter Hild-burgh）捐贈
1927,0509.3

圖三　聖方濟沙勿略頭像

聖方濟沙勿略是一位曾在東南亞生活的天主教傳教士，他在 1545 年抵達麻六甲，然後在隔年前往馬魯古群島（摩鹿加群島）。他在該地區停留 18 個月，認識當地的社會，並在安汶、德那第（Ternate）和摩洛泰（Morotai）傳教使人改宗。由於在亞洲所做的整體貢獻，他在去世後 70 年內被封聖為真福者。

約西元 1630 年
菲律賓
象牙
高 10.8 公分
莫莉‧洛威爾和大衛‧博思威克（Molly Lowell and David Borthwick）捐贈
2017,8027.1

圖一　罐子

這個罐子於 1880 年代在婆羅洲島的汶萊購得。它是 16 世紀和 17 世紀時出口東南亞和中東地區的一種典型粗製中國青花瓷。雖然很多不同類型的罐子是從中國進口，但東南亞的窯口也生產供當地使用的罐子，並出口到區域內各個地方。和水有關的強大蛇類，在當地原住民族眼中等同於中國的龍。這些生物的重要性使得帶有龍圖像的陶瓷對住在婆羅洲的族群意義重大。

西元 1573–1620 年
可能是中國廣東
瓷器
高 29 公分，直徑 13.5 公分
A‧W‧法蘭克斯捐贈，A‧H‧
艾弗瑞（A. H. Everett）收藏
Franks.3149

圖二　汕頭盤子

這個在印尼發現的汕頭瓷器是在 16 世紀和 17 世紀出口到東南亞，用粗黏土製作、裝飾著草率設計圖案的典型作品。這個作品覆蓋一層厚重的灰釉，並以琺瑯彩在盤心描繪一隻鳥，周圍環繞六個有花卉圖案的幾何紋樣開光（cartouches）。覆蓋表面的鮮豔色彩和圖案樣式展現出東南亞美學，並在後來的藝術形式上重複出現，包括峇峇娘惹和其他當地社群使用的陶瓷（參見 112–113 頁）。

西元 1600–30 年
中國福建省平和縣
瓷器
直徑 37 公分
1965,1014.1

進口織物和陶瓷的多種作用

　　雖然東南亞本身有廣博的陶瓷和紡織傳統，幾千年來它也進口中國絲綢和陶瓷、波斯織錦、土耳其刺繡，以及歐洲法蘭絨和天鵝絨。印度是著名的棉織和印染中心，生產大量專為特定市場設計的織物，出口到亞洲各地，還有非洲、中東和歐洲。在東南亞，包括帕托拉（patola）和手蓋印染棉在內的印度織物，仍因其圖案設計和色牢度（colour-fastness）而受重視。漸漸的，它們被當成神聖的傳家寶，當成從事香料貿易的貨幣和財富，然後被儀式和成年禮拿來使用；它們也表示身分和地位，使權力和權威變得具體，而且被認為具有保護和治療的作用（圖三）。

　　直到 17 和 18 世紀，因為歐洲對織物貿易越來越強的控制，減少了印度的進口商品之前，市面上既有給東南亞菁英階層的優質布料，也有給一般百姓的粗布料。東南亞編織者採用一些織物生產技術，特別是來自印度的技術，包括「伊卡」（ikat，在織造前將圖案紮染到紗線裡）和增補緯線技術（在織造過程中添加額外的紗線）。印度貿易織物的紋樣和排列，像是使用和中心區域有區別的邊緣花紋設計，以及重複的花卉—幾何紋，均被重新詮釋以供當地使用（圖四）。紋樣也複製在其他媒材上。宗教雕塑、戲偶和其他人像經常穿著奢華的布料，宗教壁畫和浮雕可能使用印度的紡織紋樣和排列，使建築物的外觀看起來好像掛著一塊布。

　　東南亞人一直以來都很重視中國陶瓷，而且考古證據指出越南和泰國的社會早在西元前 5 世紀就開始使用中國陶瓷。中國陶匠為各個東南亞市場生產特定的物品：軍持（kendi）、蓋盒、罐子和瓶子，以及後來在東南亞各地大量發現的盤碟（圖一）。有些樣式是專為東南亞市場生產的，例如汕頭器（Swatow wares）（圖二）。東南亞的中國陶瓷被用在儀式中，作為一種貨幣和陪葬品，像印度織物一樣被當成傳家寶，並有身分象徵的功能。中國的技術、材料、裝飾法和排列布置，也提供在東南亞窯口經過改造的原型。特定圖案變得普遍，例如圍繞碗盤下緣的蓮花瓣樣式，或被花卉紋和幾何紋圍繞的中心圖案，而且在其他藝術形式中被複製，誠如紡織的紋樣。

圖三 貿易布

蘇拉威西島的托拉查地區
（Toraja region）是保存最多印
度貿易布地方，其中有一些的年
代可以追溯到 13 世紀，在托拉
查地區將它們當成強大的儀式織
物（稱為 ma'a 或 mawa）使用，
特別是有關生育和農業的儀式。
這個樣本展示了一系列手持印度
弦樂器維納琴（vinas）的女舞者
和音樂家。它本來是用抗蠟法或
抗泥法的雕版印染，然後用一種
紅色的媒染劑（mordant，將染
料固定在材料上的物質）染料加
以手繪裝飾。

西元 16 世紀
印度古加拉特
棉
長 502 公分，寬 96 公分
R・A・吉利克（R. A. Killik）捐贈
As 1944,08.4

圖四 帶有帕托拉圖案的蠟染布（局部）

帕托拉布起源於印度古加拉特，
透過在織造之前對經紗和緯紗做
抗染的複雜工序製成，這種技術
稱為雙向伊卡（double ikat）。
編織過程必須緩慢進行，以確保
紗線上的圖案準確對齊。雙向伊
卡成為東南亞最珍貴的進口名貴
織物，而因為價格不菲，它的花
樣透過雕版印染和（相對少見
的）蠟染被仿製，以滿足比較沒
那麼富裕的顧客。這塊蠟染織物
尾端以花卉和幾何圖案裝飾的狹
長條紋，以及織布中間部分的重
複八尖花，是典型的帕托拉紋
樣。

西元 1880–1913 年
印尼爪哇
棉
長 183 公分，寬 52 公分
查爾斯・貝文（Charles Beving）
捐贈
As 1934,0307.17

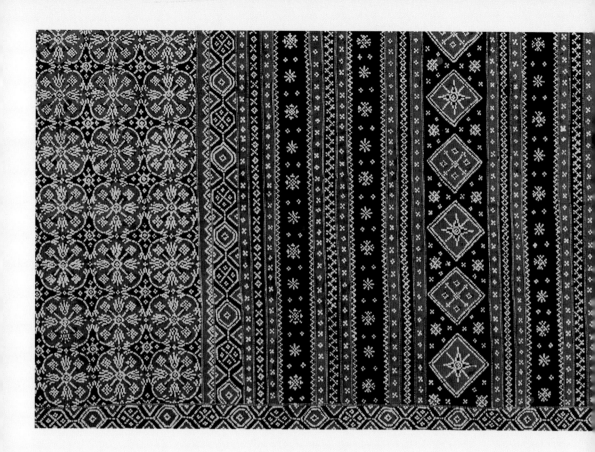

3│9 越南陶瓷

越南的主要窯口都位於大越（越南北部）的紅河三角洲，包括著名的朱豆窯。從紅河三角洲出口到東南亞、中東和東非。器形和裝飾根據買方的市場量身訂做。例如，軍持禮器和蓋盒在東南亞很受歡迎（圖一），中東的消費者則偏好大盤和盤碟（圖二）。出口業務在 14 世紀和 15 世紀變得相當龐大，直到 17 世紀規模才縮減下來，可能是來自中國生產中心的競爭。

釉下青花是越南最著名的陶瓷樣式，但窯口生產的瓷器種類繁多（圖三）。從碗到圓柱、蓋罐、直邊杯、蓋盒、水壺、瓶、瓜形器和軍持，形制五花八門。釉下鐵繪裝飾很受歡迎，有時用來填充雕刻在器物身上的圖案，綠色、乳白色和棕色的上釉器皿，以及填充、切割或模製的裝飾也很流行。從 15 世紀中期起，多色的裝飾法有時將釉下藍彩和釉上琺瑯彩結合起來，這種技術需要兩次燒製，第一次先固定釉下藍彩和透明釉，加上琺瑯彩後，再以較低的溫度進行第二次燒製（圖二）。素燒細節主要出現在越南內銷的陶瓷上，在 16 世紀和 17 世紀變得普遍，也就是將未上釉的黏土塊結合到設計之中，創造複雜熱鬧的表面（圖四）。黏土品質優良，顆粒細密，少有雜質，生產出淺灰色或乳白色的炻器。

圖一　蓋盒

這個蓋盒是從 15 世紀晚期或 16 世紀初期在越南中部會安附近的沉船上打撈出來的，上面裝飾著中式山水，四周環繞蓮花圖案和植被嫩枝的開光。小型的蓋盒是一款受歡迎的出口品項，特別是在東南亞內部，而且有多種不同的類型，從青花瓷到白釉和琺瑯器皿都有。多數展示類似的花卉和植物圖案，還有山水風景畫。

西元 15 世紀晚期至 16 世紀初期
越南
炻器
高 15 公分，直徑 15.2 公分
2000,1212.48

圖二 盤子

這只盤子有裝飾性的菱口折沿，並以釉下藍彩和綠色琺瑯呈現兩隻鳥棲息在蓮花之間的熱鬧設計，周圍環繞著進一步抽象化的蓮花圖案，這種排列是根據中國的圖案編排加以發揮。

西元 15 世紀晚期至 16 世紀初期
越南
炻器
直徑 35 公分
2000,1212.49

圖三 水壺

這個釉下鐵繪壺做成魚的形狀。越南和泰國都生產形狀古怪的水器，但並非最常見的形狀。

西元 1450–1550 年
越南
炻器
長 31.2 公分
2003,0728.2

圖四 祭壇燈架

這對燈架是做給一間寺廟祭祖使用，裝飾著釉下藍彩的花卉紋和動物紋、素燒的龍、雲朵、漢字貼在側邊，燈架的底部和頸部則環繞著鐵褐色的細節。其中一個燈架的漢字寫著「皇上萬歲」，而另一個燈架記載的年代相當於1589 年，即大越莫朝皇帝莫茂洽（1562–92 年在位）統治時期。

西元 1589 年
越南
炻器
高 48 公分
大 英 博 物 館 之 友（British Museum Friends）捐贈
1984,0604.1–2

3│10 泰國陶瓷

　　14 世紀到 16 世紀期間，泰國的窯口生產大量實用及家用的陶瓷，供應當地和國際市場的需求，這點從古窯口和載運著中國、越南和泰國陶瓷的沉船的考古發掘可以看出。泰國和中國（特別是南部地區）的窯口之間的關係，確切細節仍有待確認，但有些技術是源自中國，例如青瓷釉的生產（圖二）。

　　位於中部的薩旺卡洛窯（Sawankhalok）和素可泰窯，以及北部的卡隆窯（Kalong）有同樣的技術，例如升焰窯與橫穴窯和堆疊工具，以及一些裝飾的方法。它們主要生產各種釉色的炻器，包括淺綠色的青瓷和釉下鐵繪陶瓷，其中一些有原創設計，另一些則和中國青花瓷的紋樣有關。鐵繪的裝飾被塗在器身上，然後施透明釉在攝氏 1100 至 1300 度之間燒製。陶瓷的差異和黏土的顏色和成分，以及特定設計和釉料類型的流行程度有關。素可泰窯和薩旺卡洛窯的陶瓷，器形多樣，從大盤到瓶和罐（圖四）、蓋盒（圖三）、碗（圖二、六）、蓋罐、小雕像（圖五）、屋瓦（圖七）和建築配件都有。其中一些遠銷到印尼、菲律賓、日本，以及中東。卡隆器不出口，主要在北部地區使用（圖一）。

圖一　盤

這個盤子展現典型的卡隆窯圖案結構，施透明釉的釉下鐵繪，繪有鮮明的花卉、鳥類、動物和抽象圖案。其他釉色包括淡綠色、白色和灰色。卡隆窯使用堅固的灰白色黏土生產精心燒製的器皿。

西元 14–16 世紀
泰國北部卡隆窯
炻器
高 5.2 公分，直徑 24 公分
2005,0409.2

圖二　青瓷碗

這只撇口碗的側面有刻痕，內部有精美的雕刻花卉紋，展示青瓷的典型裝飾。它是用顆粒細密的紅色黏土製成。

西元 14–16 世紀
泰國中部薩旺卡洛窯
炻器
直徑 21.5 公分
2001,0810.2

圖三　八角盒

小型蓋盒是東南亞陶瓷生產的重點。盒子和蓋子的裝飾通常是連接起來的，蓋子的邊緣有一圈未上釉，防止釉料在燒製過程中將兩個部分熔接在一起。釉下鐵褐色花卉紋是薩旺卡洛窯最常見的裝飾。

西元 14–16 世紀
泰國中部薩旺卡洛窯
炻器
高 7 公分，直徑 10.5 公分
安格斯・福賽思（Angus Forsy-
th）捐贈
1997,0326.88

圖四　褐釉喇叭口小罐、青瓷小罐、鐵褐釉扁罐

像這樣有各種釉色的小罐，是薩旺卡洛窯另一種主要的產品。它們可能用來存放珍貴的油和藥物。有些出口到日本用於茶道。

西元 14–16 世紀
泰國中部薩旺卡洛窯
炻器
高 13.1 公分，高 7 公分，高 4.9
公分
1997,0326.65, 1997,0326.14,
1996,0613.8

圖五 小雕像

泰國發掘出土大量的小雕像。它
們是手工塑形的，裝飾各種釉料
——青釉、白釉和棕釉，以及釉
下鐵繪和白色圖案。這些小雕像
不是用來出口，而是作為神龕的
供品，其中最常見的雕像形狀是
鳥類。還有動物、抱著小孩或動
物的人偶，以及做成駝背男偶的

水注。有些雕像在儀式上被刻意
破壞。

西元 14–16 世紀
泰國薩旺卡洛窯和素可泰窯
炻器
高度 5–10.8 公分
1907,0320.6, 1907,0320.4,
1997,0326.83, 1997,0326.6,
1997,0326.12

圖六 碗

素可泰瓷器的特色是在灰色黏土
上施以厚厚的白色泥漿，在其上
添加釉下鐵繪裝飾，通常是花卉
紋和魚紋。整個器身施透明釉。
碗底魚紋的著名設計（如圖）首
次出現在 15 世紀初期。

西元 14–16 世紀
泰國中部素可泰窯
炻器
直徑 24.3 公分，高 6 公分
1955,1022.1

圖七 屋頂的那伽蛇形尖頂飾

泰國寺廟建築通常鋪有瓷磚，並
將雕塑作品安裝在屋脊的末端。
素可泰窯生產的這些瓷器呈棕
色，帶有奶油色釉。和東南亞許
多文化一樣，泰人將蛇視為人界
與靈界之間的橋梁。

西元 14–16 世紀
泰國中部素可泰窯
炻器
高 45 公分
多麗絲杜克慈善基金會捐贈
2004,0628,0.22

3│11 班加隆和乃南通瓷器

以泰式釉上琺瑯彩花樣裝飾的班加隆和乃南通瓷器，是 18 和 19 世紀中國景德鎮窯口為泰國市場量身訂製。今天，這些瓷器在泰國本土製造。起初這些瓷器專屬於皇室，到了 19 世紀晚期，經濟能力足以負擔的人開始普遍使用這些瓷器（圖四）。

「班加隆」這個名稱的字面意思是「五種顏色」，指的是瓷器上的釉上琺瑯彩裝飾。乃南通則是在多彩的繽紛設計上還額外使用黃金。釉上琺瑯彩需要在窯裡進行兩次燒製，因為瓷土需要的製作溫度（高達攝氏 1350 度）高於琺瑯所能承受的溫度（約攝氏 800 度）。乃南通瓷器被燒製三次，最後一次是為了把黃金固定在成品上。

班加隆和乃南通瓷器的器形比較統一，蓋碗、無蓋碗、罐、壺、高足盤、湯匙、痰盂等（圖一、二），其中有些是中式器形。19 世紀下半葉，人們開始委託製作燭臺和茶杯等歐式器形。20 世紀時，採用這些技術裝飾的紀念盤開始廣為流行。這些器物上的圖案包括出自佛教和印度教神話的圖像，例如宇宙中心軸須彌山旁的雪山（Himavanta）森林的神聖動植物（圖三）。花卉紋和幾何紋也很常見，很多織物和銀器上有類似的設計，以及源自泰國文學的人物形象。

圖一　碗和湯匙

像這樣的蓋碗是 19 世紀初期以班加隆和乃南通風格製作，在中國愛好者拉瑪三世（Rama III，1824–51 年在位）統治期間最受歡迎。這些碗主要用於皇室的餐桌擺設，來盛裝或食用咖哩及其他液體食物，並配有湯匙使用。

西元 18 世紀晚期
中國
瓷器、金
直徑 21 公分，高 20.9 公分
A・W・法蘭克斯捐贈
Franks.575

西元 19 世紀
中國江西景德鎮
瓷器
長 16.5 公分
朵麗絲杜克慈善基金會捐贈
2004,0628.3

圖二　乃南通容器

這是一個花瓣紋的容器，用來盛
裝化妝品、藥品、粉末、油或盥
洗用品。 它的口沿和蓋鈕都經過
鍍金。

西元 18 世紀
中國
瓷、金
直徑 6.6 公分，高 8.6 公分
A・W・法蘭克斯捐贈
Franks.587.+

圖三　蓋碗

受到骨灰甕形狀影響的高蓋碗，
以窣堵坡形狀為蓋鈕（泰國銀
器和其他媒材也看得到這個特
徵），被廣泛生用於盛放咖哩
或湯或儲存食物。 這件蓋碗飾有
花卉紋和結合掌印、人稱「貼帕
農」（thep phanom）的男性佛
教神祇開光。 蓋子由一圈圈花卉
紋和幾何紋的同心環組成。

西元 1750–1800 年
中國江西景德鎮
瓷器、金
直徑 12.4 公分，高 17.8 公分
A・W・法蘭克斯捐贈，卡爾・A・
波克收藏
Franks.1392.D

圖四　高足盤

高足盤被用來當晚宴餐具和托盤
使用。泰國的窯口於 19 世紀起
生產班加隆瓷器。製作品質不如
中國版，這些本地製造品不受奢
侈法的限製，而且有時也會出
口。這件作品在婆羅洲被發現。

西元 19 世紀初期
可能是泰國
琺瑯彩瓷
直徑 25.9 公分，高 10.7 公分
A・W・法蘭克斯捐贈，A・H・
艾弗瑞收藏
Franks.3129

3｜12 歌靈馨布

歌靈馨布（Geringsing cloths）採用源自印度的費工的雙向伊卡技術製成，由峇里島阿加人（Aga people）在東峇里島的騰加南帕靈馨干（Tenganan Pageringsingan）村莊生產——圖案在織造之前分別紮染到經紗和緯紗上，而且為了確保圖案準確對齊，在編織上費盡心思。這個方法可能是隨著進口的印度帕托拉豪華貿易布料傳入東南亞，但這個峇里島村莊是東南亞唯一採用雙向伊卡技術的地方。

紅棕色、奶油色和深藍黑色的歌靈馨布採用鬆散的織法（圖一），有時還以追加的金包線、銀包線或金色線做裝飾（圖二）。圖案重複，並且包含幾何紋和花卉紋，以及類似神聖的皮影戲的圖像和建築形式。兩端飾條的設計和中心部分的不同。由於這些布料被認為是神聖的，尤其是在經紗於編織過程結束而經線尚未剪斷前，製造歌靈馨布有許多的規則和限制。

歌靈馨布這個名稱的意思是「沒有疾病」，這種織物和純淨有關，被認為具有神奇的保護力量，可以保護使用者免於傷害和遠離汙穢，而且可以保護社區。特別是在人生過渡到下一個階段時發揮保護作用，例如結婚和死亡。男孩和男人把歌靈馨布當作腰帶和臀布，女孩和女人則當作胸布或肩布，或是外衣。在儀式上也將它當供品進獻。

圖一　布（geringsing wayang kebo）

裝飾有類似神聖的峇里和爪哇皮影戲，以及 14 至 15 世紀束爪哇寺廟浮雕人物圖案的布最為神聖，人稱歌靈馨哇揚（geringsing wayang）。這類作品呈現三個互連的四角星，充滿花卉紋和幾何紋。在星芒形成的圓拱中，有一個女人正在向祭司致敬。頭尾兩端的飾條由帕托拉布常見的重複風格化花卉幾何紋組成。

西元 19 世紀晚期至 20 世紀中期
峇里島騰加南帕靈馨干
棉、金屬線
長 209 公分，寬 52 公分
As 1980,08.1

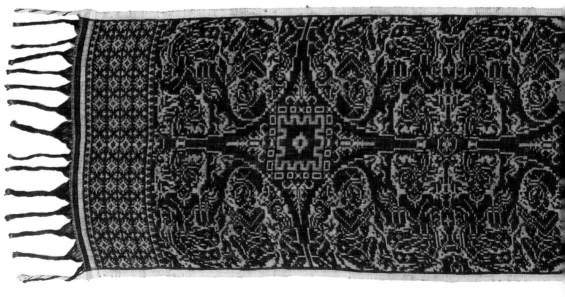

圖二　布（geringsing wayang kebo）（局部）

有些歌靈馨布給頭尾兩端加上裝飾，就像圖中這塊布一樣，在編織過程中添加金或銀包裹的輔助線，但這不是織物結構的一部分。典型的頭尾飾條圖案是幾何和花卉紋。

西元 1920 年代
峇里島騰加南帕靈馨干

棉、金屬線
長 212 公分，寬 49 公分
As 1954,06.4

3│13 爪哇北岸的蠟染

蠟染是一種防染法。將液態蠟塗在布料上，覆蓋所有不染的區域。染色後，去除蠟，如果有計劃上其他染料的顏色，再給布料重新上蠟。這個過程根據需要一再重複以產生圖案。蠟最初是以銅壺筆（canting，有手柄和嘴的小杯子）塗抹在布料上，這是一種被女性採用的傳統又耗時的方法。整個過程可能需要幾個月的時間，取決於設計的複雜程度和顏色的數量。19 世紀時，為了加速生產而發明了蓋印（cap，用於施蠟的金屬印章），主要由工廠的男性所使用。

雖然爪哇複雜的蠟染技術似乎在 17 世紀已經出現，但北海岸由印度支那、印度歐州和印度阿拉伯等混血族裔製作的繽紛蠟染，直到 19 世紀初才開始生產，他們使用的圖案結構反映該地區的多元文化貿易聚落（圖一、二）。此時，蠟染生產逐漸從家庭手工變成由商人和企業家組織的商業系統，他們不僅根據客戶的需求訂購設計，還開發新的圖案、配色和排版來吸引客戶。

1860 年左右，經濟困難的混血婦女開始在北海岸成立蠟染作坊。其中有好幾位女性因生產最高品質的蠟染布而名聲遠播，例如伊莉莎・范・祖倫（Eliza van Zuylen）、凱薩琳娜・范・奧斯特羅姆（Catharina van Oosterom）（圖一）和陳燕娘（Tan Ien Nio）。

爪哇北岸蠟染（Pasisir batik）從 19 世紀晚期到 20 世紀初期到達鼎盛，在兩次世界大戰和經濟大蕭條後落幕。

圖一 蠟染布（局部）

這種色彩豐富的布來自印度歐洲工作坊，中間的部分以天使、動物、戴王冠的人物、建築和花卉紋做裝飾，克帕拉（kepala，尾端的飾條）的裝飾則是在三角形和菱形格裡的花卉和人物圖像。這件作品題有「世界博覽會」（The World Exhibition）的字樣，可能表示它曾被納入 1889 年在巴黎舉辦的博覽會，那一屆的博覽會設有爪哇展區。

西元 19 世紀晚期
印尼爪哇；可能出自薩琳娜・范・奧斯特羅姆的作坊
棉
長 111 公分，寬 109 公分
查爾斯・貝文捐贈
As 1934,0307.51

圖二 藍色和綠色紗籠（局部）

這款紗籠（sarong）可能是峇峇娘惹工作坊製作，結合中國和印歐的圖案及版面編排。尾端部分（克帕拉）的設計採用菱形和長短交替的三角形（圖帕爾〔tumpal〕），是北岸蠟染的典型特徵，布料中間區域（巴丹〔badan〕）的中式花鳥組合，和背景裡的卍字（banji，代表長壽和富足）也是。立體花卉是印歐人的創新。石榴象徵繁殖力，暗示這塊蠟染布應該是給一位已婚婦女的。精心設計的配色把傳統爪哇北岸蠟染的紅色和藍色和綠色結合在一起。

約西元 1880 年
可能是印尼爪哇三寶壟
棉
長 210 公分，寬 105 公分
查爾斯・貝文捐贈
As 1934,0307.72

3│14 婆羅洲發現的玻璃珠

婆羅洲島的眾多內陸群體使用珠子來裝飾衣服（圖二、四），顯示地位和身分，作為金錢和財富，用在儀式中，作為傳家寶，用於治療和當裝飾品。珠子對婆羅洲社會也很重要，因為它們通常被認為是生命力的寶庫，有靈棲居其中。雖然珠子可以用牙齒、骨頭和貝殼製成，但最晚 1500 年前起，石頭或玻璃的貿易珠子就對珠子的流行產生了影響（圖一）。現在博物館收藏的多數婆羅洲珠子都不是在島上製造，而是不同時期從印度、中國、東南亞、中東和歐洲（具體來說是威尼斯）進口（圖三）。不僅船隻停靠在婆羅洲的國際性港口，而且有證據表明婆羅洲人出國購買珠子，而且沿著婆羅洲本身的許多內部貿易網交換珠子。

早期的玻璃是在今天的印度製造，但到了西元 500 年前後的幾個世紀，東南亞也出現了玻璃製造地。在西元 1000 年後的最初幾個世紀，中國成為玻璃珠的主要來源；威尼斯在 16 世紀到 19 世紀成為一大生產者；波希米亞則是在 19 世紀晚期成為重要的製造者。

製作玻璃珠有兩種主要的方法。第一種是將半熔融玻璃管從較大的玻璃團拉下，然後切割成適當的尺寸。在第二種方法中，加熱的玻璃會被捲繞在支撐物上，切割並再次加熱使珠子光滑，然後成形。裝飾物在重新加熱的過程中添加，例如不同顏色的玻璃片。

圖三 彩珠

婆羅洲發現的大多數彩珠都是 17 世紀至 19 世紀在威尼斯製造。首先要讓基本的珠子成型，然後把不同顏色的玻璃條加熱，並以點、條紋和漩渦的形式加在珠子上。它們受歡迎的程度和價值在婆羅洲社群間有所不同，而且隨著時間有消有漲。帶有漩渦圖案的黑色魯葛・塞加拉（lukut sekala）受到許多族群的高度推崇。

魯葛・塞加拉珠子

西元 18 世紀
義大利威尼斯
玻璃
直徑 0.9 公分，高 0.5 公分
砂拉越拉尼（王后）瑪格麗特・布魯克捐贈
As 1896,0317.51.a

Pyjama、千花、玫瑰花飾和眼睛串手鍊

西元 18–19 世紀
可能是義大利威尼斯
玻璃
長 1.4 公分，直徑 1.1 公分（最大的珠子）
戴安娜・古德（Diana Good）捐贈
As 1936,1205.2

項鍊上的彩珠

西元 19 世紀
可能是義大利威尼斯
玻璃
高 1 公分，直徑 1.4 公分（珠子）
As 1900,–.756

圖四 串珠外衣

這款有罕見棋盤圖案的高貴束腰外衣，是由滿布玻璃珠的植物纖維布製成，並有金屬鈴鐺和寶螺殼構成的流蘇。不透明的小珠子仍然被用來裝飾衣服、帽子和實用物件，例如嬰兒背帶，因為珠子增加了儀式物品的價值和力量。

西元 19 世紀晚期
婆羅洲砂拉越
玻璃、纖維、金屬、寶螺殼
長 48 公分，寬 45 公分
As 1908,0625.7

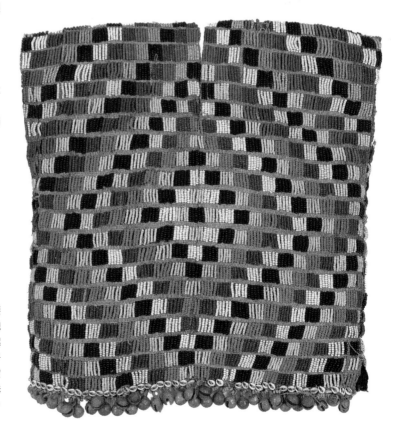

3│15 峇峇娘惹和華人社群

與印度人、東南亞人通婚的中國人，創造了獨特的文化峇峇娘惹（Peranakan），意思是「土生土長」。有些人的祖先可以追溯到 15 世紀的麻六甲，但在緬甸、泰國和整個東南亞島嶼區也有同樣古老的社群。

泰米爾印度的土生印度人也被稱為「仄迪麻六甲」（Chetti Melaka），他們是印度教徒，將濕婆派活動和一些華人祭祖的面向結合起來。語言、食物、服裝和珠寶也融合了馬來人、華人和南印度的傳統（圖一）。

同樣的，峇峇娘惹融合華人和馬來人的習俗和飲食傳統。神話、故事和吉祥的動植物圖案都來自華人背景，包括蝙蝠（財富）、竹子（力量）和桃子（長壽）。女人被認為應該擅長刺繡和珠飾細活，這是新娘嫁妝很重要的一部分（圖二），19 世紀興起的流行美學崇尚明亮色彩和繁複細節。

華人社群以工人、商人、貿易商和放貸人，以及開賭場的人，在東南亞扮演重要的角色。這些賭場發行的籌碼有時會被當作貨幣流通（圖三）。

圖一　項鍊

雖然在東南亞生產，這條項鍊是做成「阿迪蓋」（addigai）的印度形制。它不像在印度會由黃金製成，而是由鍍銀製成，這是中國人用來防止銀變色的技術，由此展現出它的峇峇娘惹根源。

西元 20 世紀初期
新加坡
鍍銀、珠子、寶石
高 17 公分，寬 13 公分
土生華人文化館（Peranakan Museum）
2016-00641

圖二　桌上屏風

製作珠飾和刺繡是為了展示峇峇娘惹女性的細心和對細節的關注，物品種類包羅萬象，從鞋子和拖鞋、皮帶、衣領、錢包、眼鏡盒和其他服飾或個人使用物品到室內裝飾都有，如婚床的掛飾、枕頭套、鏡子罩、桌布和桌上屏風（如圖）。它們的設計色彩鮮豔，符合 19 至 20 世紀初期的審美觀，借用中國的意象，在這面屏風上，花卉紋和植物圖案圍繞著神話生物麒麟、鳳凰和其他鳥類，以及獅子、鹿和大象。

西元 20 世紀初期
可能是馬來西亞檳城
木材、玻璃、絲綢、金屬
高 71.7 公分，寬 23.5 公分（嵌板）
2021,3016.1

圖三　籌碼

上釉陶瓷、黃銅和玻璃塊被當作賭博的籌碼，但在 1870 年代之前，它們也被當成貨幣在曼谷流通。籌碼上通常刻有中文，偶爾也有泰文的，寫著發行賭場的名稱以及祝福語和圖案。螃蟹對華人社群有正面的涵義，而福犬則是具有保護作用。

帶有螃蟹和漢字的籌碼

西元 19 世紀
泰國錦源賭場發行
瓷器
直徑 2.2 公分
理查・卡納克－坦普爾（Richard Carnac-Temple）捐贈
1898,0901.20

帶有福犬和中泰銘文的籌碼

西元 19 世紀
泰國曼谷
瓷器
直徑 2.2 公分
大英博物館畫廊（the Museum Galleries）捐贈
1977,0712.16

圖一　牛角和黃銅盔甲

這件盔甲是在 1872 至 76 年英國海洋探險期間取得，配有牛角板、黃銅網和銀扣。有一些盔甲使用黃銅板代替牛角板。生活在民答那峨島、蘇祿群島和巴拉望島的莫洛人鐵匠（Moro smiths）以其金屬工藝聞名，從 1500 年代開始改造歐式的盔甲和武器。

西元 18 世紀至 19 世紀初期
菲律賓民答那峨莫洛人
水牛角、黃銅、銀
長 74.5 公分，寬 65.8 公分
A・W・法蘭克斯捐贈，辛茲中尉
（Lt. Hinds）收藏
As.9867

圖二　頭盔

隨著英國控制力增強限制了欽族（Chin）在 19 世紀晚期和 20 世紀初期的內部戰爭，圖中這樣的頭盔不再被使用。雖然關於欽族（馬拉人〔Mara〕屬於欽族）的文字紀錄很少，但在 19 世紀之前，英國和後來的欽族紀錄顯示，戰爭和突襲在寒季期間（11月至 2 月）很普遍，用來增加村莊擁有的土地和財富，以及獲得今生和死後的奴隸。

西元 1900–1925 年
緬甸或印度東北部北欽邦馬拉人
竹籃、頭髮
高 25 公分，寬 34 公分
詹姆斯・錢斯勒・德瓦恩（James Chancellor de Vine）捐贈
As 1927,0112.1

圖三　劍

大英博物館 1952 年的帳冊指出，這是一把不尋常的毛茸茸的坎皮蘭劍（kampilan sword），它的刀柄比一般的坎皮蘭劍更小、更圓。一簇簇動物或人的毛髮增添武器的護身符效果。刀柄通常由硬木製成，因為武器的品質暗示擁有者的社會地位。坎皮蘭劍是一種雙手單刃劍，既用於戰爭，也用於戰舞，出自菲律賓南部，以及和菲律賓馬京達瑙省（Maguindanao）的貴族有往來的一些印尼東部島嶼發現。

西元 1800 年代晚期
菲律賓民答那峨島莫洛人
鋼、木材、黃銅、頭髮、石灰、纖維
長 94.7 公分，寬 27.3 公分
韋伯斯特・普拉斯（Webster Plass）捐贈
As 1952,08.26

東南亞戰爭

浮雕、銘文、文學和口述傳統的紀錄，顯示戰爭在許多東南亞社會發揮重要的作用，強化了領袖和國王的地位，證明男人的英勇，並造成了東南亞的人口流動。人與人打鬥不僅是為了證明自己的地位，也是為了獲取財富，還有控制生產中心及各種貿易網絡，貿易網絡是東南亞區域活動數千年來的一大特徵。東南亞傳統上人口密度較低，這也意味著奪取人口是戰事的重點，而滅絕地區人口是一種防止報復的策略。在埋伏、襲擊和戰爭期間被捉住的人，是社會組成的很大一部分，他們在社會上以各種社經地位從事工作，包括被擄進王室宮廷、安置在工匠社區、獲分土地從事耕作、徵召入伍或終生奴役。這種跨文化的互動促成了共同的意象和習慣。

獵頭是東南亞許多地區曾經採用的另一種重要戰爭形式，隨著地區在 19 世紀和 20 世紀被西方列強統治，殖民官員和傳教士試圖終結這種戰爭形式。為砂拉越白人拉惹查爾斯·布魯克（Charles Brooke，1868-1917 年在位）工作的殖民官員查爾斯·霍斯（Charles Hose）嘗試把賽艇變成替代性的競技活動，但有關婆羅洲獵頭的記述一直持續到 1960 年代。從復仇到挑戰敵營、提高社會地位和名望，以及確保社群繁殖力，獵頭的目的廣泛。雖然對東南亞戰爭的討論以國家為焦點，就像對世界上其他地區一樣，不過大大小小社群之間的地方戰爭顯示，除了奪取人口、資源和土地之外，戰爭還在區域內發揮一種文化作用。

由於東南亞非常多樣化，武器也形形色

圖四　盾牌

有些盾牌在為獵頭和突襲做準備的儀式性戰舞中使用。這個來自印尼東部索洛島（Solor）的盾牌是為一位尊貴的要人製作。它由木材製成，有紅色和黑色的彩繪裝飾，寶螺殼鑲嵌，還加上了頭髮。盾牌的背面有木把手和藤把手。

西元 19 世紀初期至中期
印尼索洛爾
木材、藤、頭髮、韌皮纖維、寶螺殼
高 112 公分，寬 15 公分
A·W·法蘭克斯捐贈，哈克比爾（Hakbyl）收藏
As.7289

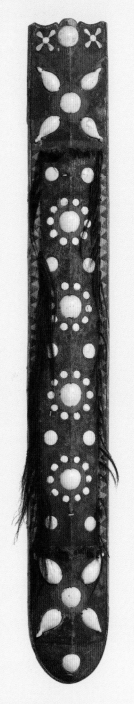

圖五　盾牌（koraibi）

明打威盾牌是在獵頭襲擊時用來抵禦箭矢。它們由樹木的板根製成，先經過燻製使盾牌有防蟲性，然後成型，塗上重複的紅色和黑色對稱螺旋設計。製作者在生產過程中遵守禁忌，而且完成後要獻祭牲畜，確保盾牌獲得神靈的保護。背面的木握把由一個覆蓋著半邊椰子殼的孔保護。

1800 年代初期至 1860 年代
印尼明打威群島西比路島（Siberut）
木材、椰子木、藤
高 110.9 公分，寬 35.1 公分
阿姆斯特丹動物學會（Amsterdam Zoological Society）捐贈
As.7593

圖六　盾牌

這面盾牌是由呂宋島的卡林加人（Kalinga）或町烏宛人（Tinguian）製造，他們的社會地位一部分是透過戰爭獲得。藤條捆紮和凸面形狀可以防止盾牌在獵頭襲擊的搏鬥中破裂。五個延伸出來的部分是用來絆倒和困住對手。這些幾何圖案和織物及紋身的幾何圖案有關。

西元 1800 年代中期
菲律賓呂宋島卡林加人或町烏宛人
木、藤
高 120 公分，寬 30.3 公分
A·W·法蘭克斯捐贈，布萊斯·M·萊特（Bryce M. Wright）收藏
As,+.3943

圖七　火藥角

這個火藥罐以野牛角製成，有金屬鑲嵌和漆飾。編織成辮的紅黑羊毛繩用於攜帶。欽族曾作為週邊統治者的傭兵，而且他們因為軍事能力受到英國人的欣賞。

西元 20 世紀初期
緬甸欽邦佐克華村的萊人（Lai）或馬拉人
野牛角、木材、羊毛、金屬、樹脂、漆
長 28 公分，寬 9 公分
D·海尼夫（D. Hay-Neave）捐贈
As 1948, 07.16

圖八　燧發槍

燧發槍在 17 世紀變得普遍後，荷蘭東印度公司在 18 世紀將燧發槍供應給眾多東南亞統治者。國王也會收到槍支作為禮物，並在襲擊、戰鬥和攻擊船隻時繳獲槍支。傭兵自帶武器，這對當地統治者在軍隊中僱用歐洲人是額外的誘因。有些地區生產他們自己的大砲和毛瑟槍，到了 1700 年代，蘇拉威西島的布吉人和蘇門答臘島的米南加保人（Minangkabau）成為眾口稱譽的槍支生產者。

西元 18 世紀至 19 世紀初期
購於汶萊
木、鐵、黃銅
長 41 公分
As.5707

色，既有劍和匕首，也有矛與槍、戟、弓與箭，和有毒鏢的吹箭筒。頭盔和盾牌是護具（圖二），但盾牌也可以用於進攻（圖六）。由於氣候炎熱潮濕，很少穿戴盔甲（圖一），而且穿戴的大多是菁英階層。許多盔甲透過視覺上令人迷惑的圖案，或添加先前衝突中取得的敵人毛髮（圖三、四、五、六）刻意呈現一種好戰和恫嚇的外觀。其他的保護形式，如護身符、魔法圖陣、圖像和文字，以及用刀槍不入的金屬鍛造武器，都很普遍，而且至今仍很常見。有些物品也用在隨備戰展開的儀式上（圖三、四）。

雖然近身搏鬥是常態，但自 16 世紀起，從中國、印度和歐洲獲得的火器、大砲和火藥逐漸成為軍械庫的一部分。人們研發出新的配件，像是火藥容器（圖七）。武器通常被認為是由靈所驅動的。和儀式短劍「馬來短劍」（keris）一樣（參見 148-49 頁），有些火器裝飾著那伽蛇，那伽的力量和武器的性能被連結在一起（圖八）。最初，大砲和槍支比較常被用來發出聲響嚇唬敵人，而不是用來造成身體傷害。在較大的邦國，取得這類物品是一種競賽，因為在 20 世紀之前，在地生產的產量有限，而且有時品質不佳。統治者歡迎歐洲傭兵，特別是葡萄牙的傭兵，因為他們的軍事技能和所擁有的火器。

東南亞人有效地使用武器，歐洲人在 19 世紀之前也認真對待東南亞戰爭。隨著工業革命的進步，歐洲技術勝過了東南亞人的能力，不過後者採用的游擊的方式進行抵抗，確保了他們不會輕易被擊敗。緬甸在 1886 年被完全吞併後，英國鎮壓群眾起義超過 10 年，同時蘇門答臘島北部亞齊和荷蘭的戰爭從 1873 年持續到 1904 年。19 世紀晚期，各國聘請歐洲工程師和其他專家仿效歐洲路線改革軍隊。東南亞群體之間的小規模戰鬥，繼續使用傳統方法論和武器直到 20 世紀。

18 世紀晚期之前，歐洲在東南亞的活動主要是商業性質，而且僅限於沿海地區，但到了第二次世界大戰時，除了泰國以外的整個地區都受到殖民控制。透過戰爭和軍事壓力取得殖民地（圖四），殖民鼎盛時期從 1880 年代持續到 1930 年代。

雖然商業是控制東南亞的根本原因，但殖民實力也是歐洲國家之間外交競爭的一種表現，每個國家都競相確保自己能獲得東南亞豐富的資源，同時以此作為進入中國市場的途徑。材料和資源被大規模開採，往往罔顧人命。錫礦和橡膠種植園成為馬來地區和越南的固定景色，越南還生產煤炭和鋅。咖啡和糖是印尼群島的主力出口產品，柚木林則是吞併緬甸的另一個理由。整個東南亞地區都生產茶葉和稻米。古塔膠（gutta percha）生長於馬來半島和印尼，是一種比橡膠更堅韌的樹液，使用在家庭和工業用途上，像是電報線上的塗層，還有後來的牙齒填充物。銀和金也被廣泛地開採（圖二）。

包括織物在內，東南亞成為各種歐洲商品的重要市場。1907 年時，據稱緬甸當地鐵匠難以和進口的德國刀具、釘子、斧頭和鏟子競爭（Bell 1907, 9-14）。

圖一　機器鑄造的硬幣

19 世紀中期時，有些東南亞統治者開始用從歐洲購入的鑄幣設備，發行供一般流通的錢幣。這些硬幣並非全都成功被當地居民採用。柬埔寨人更喜歡使用越南和泰國的硬幣，而不是安東王（Ang Duong，1840–60 年在位）在 1840 和 50 年代生產的第一批機器鑄造的銅幣和銀幣。圖中硬幣的繪圖展示神聖的桓娑鳥和一座吳哥的寺廟，這個傳統圖像在一定程度上使國王被當作復興高棉文化的人。柬埔寨在 1863 年成為法國的保護國。

西元 1847 年
在柬埔寨發行
銀
直徑 3.4 公分
托馬斯·克拉克–桑希爾（Thomas Clarke-Thornhill）捐贈
1935,0401.12761

圖二　銀錠

緬甸撣邦鮑德溫銀礦可從緬甸和中國進入，從非常早期就被開採。1906 年，緬甸礦業有限公司（Burma Mines Limited Company）成立，旨在回收前幾個世紀開採留下的礦渣堆裡的廢棄金屬。根據冶金分析，這塊來自緬甸礦場的銀錠，純銀含量超過 99%。

西元 20 世紀初期
緬甸
銀
高 1.4 公分，寬 7.8 公分
西盟斯律師事務所（Simmons and Simmons）捐贈
1989,0627.15

圖三　機織布

這塊布由曼徹斯特的貝文公司
（Beving and Co.）製造，以查
爾斯·貝文（Charles Beving）
擁有的爪哇蠟染織物為設計基
礎，貝文購買非洲和印尼的織物
給他的公司模仿。加納和爪哇之
間存在特殊的聯繫，因為荷蘭人
從西非運送男子到印尼充當殖民
軍隊，因此爪哇的紡織圖案，例
如拼貼設計，可能源自非洲。

約西元 1880 年代至 1910 年
英國曼徹斯特
棉
長 90 公分，寬 60 公分
查爾斯·貝文捐贈
Af 1934,0307.391

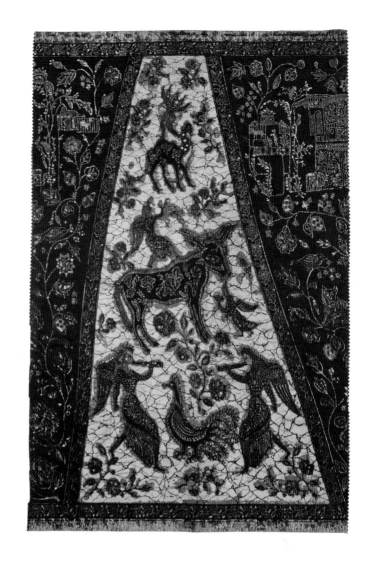

圖四　盒子

這個黑漆盒上使用 shwezawa 技
法的金箔裝飾，可能描繪 1852
年第二次英緬戰爭期間，緬甸
人逃離英國士兵的場景。英國
在 19 世紀分三個階段併吞了緬
甸，最終導致錫袍國王（King
Thibaw，1878–85 年在位）流
亡到英屬印度。

西元 19 世紀下半葉
緬甸
木、漆、金
高 10.5 公分，寬 28.2 公分，長
43.4 公分
2002,0204.1

3│17 模型

　　許多殖民政府和個別官員研究了東南亞的動植物和文化：博物學家約瑟夫‧班克斯（Joseph Banks）為了記錄動植物和製圖員一起旅行（1768-71 年），史坦福‧萊佛士在擔任爪哇副總督期間，下令清理並記錄古代遺址（1811-16 年）。歐洲人也委託製作模型，在攝影出現之前的時代，模型記錄了文化，並且為家鄉的人提供關於他們的外國殖民地的資訊。亞洲、非洲和大洋洲外國文化的模型和插圖，成為英國分類和描繪在國外遇到的文化習俗、服裝形式（圖一）和日常活動的計畫一部分。東南亞人也為自己製作從玩具到儀式用具等各種用途的模型。

　　大英博物館的東南亞藏品包括數百個模型，從人物和動物到船隻（圖五）、轎子和其他交通工具、樂器（圖二）、武器、器皿和工具、編織設備（圖六）和建築（圖三、四）。這些模型通常是由當地藝術家和工匠製作，他們的製作技巧在原始物品及其縮小版複製品都可見一斑。用模型當紀念品和跨文化的禮物仍然受歡迎，大英博物館收藏 1970 年代東南亞國事訪問期間女王伊麗莎白二世收到的一些模型。

圖一　一對龍目島夫婦的模型

夫婦的模型和圖畫是描繪東南亞不同民族的熱門方式。歐洲人對分類所謂的「傳統」服裝感興趣，儘管此舉徹底簡化了東南亞地區各民族之間複雜而流動的關聯。

西元 19 世紀中期至後期
印尼龍目島
木材、樹脂、可能是金
高 30.7 公分（女）；高 32 公分（男）
A‧W‧法蘭克斯捐贈，C‧M‧普利特（C. M. Pleyte）收藏
As 1896,–.926–927

圖二　甘美朗樂器模型

萊佛士爵士的出版品《爪哇歷
史》（*A History of Java*）有這
些極其精美的爪哇甘美朗樂器複
製品的插圖，在書中，他表示甘
美朗樂在爪哇島無所不在。儘管
萊佛士也收集原始尺寸的甘美朗
樂器，但該書的插畫家使用這些
模型來畫圖，大概是因為它們更
容易搬運和存放。

約西元 1812–15 年
印尼爪哇
木材、金屬、藤、金箔
高 7–36.5 公分，寬 9.5–34 公分
J・H・德雷克，史坦福・萊佛士
收藏
As 1939,04.2, As 1939,04.7–9,
As 1939,04.18, As 1939,04.18a,
As 1939,04.17, As 1939,04.17a,
As 1939,04.20, As 1939,04.31–
32

圖三　米南加保建築模型

米南加保的房屋住著多代同堂的
大家庭，架高在樁腳上，通常由
木材建造，有多層屋頂和類似水
牛角的彎曲屋脊，這種象徵意義
在其他東南亞文化中也看得到，
例如蘇拉威西島上的托拉查地
區。

西元 20 世紀初期
印尼蘇門答臘島
黃銅
高 19.9 公分，寬 27.8 公分
F・基利克（F. Killik）捐贈
As 1944,08.1.a–g

圖四 峇里島寺廟模型

漸次縮小的向心屋頂和印度教和佛教宇宙的須彌山有關，是東南亞許多地區常見的上層建築。層數總是奇數，介於 3 層到 11 層之間，透露建築紀念的神或人的地位。層數越多，地位越高。

約西元 1850 年代–1860 年代初
印尼峇里島
植物纖維
高 37 公分，寬 20.4 公分
As 5021

圖五 皇家駁船模型

每年 10 月雨季末的供僧衣節（Kathina）期間，向僧伽供奉僧服的時候，曼谷的昭披耶河會舉行皇家駁船遊行。大英博物館 1937 年的收購紀錄指出，這樣的駁船模型是為了節日而製作的。

西元 20 世紀初期
泰國
混凝紙漿、鋁箔紙
長 60 公分，寬 8 公分
約翰·馬林（John Mallin）捐贈
As 1937,0414.1

圖六　織布機模型

織物對東南亞社會意義重大，歐洲人收集了許多織物，以及織布機和各種類型的織布機模型。這個來自緬甸的模型是一臺框架織布機，其中串起的經線由織布機本身拉緊。這些織布機在 19 世紀晚期被引進東南亞，以刺激紡織工業的發展，也成功實現目標；東南亞現在是布料和服裝的主要出口者。

西元 1870 年代至 1880 年代中期
緬甸
木材、棉
高 18 公分，寬 20.3 公分
As 1919,0717.44

大事紀

10 世紀以降	婆羅洲冶煉礦石
11–21 世紀	緬甸的漆器工業
13–19 世紀	中國銅製方孔錢在東南亞島嶼區流通
16 世紀	菸草傳入東南亞
約 1500 年代 –1885 年	緬甸地區生產青銅和黃銅的市場砝碼
16–17 世紀	包括汶萊在內的許多東南亞島嶼貿易區皈依伊斯蘭教
17 世紀晚期	中國貿易和移民到東南亞的中國人迅速增加；中國男性和當地家族通婚，從事東南亞人和歐洲人之間的掮客工作，也從事礦工、勞工、工匠、商人等工作
	峇里島吉安雅王國衰敗，島上分裂成 9 個王國，每個王國都有自己的宮廷
17–18 世紀	荷蘭東印度公司檔案的報告提供一些文化習俗的描述
18 世紀	東南亞奴隸掠奪事件日益增加
1775 年	《吉揚地條約》把中爪哇的權力劃分給日惹和蘇臘加達的王宮
19 世紀	基督教在越南變得重要
	日惹和蘇臘加達王宮之間的藝術競爭日益激烈
1811–16 年	英國在爪哇的空位期；許多文物被收集並運往歐洲，或送到位於加爾各答的東印度公司總部
19 世紀中期	歐洲人強行闖入蘇門答臘島中北部的巴塔克地區
19 世紀中期至晚期	前所未見的合成纖維和染料抵達東南亞
1867 年	部分馬來半島變成英國殖民地
1881–1946 年	英國北婆羅洲公司成立以管理和開發該地區的資源
1886 年	倫敦殖民地和印度博覽會
1893 年	芝加哥國際世界博覽會
19 世紀晚期 –20 世紀	殖民時期人民大規模皈依基督教
	印度社群在緬甸下游和西馬來西亞擴張
	歐洲人收集大量來自東南亞的文物
	歐洲人禁止獵頭
1900 年	巴黎世界博覽會
1920 年代到 1930 年代	爪哇人遷徙到馬來半島
20 世紀中期到晚期	塑膠成為一種盛行的材料
20 世紀晚期	檳榔的食用逐漸減少，但它在許多文化仍是儀式所必需
20 世紀晚期到 21 世紀初期	泰國孔舞劇、印尼皮影戲、馬來短劍、甘美朗樂和蠟染被登記為聯合國教科文組織非物質文化遺產
	吳哥、室利差咀羅、蒲甘、阿瑜陀耶、素可泰、班清、美山、順化古蹟、婆羅浮屠和普蘭巴南成為聯合國教科文組織世界遺產

4 從日常
到神聖
約西元1600至2020年

東南亞展示豐富多樣的藝術形式，但地區內廣泛的互動領域也產生了許多共通性。考古發現已經說明，美學從很早開始，就被認為能使物品和圖像富有意義和價值。小規模的社會和印度教、佛教、伊斯蘭教和基督教等主要宗教之間，存在實質的連續性，這點從共同的紋飾和形式、相關的宇宙觀，以及祖先和其他神靈的祭儀可以看出來。物品，包括壽命短暫的物品，構成儀式、交流和節日的一部分，賦予聲望，顯示地位並區分能力。有些物品不一定有靈性方面的隱含意義，但卻是文化標

圖一　供品

精細編織和結辮的棕櫚葉或樹葉剪紙，在儀式或當天結束後被丟棄，是峇里島常見的供品，或當作盛裝供品的容器。裝飾的大小和範圍取決於儀式的重要性。峇里島給靈和神的大部分供品都是壽命短暫的。除了棕櫚葉結構，它們也可以是表演、鮮花、水果、檳榔、米和米糕或塑形的彩色米糰等形式。

西元 1970 年代至 1982 年
印尼峇里島
椰子棕櫚葉
直徑 13 公分
安娜・班克斯（Anna Banks）捐贈
As 1983,10.14

圖二　蓋盒

誠如這個盒子所示，重複的幾何和對稱圖案是托拉查藝術的共同特徵。每個圖案設計都有名稱，但這些名稱在托拉查地區各處可能指不同的圖案。家居用品、植物（如米）和動物（尤其是水牛）都是圖案名稱的來源出處。

西元 20 世紀初期
印尼蘇拉威西島馬馬薩（Mam–sa）
木材、纖維
直徑 48 公分，高 53 公分
As 1976,02.1.a–b

圖三　紋身用具

在緬甸許多人都曾經紋身，男性通常從腰部到膝蓋都覆蓋著紋身，並在軀幹和手臂上展示圖案（參見 157 頁）。紋身工具是一根有 2 個或 4 個墨水槽的尖筆，頂部安裝一個守護靈「納的重物。

西元 20 世紀初期
緬甸
黃銅
長 28.5 公分
As 2000,07.1.a–c

誌，可以辨識社會關係、性別、年齡和婚姻狀況。許多物品有多種功能。

從婆羅洲伊班族織物（Iban textile）的編織到緬甸佛教寺廟的建造，物品必須按照指定的方法和儀式製造，藉此確保結果成功並為最終成品灌注力量。在一些社會裡，男人和女人有不同但互補的勞動領域。兩者對於社會的正常運作同樣必要，而這種互補性的重要性在各種媒材中都看得到。藝術家可以利用神靈和祖先汲取靈感，出神（trance）可以是創作和表演的一部分。除了針對西化市場的現代和當代藝術之外，多數作品都沒有簽名，因為物品可能是由好幾個人製作的，或者被視為至高權柄的渠道，又或者因為贊助者被認為比創作者更重要。

雖然材料可能有等級高低之分——例如，黃金在許多文化都受到奢侈法的管理——但材料的耐用性或短暫性卻未必重要。有時，本質對靈和神才是重要的，峇里島的編織樹葉供品就是一例（圖一）。價值來自材料之於物品用途的適當性。圖案或設計本身也常具重要意義，且過去曾受奢侈法的管制。螺旋和迴紋等圖案，以及以動植物形式為基礎的幾何圖案從文明伊始流傳下來，並出現在從編織籃和戲偶到灰泥和木雕的各種媒材和藝術形式上（圖二）。

政治在藝術和物質文化的生產也發揮了作用。第三章透過上座部佛教王權和歐洲擴張對此做了更詳細的探討，但它也適用於島嶼區。當峇里島吉安雅王國（Gianyar）在1650年代衰落時，島上出現了9個王國，每個王國都建造了自己的宮殿（puri）和寺廟，使宮廷不得不贊助藝術家和建築師。在爪哇，1755年《吉揚地條約》（Treaty of Giyanti）在島嶼的中央建立了兩個王國，分別定都蘇拉卡爾塔（梭羅〔Solo〕）和日惹，激勵兩國在面具、戲偶和織物等藝術品生產的文化競爭。

隨著國際社群自1400年代起迅速擴張，外國工匠跟進，並

在貿易區安頓下來。18世紀時，越來越多的中國移民和南亞穆斯林參與貿易。透過奴役和戰爭進行的人民移動加速了跨文化交流，城市和國家的人口，包括受歐洲控制的港口人口，都是經過重新安置的人或他們的後裔。歐洲人不僅取得對地區的政治控制，還形成地方聯盟，從而創造出大型的混血社群。中國專家在19世紀和20世紀被邀請到越南訓練當地人才（圖四）。這些人口移動的影響可以從物品把各種不同起源的想法結合成全新表現手法的方式看出來，例如馬來銀或爪哇北岸的蠟染。

　　東南亞擁有豐富的天然資源，但由於氣候大致潮濕而溫暖，鮮少有19世紀以前製作的植物或動物製品（像是木雕、編織籃或織物）流傳至今。這使得追蹤變化或新形制的出現變得困難。舉例來說，菸草在16世紀的到來必定引發新物品的開發，但今天幾乎看不到證據。浮雕和壁畫提供了一些有關日常物品的資訊，17和18世紀的商人和傳教士偶爾會描述早期的文化習俗，誠如我們在荷蘭東印度公司的檔案中所見。然而，很多社會直到物質文化發生深刻變革的1880至1930年代（殖民控制的鼎盛期）期間，才首次被詳細記載。根本的變化體現在新材料及技術、不同信仰及儀式的迅速出現，以及新思想及

圖四　路易·戈德弗羅伊，《安南皇帝的雕塑》（*Sculpture d'une empereurd'Annam*）

這幅蝕刻畫呈現在順化某個草木蓊鬱的地方，一座寺廟或陵墓的大門和牆壁，阮朝（1802–1945年）奠都越南中部的順化，那是阮氏家族的發源地。他們仿效中國的設計，並融入了歐洲的形制，如半月形壁龕，也被納入建築元素。皇帝被埋葬在一大片風景優美的土地上，有大門、用於宗教和娛樂目的建築物和涼亭，湖泊和陵墓本身。最後一座陵墓建於1920年代，是為末代皇帝的父親啟定（Khai Dinh）所建。

西元1919年
越南順化
蝕刻畫
高13.4公分，寬31.4公分
路易·戈德弗羅伊捐贈
1930,0211.14

習慣的吸收。20世紀初期時，這章討論的許多習慣和藝術形式都逐漸沒落。隨著王室宮廷遭廢黜或失去權力，對藝術的贊助減少，許多文物不再生產製造，又或者只剩一小群人擁有如何製作它們的知識。基督教傳教士隨著殖民官員前來，努力改變當地人民的信仰，於是諸如獵頭等被視為「野蠻」的活動遭到禁止。在某些情況下，歐洲在社會、文化、宗教和政治方面造成深遠的影響。在其他情況下，對文化觀念和慣例的影響則不那麼劇烈。由於舊有的生活方式在現代化面前被改變或拋棄，與之相關的物品有時被銷毀、贈送或出售。有些傳統已經失寵，例如紋身（圖三），但其他習慣和態度還在延續，例如珠子或犀鳥雕塑對婆羅洲社會的意義，以及薩滿信仰。佛教朝聖和紀念品生產在大陸區的信徒之間仍然很普遍。在島嶼區各地，被解釋為習慣做法或生活規則的「阿達特」（adat），在某些情況下，繼續支配著人們的衣著、儀式互動和行為規範。傳統的身分象徵，譬如儀式用的馬來短劍，雖然受到重視，但不再被人們經常佩戴在身上，同時像進口或本地製造的儀式織物之類的護身傳家寶（pusaka），有時會被賦予頭銜和個別名稱，仍被家族代代相傳地珍藏。儘管習俗和相關物品持續存在，它們都經過調整，適應20和21世紀不斷變化的東南亞文化世界。

4 | 1 日常物品

東南亞人利用生活周遭豐富的自然資源生產物品，包括骨頭、獸角、木材、竹子、植物纖維、藤和棕櫚樹、金屬和黏土。這些資源都被塑造成實用的形式，用於種植、烹煮和飲食（圖五、六、七、八、九、十二）、照顧牲畜、狩獵和捕魚、製作衣服、交易商品（圖十一）和儲存必需品。區域內有各種尺寸的容器（圖十）。農業和林產的開採催生出許多器皿和用具（圖三、四），吹箭筒、陷阱、弓箭和矛用於狩獵和捕魚（圖一、二）。在一些社群裡，容易取得的材料也被製成裝飾品或護身用品（圖十三）。這些實用作品結合美學與功能性，可能被裝飾得非常華麗，而且有些曾經僅限貴族階層使用，或是用來從事和農業、獲取糧食及繁殖力相關的儀式。藝術和日常生活分離的觀念，直到 19 世紀中後葉才透過和歐洲人的互動及 20 世紀藝術學校的成立而出現。在一些情況下，藝術家開始把他們的名字和他們的作品連在一起。在大英博物館的東南亞藏品中，向婆羅洲加拉必族（Kelabit）購入的物品可以看到這點。隨著 20 世紀塑膠和其他現代材料和技術的出現，天然物質製成的物品在日常生活中變得越來越少見。

圖一　吹箭筒飛鏢袋

吹箭筒在東南亞曾被許多社會使用，因為它們是在森林裡相對近距離的狩獵的絕佳工具，無聲又易於快速連續射擊。有些人為了提高效力在飛鏢的尖端塗抹毒液。飛鏢裝在箭袋中，這個飛鏢袋是用一段竹節製成。它配有編織的藤蓋、繩索和金屬栓扣，可栓在纏腰帶上。

西元 19 世紀晚期至 20 世紀初期
馬來半島閃邁族（Semai peoples）
竹子、金屬、纖維
高 36 公分，直徑 8 公分
As 1997,Q.335.a

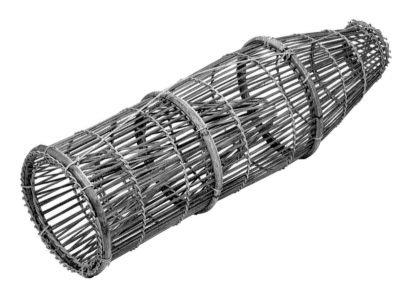

圖二　魚具

這個編織的魚具是由生活在馬來半島中部的原住民特米亞族（Temiar）製作，它有朝內的竹椿可以防止魚逃跑。這種魚具被設置在河流和小溪裡。

西元 20 世紀初期至中期
馬來半島特米亞族
竹、藤
長 64.9 公分，直徑 19.7 公分
As 1977,13.46

圖三　鐮刀

稻米在多數東南亞低地地區有文化和象徵意義的重要性，作為主要作物在地區內已有約五千年的歷史。它採用輪作或連作，以各種不同的方法種植，從雨水灌溉旱耕，到需要將一株株秧苗個別移植到灌溉稻田的高度組織化公共水稻耕作。耕種者使用指刀收割稻米，比較晚近的年代則是使用鐮刀。這把鐮刀有一個刀片和兩個手柄；攜帶鐮刀時，額外的手柄靠在頸部後面。

西元 1993 年
柬埔寨
木材、金屬
高 29.5 公分，寬 38.5 公分
謝爾登・肯特（Sheldon Kent）
捐贈
As 1996,32.1

圖四　Merua' Ulun 和 Tepo Ben 的簸穀托盤

收割脫粒後，稻米還必須進行簸穀。在沒有機械化的情況下，稻米被拋向空中，讓風吹走粗糠，較重的穀物則落回籃子裡。像這樣的托盤由藤和竹編織而成，並塗有樹液以密封托盤內的表面，也被人們拿來準備食物。掛鉤用來懸掛。彩繪裝飾只會出現在托盤外部，避免與食物接觸。加拉必族有一個習俗，父母和祖父母在孩子／孫子出生後名字會被更改。Merua' Ulun 和 Tepo Ben 這兩個名字顯示製作者都是祖母。

西元 1987/1986
婆羅洲砂拉越雷木都（Remudu）
加拉必高地
藤、竹、樹汁
高 16.4 公分，寬 47.2 公分；高 16.7 公分，寬 49.5 公分
As 1988,22.89–90

圖五　水罐

至少從 8000 年前至今，土器在
整個東南亞地區用途多樣。作為
水罐，黏土的多孔性容許發散蒸
氣，從而冷卻內部的水。土鍋放
在火上加熱不會破裂，因此也可
用於烹飪、製藥或準備紡織染
料。儘管這樣的容器很多在完成
後外觀相似，但它們成形的方法
有很多種，可以從一塊黏土開
始，也可以在構造的過程中添加
黏土。

西元 19 世紀晚期
馬來西亞霹靂州迪加島（Pulau
Tiga）
土器
直徑 26.5 公分，高 18 公分
霹靂州民族博物館（Perak Eth-
nological Museum）捐贈
As 1905,0316.23

圖六　蒸籠

英國海峽殖民地（檳城、天定、
麻六甲和新加坡）專員為 1886
年在倫敦舉辦的殖民地和印度展
覽收購了這款蒸籠，以展示這些
社群的各種烹飪設備，蒸籠由樹
皮和露兜樹樹葉所做的蓋子構
成，並以藤纖維固定。

西元 1880 年代初期
馬來半島海峽殖民地
樹皮、藤、露兜葉
直徑 22.2 公分，高 35 公分
海峽群島政府（Government of
the Straits Settlements）捐贈
As 1886,1213.75

圖七　食物罩

在準備烹飪時，以及擺好飯菜後，東南亞許多地區都使用罩子防止昆蟲和其他動物接觸食物。露兜樹葉在此被藤條支撐，它的普遍性和靈活性是製作輕量食物罩的理想材料。

西元 19 世紀晚期
婆羅洲砂拉越巴南河區（Baram River District）
露兜葉、藤條
直徑 50.6 公分，高 14 公分
As 1900,–.687

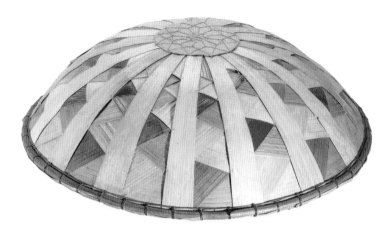

圖八　便當盒（htamin kyaint）

這可能是上班族使用的便當盒，其器形在 19 世紀晚期殖民時期隨著印度社群迅速擴張而傳入緬甸。每一層可裝一道菜餚，蓋子可以翻過來當杯子使用。這個便當盒是在皎卡（Kyaukka）製造，皎卡以出產堅固的單色漆器聞名。

西元 1900–39 年
緬甸實皆省皎卡
漆、木
直徑 14.1 公分，高 32.6 公分
拉爾夫和露絲·艾薩克斯捐贈
1998,0723.221

圖九　湯匙

伊富高人（Ifugao）用深木碗和木湯匙（pakko 或 idu）進食，湯匙沒有使用的時候會放在籃子裡。手柄的裝飾多為立像或坐像，由各種木材雕刻而成。湯匙被仔細地清洗和保養，作為代代相傳的傳家寶。

西元 19 世紀晚期至 20 世紀初期
菲律賓伊富高人
木
長 19 公分，寬 6.3 公分
赫斯特小姐（Miss Hirst）捐贈
As 1927,0107.2

圖十　容器

直到 20 世紀中期，帝汶島的人仍用竹子、葫蘆、木材和骨頭製作有紋飾的容器來儲存興奮劑。圖像以花卉紋和幾何紋為主，就像圖中這件的紋飾。

約西元 1880 年
帝汶島法圖納巴（Fatunaba）
竹
高 18.3 公分，直徑 2.5 公分
A・W・法蘭克斯捐贈，亨利・福布斯（Henry Forbes）收藏
As,+.1896.a–b

圖十一　一組砝碼

由懸掛在桿子兩端的托盤組成的手持秤，使用市場砝碼來抵銷托盤中商品的重量。使用脫蠟法鑄造（參見 28 頁），砝碼最多為十件一組，通常做成聖鳥（辛塔鳥〔hintha〕或妙聲鳥〔karaweik〕）的形狀，以及神話生物吐納亞（tonaya，一種結合獅子和公牛特徵的複合生物）。1886 年英國吞併緬甸後，砝碼停止生產。

西元 19 世紀
緬甸
銅合金
高 2.3–13.5 公分
唐納德和瓊‧吉爾（Donald and Joan Gear）捐贈
1993,0731.13–14, 1993,0731.93, 1993,0731.88–89, 1993,0731.91

圖十二　椰子刨刀

在電動刨刀發明之前，像這樣的刨刀對刨絲和從椰殼裡刮下果肉製造椰油和椰奶（許多東南亞飲食的主食）是不可或缺的。椰油也用於美容，椰子水是一種流行到全世界的清涼飲料。椰子樹液可以製糖，椰子葉編織成具有實用功能的籃子，硬殼用來製作碗和勺，木材用於建築。由於用途廣泛，椰子樹的重要性在東南亞地區持續了好幾千年。

西元 1940 年代至 1950 年代初
菲律賓民都洛島（Mindoro）哈努諾人（Hanunóo peoples）製造
木、鐵、鋁
長 60.8 公分，寬 28.4 公分
As 1958,06.97

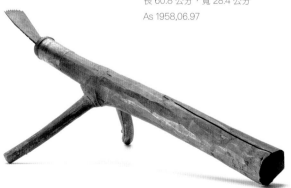

圖十三　梳子

閃邁族梳子由一段竹子製成，帶有雕刻圖案，透過塗抹深色物質到雕鑿處塗使圖案變得明顯。這些梳子顯然是由女性佩戴，當作抵禦疾病的護身符。

西元 19 世紀
閃邁族，馬來半島
竹
長 25 公分，寬 5.7 公分
A‧W‧法蘭克斯捐贈
威廉‧辛普森牧師（Rev. Dr. William S. Simpson）收藏
As 1896,–.764

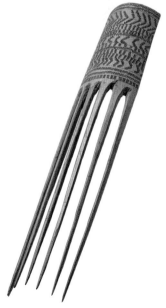

4│2 漆器

東南亞大部分地區的漆是取自緬甸漆樹（Gluta usitata）。樹液接觸氧氣後會變成有光澤的黑色，但也可以染上其他顏色。漆通常被層層塗加在以木、竹或金屬製成的基底上，有時也有其他材料，每一層漆都要乾燥後才能再添另一層。這個技術被用來製作防水的實用物品，漆器的器形包括碗、盒、托盤、供奉器和水壺（圖二）。為了抵禦風雨侵蝕和蟲害，木造的寺院、廟宇、宮殿和其他建築物也都有上漆，金箔則是用漆黏附在造像上。

漆器生產的證據在東南亞各地各不相同。在緬甸，漆器的歷史可以追溯到蒲甘時期（11-13 世紀），至今仍是一項重要的產業。緬甸的漆器和泰國的有許多相似之處，例如稱為 yun 的裝飾技術和稱為 Zinme 的密集花卉紋，Zinme 是泰國北部蘭納王國清邁城的緬甸名稱（圖三）。漆器生產似乎是從蘭納傳播到泰國中部，它在泰國中部被用來裝飾手稿櫃（參見 86-87 頁），以及體型較小的物品，例如供奉器皿和架子。用珍珠母貝鑲嵌花卉紋和幾何紋創造黑白圖樣可能是在 9 世紀或 10 世紀發展出來的，到了 18 世紀時變得非常精緻（圖一）。

越南漆的傳統和東亞漆器有關，它們使用漆樹（Toxicodendron verniciffluum）的汁液，而不是緬甸漆樹。漆製造的碗、盒、托盤和其他器形很常見（圖五），而且自殖民以來，漆持續被拿來作畫，商業成果斐然。蘇門答臘島東南部的巨港地區出口紅色樹脂，歷史悠久，這種樹脂被稱為龍血，從一種原生的棕櫚樹提取而來，用在中國漆器的生產。巨港的漆器產品年代比較晚近，可能是源自 19 世紀初期起在那裡定居的中國工匠（圖四）。

圖三　哈沙耶・開因，盛水器
（ye khwet gyi）

這件盛水器的圖像是用 yun 技
術製作，也就是先將每種顏色的
圖案雕刻在漆上，然後再填入顏
料的技法，顏料通常是紅色、黃
色和綠色。器皿上緣周圍的開光
指出哈沙耶・開因（〔hsaya〕
Kaing）大師為瑪拉檫（Ma Hla
Hpyu）製作了這件作品，敘事
場景裡的開光則是介紹了佛陀前
世故事之一《古薩本生》（Kusa
Jataka）的人物和情節。

西元 1900–25 年

緬甸蒲甘

竹、漆

高 19.4 公分，寬 23.9 公分

拉爾夫和露絲・艾薩克斯捐贈

1998,0723.2

圖四　盒

蘇門答臘漆器通常由編竹製成，
繪有中國風格的花樣──圖中是
星星和花卉的圖案──然後施
漆。盒子的尺寸由小到大都有，
圖為小盒，大盒的空間足以存放
衣服。

西元 20 世紀初期

印尼蘇門答臘島巨港

漆、藤、金色顏料

高 14 公分，寬 12.5 公分

拉爾夫和露絲・艾薩克斯捐贈

1998,0723.180

圖五　套疊盒組

這三個可套疊的木盒覆蓋著一層
黑漆，每層漆都經過乾燥和拋光
才添加下一層。花卉裝飾以彩漆
繪製，並覆蓋一層清漆塗層。盒
子和其他類似物品是為全球市場
製造。

西元 1995–6 年
越南
漆、木
高 5 公分，寬 14.5 公分（最大的
盒子）
比奇·泰勒（Bich Tyler）捐贈
1996,0510.6

4│3 檳榔用具和菸草

在 21 世紀以前，嚼檳榔塊在東南亞各個年齡層和階層之間很普遍。它在個人美學（黑牙被認為是美麗的）、社會互動和從基本待客到鞏固正式關係等儀式中發揮重要作用，也作為藥物、金錢和對給神靈和祖先的祭品。最基本的檳榔組合是檳榔切片、檳榔葉和石灰膏，然後添加其他成分以表明地位。作為議婚和葬禮等正式禮儀的一部分，食材和器具的擺放與呈現遵循著嚴格的地方習俗。

在東南亞許多地方，用來儲存、準備和供應檳榔的托盤、容器和切割工具變成了藝術形式。因為主人的財富和地位是從裝飾程度和使用的材料來展現，從編織籃（圖四）、漆、木材、陶瓷到鐵（圖一）、黃銅（圖二）、銀（圖三）和金，檳榔相關物品也和使用者的社會身分相連。確認統治者合法性的皇家禮儀文物也包括檳榔用具組。

雖然菸草在 16 世紀透過葡萄牙和西班牙商人傳入東南亞，但它直到 20 世紀晚期才開始成為主流，取代檳榔，但在象徵意義或儀式上並未取代檳榔。在香菸興起之前，菸草被摻入檳榔塊或用煙斗吸食（圖六）。和檳榔一樣，人們開發出菸草儲存和吸食的隨身用具（圖五）。

圖一　檳榔刀具

刀具用於切割堅硬的檳榔，是檳榔隨身用具不可或缺的一部分。這把檳榔刀畫有一隻神話中的有翼獅（singha），以及代表好運的中國卍字圖案、之字形、星星和幾何形狀裝飾。

西元 19 世紀晚期至 20 世紀初期
印尼峇里島
鐵、銀
高 10 公分，寬 2 公分
特瑞莎‧帕汀森（Teresa Pattinson）捐贈
As 1932,0406.6

圖二　檳榔盒（lotoan）

菲律賓南部的穆斯林社區以生產一種名為 lotoan 的檳榔容器聞名，這是一種帶鉸鏈的鑲銀長方盒，通常有四個隔間，用來存放葉子、檳榔、石灰和菸草。這種盒子象徵社會地位和財富，在婚禮等儀式上交換，作為傳家之寶。它們裝飾稱為 okir adatu 的花卉紋和幾何紋，這款圖案也被複製在木雕上。

西元 19 世紀至 20 世紀初期
菲律賓民答那峨島
黃銅、銀
高 7 公分，寬 13.5 公分
As 1996,09.1

圖三　檳榔葉托

這款檳榔葉托為銀製，以烏銀技術裝飾，烏銀技術是將硫磺和另一種金屬（通常是銀、銅或鉛）結合，以填充金屬表面的雕刻圖案。裸露的花卉紋已經鍍金。由於泰－馬來半島緊密的文化聯繫，泰國也看得到這種形狀的容器。

20 世紀初期
馬來半島
銀、金屬、金
高 13.9 公分，寬 8.2 公分
As 1931,0320.6

圖四　檳榔盒

這個盒子採用複雜的六角形辮製成，稱為瘋狂編（anyam gila），出自一名東帝汶婦女之手，用來裝檳榔原料和食物祭祖。它的側面裝飾著彩色的同心星，蓋子是一個繁複的屋頂狀結構，四周有懸掛在空中的編織星星。星星是帝汶藝術常見的設計元素，而且遍布其他東南亞藝術和印度貿易織物，如帕托拉。

西元 1840 至 1850 年代
帝汶島
棕櫚葉、植物纖維
高 20.8 公分，直徑 10.2 公分
As.5597.a–b

圖五　菸草容器

這個容器由堅果雕刻而成，並纏繞了一圈編織成辮子的纖維帶，以便於攜帶。在明打威群島，兩大概念支配著藝術作品：一個物品不僅應該有功能，還應該和周遭環境彼此協調，這一概念稱為mateu；它也應該做得盡善盡美，稱為 makire。

西元 20 世紀初期至中期
印尼明打威群島羅格多格
（Rogdog）
堅果、纖維
直徑 6 公分，高 13 公分
As 1994,07.2.a–b

圖六　煙斗

有幾何及花卉紋飾帶的銀色底座，顯示這支煙斗適用於特殊場合。雖然銀和木材的元素是 19 世紀晚期添加的，陶瓷碗的部分很古老。在撣邦經常發現很多這樣的碗，它們被當作煙斗和試金石使用，試金石被認為可以辨識出貴金屬。

西元 19 世紀
緬甸撣邦永貴（Yaunghwe）
陶器、木、銀
高 31 公分，寬 24 公分
As 1904,0626.22

4｜4 馬來銀器

在馬來邦國（自 15 世紀以來，許多都由蘇丹統治），宮廷聘請銀匠製造皇家禮儀文物，包含樂器、珠寶，以及接待賓客和儀式用的器皿。這些銀製品包括檳榔用具、軍持禮儀水器、武器架、化妝品容器、碗、盤、痰盂、容器、托盤、枕墊和幼童穿戴的遮陰蓋（圖一、二、四）。社會地位高的馬來人在宮廷和國家典禮儀式上佩戴精緻的皮帶扣（圖三）。20 世紀初期，馬來銀製品的產量衰退。

馬來銀器的製作方法有雕花（金屬從正面成型）、壓花（從背面成型）、炸珠（在物品表面添加金屬小球）和鏤空（圖案以外的背景鑿空）。一件作品的大小和裝飾複雜程度，反映擁有者的社經地位。銀飾通常裝飾著華麗的吉祥圖案，以及花卉紋、葉狀紋和幾何紋，包括風格化的蓮紋、雲紋和幾何形狀飾帶。盒子、帶扣、枕墊和盤子的平坦區包含一個中央圖案，周圍環繞不同寬度的圖案邊框。碗的口沿通常有一條條紋飾，並有一個或多個較大的圖案在碗身。幾何形狀和圖樣，以及非人物的裝飾，顯示和伊斯蘭美學的關聯，這種美學因 19 世紀東南亞與鄂圖曼帝國之間的往來而被強化（參見 90-91 頁）。

（參見 90-91 頁）

圖一　長頸瓶

由於山在東南亞許多文化都有神聖意義，山的形狀經常被結合到藝術形式裡，誠如這個銀製長頸瓶的蓋子所示。花卉和幾何圖案環繞著器皿的頂部和底部，而且器身有大量的條紋。小的長頸瓶常用來裝藥膏和油。

西元 19 世紀晚期
馬來西亞
銀
高 10.7 公分，寬 5.7 公分
As 1931,0320.1

圖二　石灰盒

熟石灰是一種由氧化鈣和水混合而成的鹼性物質，是檳榔塊的重要成分，因此盛裝它的罐子是檳榔用具的要素。這款石灰罐的蓋子和足部飾有馬來半島和泰國中部的非寫實花卉圖案。這種罐子通常可以藉由石灰在器皿內留下的白色殘留物識別。

西元 19 世紀晚期至 20 世紀初期
馬來西亞
銀
直徑 5 公分，高 6.6 公分
As 1931,0320.2

圖三　帶扣（pinding）

在馬來各邦和蘇門答臘島上，帶扣（傳統上做成尖形）是權威的象徵，它的材質、尺寸和裝飾表明主人的身分和地位。皇家禮儀文物也包括帶扣，皇家禮儀文物是展現統治者合法性的服飾和配件。這個帶扣用烏銀技術生產，很可能是由峇峇娘惹或中國銀匠用從東南亞大陸區進口的白銀製成。帶扣也可以鑲嵌寶石和銘刻文字。

西元 19 世紀
馬來西亞彭亨關丹
銀
高 10 公分，寬 17.6 公分
畢翠斯‧薩托（Beatrice Satow）
捐贈
As 1963,01.12

圖四　容器與蓋子

像這樣的葫蘆形容器在東南亞很受歡迎，而且有馬來銀和緬甸漆等各種不同媒材做成。底座刻寫「恩古巴沙爾（Engku Basar）擁有這個銀拉魯（lalu）」，這個容器可能曾被廖內—林加蘇丹國（Riau-Lingga，1824–1911年）的貴族成員收藏，這個馬來蘇丹國控制了蘇門答臘島上的一塊飛地和南海的眾多島嶼。

西元 19 世紀
馬來西亞或廖內—林加
銀
直徑 19.5 公分，高 20.6 公分
布倫達‧塞利格曼（Brenda Seligman）捐贈
As 1951,03.1.a–b

4｜5 珠寶

　　玻璃珠和石珠在東南亞從古代到 20 世紀中期都被人當作陪葬品。裝飾品在各個社會繼續扮演儲存財富的角色，以及發揮個人美化的作用（圖二、五），但它們也是儀式用品、護身物，以及顯示社群內身分地位的指標（圖一）。在透過個人展示來理解社會交流時，應該把珠寶連同其他自我裝飾元素一起觀看，例如紋身、銼牙、纏頭、服裝和儀式武器。裝飾品可以揭露年齡、性別和婚姻狀況（圖四），舉例來說，珠寶首飾是結婚儀式時的交換物品之一。有些設計元素跨越多個文化，無遠弗屆，例如螺旋紋（圖三）。

　　珠寶通常受到奢侈法的控制。緬甸國王巴基道（Bagyidaw，1819-46 年在位）公布了他的女兒在穿耳成年禮上可以使用的物品清單，其中包括金鞋。歐洲人對東南亞地區的財富印象深刻，經常鉅細靡遺地描述。弗朗索瓦・范・博克霍爾茨（Francois van Boeckholtz）寫道，爪哇王子們「食指戴著一枚金戒指，其他手指都戴著鑽石戒指」。

圖一　手環（geland sarung）

卡羅巴塔克人（Karo Batak）是穆斯林，托巴巴塔克人（Toba Batak）是基督教徒，但這兩個蘇門答臘族群都曾用這種手環裝飾自己。現在，卡羅巴塔克男人在儀式上戴著它們來顯示身分，例如和父親葬禮有關的儀式，最近還多了婚禮，也把手環當作防止噩夢的護身符。這些手環由 3 個滑動金屬管組成，上面裝飾有顆粒（珠子）和幾何圖案的絞合線，這種風格也可以在米南加保及蘇門答臘島亞齊蘇丹國和日里蘇丹國（Deli sultanates）的穆斯林貴族的珠寶上看到。

西元 19 世紀晚期至 20 世紀初期
印尼蘇門答臘島卡羅巴塔克人
金屬、金、銀
直徑（最寬處）17 公分
As 1988,28.1

圖二　那伽造形戒指

緬甸一直是寶石的主要產地，特別是紅寶石和藍寶石，這些寶石仍在少數民族居住的山區開採。紅寶石與皇室有關，使用上受到法律的管制。

西元 19 世紀初期
緬甸
金、紅寶石、琺瑯
直徑 3.1 公分
A・W・法蘭克斯遺贈
Af.2373

圖三 耳飾（padung-padung）

已婚的卡羅巴塔克婦女將這些由3根管子組成的耳環固定在頭飾上，幫忙支撐金屬的重量，金屬至多可重達1公斤。年代較早的耳飾是實心的，而且不能從耳朵取下。今天，如果還有的話，這種耳環大多是在節日佩戴。螺旋是東南亞的古老圖案，通常會在頭的一側螺旋朝前，另一側螺旋朝後。

西元 19 世紀
印尼蘇答臘島卡羅巴塔克人
金屬
高 12 公分，寬 8.3 公分
S·R·羅賓遜（S. R. Robinson）
捐贈
As 1895,0902.46–47

圖四 項鍊（kalung）

在蘇門答臘中部米南加保穆斯林的母系社會中，已婚婦女佩戴工藝極為精細且多樣化的項鍊。財富由母親傳給女兒，而珠寶是很重要的財富。 銀珠或金珠和紅色石頭（如珊瑚或紅玉髓）交替是典型的米南加保排列方式。這些紅色石頭可能是由商人和學者從葉門進口而來，他們被稱為哈德拉米（Hadhrami），以他們來自的哈德拉毛（Hadramaut）地區命名，他們定居在東南亞島嶼區，經商有成。

西元 1920 年代至 1930 年代
印尼蘇門答臘島
紅玉髓、銀
長 65.1 公分
2016,3065.1

圖五 錢幣項鍊

印度盧比銀幣被用來做項鍊和縫在衣服上，這是許多東南亞大陸區社會儲存和展示財富的一種方式，例如欽族和克欽族，特別是有英國人在的地方。這裡的硬幣為四分之一盧比，每枚重 2.92公克，純銀含量 91.7%。

西元 20 世紀初期
緬甸欽族
金屬、羊毛
長 77.5 公分
D·海尼夫（D. Hay-Neave）捐贈
As 1948,07.21

4｜6 馬來短劍

馬來短劍象徵高雅、精神力量與性的力量，而且被認為擁有神奇的能力，過去曾被東南亞島嶼區許多地方的男女當武器與裝飾品配戴（圖三）。使用上可能會受到奢侈法的控制。舉例來說，在馬來諸王國，唯有蘇丹賜予的馬來短劍才能有金柄。自從殖民時代禁止攜帶武器，減少了它在當代社會的實用性後，馬來短劍的重要性已衰退，熟練的工匠如今寥寥可數。在諸如爪哇之類的地方，馬來短劍仍然是正式服裝的一部分，也是文化生活不可或缺的元素，但在其他地方主要只剩象徵意義。

馬來短劍由三個部分組成：劍刃、劍柄和劍鞘，但判斷標準是劍刃的形狀和帕莫花紋（pamor），也就是由數十乃至數百摺的鐵鎳化合物組成的金屬合金紋路，使短劍呈現出著名的波紋外觀（圖一）。狹窄、不對稱的雙劍刃，長度介於 15 至 50 公分不等。年代較老的短劍有直的劍刃，但最終彎曲型的馬來短劍成為主流，而且彎折的數量總是為奇數。劍刃生產要遵守複雜儀式，不過儀式也會根據使用馬來短劍的不同文化而有所不同。

人們認為馬來短劍的精神氣質和本質一定要和它的主人相容，否則會招致不幸。作為護身符，它們被認為可以抵禦火災和敵人，還能帶來好運（圖二、四）。它們是傳家之寶、皇家禮儀文物，可作為禮儀、宮廷服飾以及儀式性饋贈的物品，而且被視為祖先的神靈。有些馬來短劍被貴族授予名字和頭銜，戰士揮舞傳奇馬來短劍的故事也為人傳唱。馬來短劍的圖像被當作印章蓋在馬來手稿上，在更晚近的年代，它們也出現在島嶼區一些地方的旗幟、徽章、硬幣和標誌上。

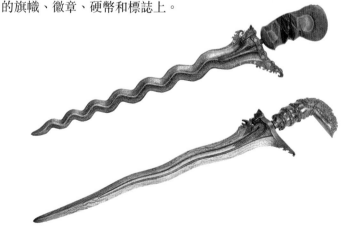

圖一　馬來短劍

一把馬來短劍的所有構成要素都有象徵性的聯想，特別是男性氣概和權力，舉例來說，一把馬來短劍可以代表一個無法參加婚禮的男人出席他的婚禮。雖然劍刃被認為是力量的源泉，但透露馬來短劍產地的元素卻是劍柄。由於很多種樹木被認為具有神奇的力量，劍柄經常使用特定的木材來製作。圖中木劍柄的幾何形狀被稱為「塞查雷杜」（cecak redut）風格，峇里島士兵配戴這種風格的馬來短劍直到 20 世紀。

西元 19 世紀
印尼峇里島
鐵、金、木
長 53.1 公分，寬 10.5 公分
As 1926,0607.1.a–b

圖二　馬來短劍

神話的那伽蛇令人聯想到地下世界和水，同時在東南亞也標誌著人生各階段的事件與場所。馬來短劍被認為代表一條蛇，在這把馬來短劍上，沿著劍刃呈現的那伽強化了這個想法。那伽和武器之間的關聯也可以在大砲和槍支上看到（參見 117 頁）。這把短劍據信是婆羅洲薩里巴斯蘇丹（Sultan of Saribas）送給收藏家卡爾·博克（Carl Bock）的禮物，它的劍鞘非常簡單（圖中未呈現），這暗示劍鞘已經更換過，又或者它據稱的來源不正確。

西元 18 世紀至 19 世紀中期
婆羅洲薩里巴斯馬來人製造
鋼、黃金、銅、鑽石或水晶、木材
長 36.5 公分，寬 6.5 公分
As,Bk.88.a

圖三　馬來短劍和劍鞘

大而厚重的劍刃是布吉人馬來短劍的典型特徵，劍鞘的形狀也是標準的，即擴口的劍鞘末端和劍鞘口周圍的船形裝飾。馬來短劍通常有傾斜的劍柄，確保刺擊時能握牢。這把短劍的圖案是花卉紋，而不是人物，符合穆斯林布吉人的信仰。

西元 18–19 世紀
印尼蘇拉威西島布吉人
鋼、象牙、金、銀、木材、鑽石
長 39 公分，寬 7 公分；劍鞘長 44 公分，寬 17 公分
As 1972,Q.982.a–b

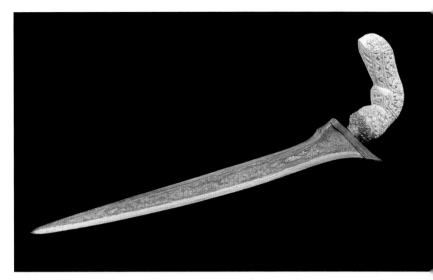

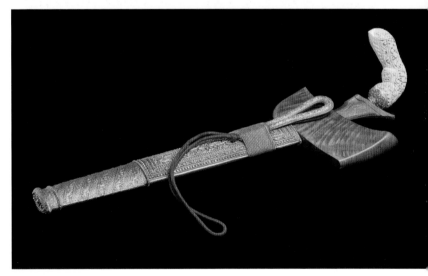

圖四　馬來短劍

馬來短劍不同部位之間的關係是有意義的，劍鞘和劍刃代表安拉（Allah）和祂在爪哇及馬都拉島（Madura）的創造物為一體。這把馬來短劍的劍柄做成保護惡魔的樣子，但許多劍柄的靈感來自對東南亞文化生活產生重大影響的文學史詩《摩訶婆羅多》和《羅摩衍那》的角色。

西元 18 世紀晚期至 19 世紀初期
印尼馬都拉島
鐵、象牙、金
長 55.6 公分，寬 9.6 公分
約翰・亨德森（John Henderson）遺贈
As 1878,1230.910.a–b

4│7 峇里島皇宮和寺廟雕塑

大多數峇里島人信奉一種獨特的印度教，將崇拜印度教神祇和紀念祖先與多種曆法系統等元素結合。面向峇里島最重要的阿貢山（Gunung Agung，一座象徵宇宙中心的火山）和海洋的空間定位，決定了生活的許多面向，包括寺廟、宮殿和房屋的格局安排，以及祭品的布置。靠近阿貢山的地方是最神聖的，門戶則要面向大海，因為門戶是過渡空間（transitional spaces），可能同時讓正面的和有害的東西進入。

宮殿是藝術生產的主要中心。通往寺廟、神龕和宮殿的門雕刻著細節繁複的高浮雕細節，還有統治者僱用的藝術家在上面繪畫和鍍金（圖一）。不同的裝飾元素被排列在峇里島門戶的磚頭、石材和木材元素的特定位置上。角落通常展示某種動物或鳥頭，但多數圖案都是花卉紋和植物紋，其中很多是以蓮花捲鬚為基礎，另有一些圖案展現中國或歐洲的影響，並顯示來自進口印度奢侈織物上改編而來的圖案。

雕塑在寺廟和民宅內被當支柱、建築裝飾，或擺放馬來短劍的基座。宗教塑像（arca lingga）作為神祇的暫時居所，是由受過祭司祝聖的藝術家所製作（圖二、三）。為了讓它們能夠立即被識別，塑像擁有遵循類似管理面具與皮影戲偶規則的標準化特徵。藝術家不會得到報酬，但會收到一些儀式禮物，包括中國的方孔錢和織物。

圖一　宮殿大門及局部細節

寺廟和宮殿的牆壁雖然是磚砌的，但框架和門扇卻是木材的。門上有精心雕琢的高浮雕，細節包括花卉紋、菱形和標誌著過渡的惡魔獸面。細節以金箔強調，和主人的身分相稱。紅色顏料是從中國進口的硃砂。由於峇里島的建築物通常由一系列各自獨立的院落組成，因此這樣的門也可能是建築內部的特徵。

西元 19 世紀初期
印尼峇里島
菠蘿蜜樹的木材、金屬、黃金
高 253.7 公分，寬 179.3 公分
1880.2486.1–15

毗濕奴神化身為羅摩王子，騎著他的坐騎（強大的神話生物嘉魯達鳥〔Garuda〕），嘉魯達則用爪子抓著他的敵人（那伽蛇）。這樣的雕像是用可以雕琢複雜細節的直紋軟木製成。

西元 19 世紀至 20 世紀初期
印尼峇里島
木材、顏料
高 99.7 公分，寬 50 公分
As 1970,20.1

圖二 濕婆神

濕婆神是峇里島最重要的印度教神祇，圖中祂的雕像裝飾非常豐富。每個神都等同於特定的顏色、數字及方位。濕婆神是白色、數字八（代表八方位）和中心，誠如據信祂住在世界中心阿貢山的事實所示。

西元 19 世紀初期
印尼峇裡島
柚木、黃金、顏料
高 107.5 公分，寬 33 公分
皇家植物園（邱園）捐贈
As.3438

4│8 托拉查建築

東山銅鼓大約在西元前 500 年至前 300 年在越南北部製造，展示蓋在樁基之上的馬鞍形屋頂建築圖像，這種建築形式在東南亞仍然很流行。家屋不僅是抵禦環境力量的庇護所，還可以被視為一個氏族的起源屋，提高氏族在社會裡的層級和地位。蘇拉威西島托拉查社會的情況就是如此。裝飾精美的家屋和穀倉專屬於托拉查等級制度裡的貴族，其雕刻圖像涉及特定的財富形式（圖二）。

托拉查人將氏族的祖傳家屋（東閣南〔tongkonan〕）和一個或多個穀倉配對。家屋被認為是私領域，穀倉則有儲藏室的功能和公共用途，下方的空間用作接待客人和社交的地方，以及用來從事一些更為正式的安排，像是解決爭端或商量婚事（圖三）。穀倉下方的空間也是織布和編籃等日常工作的地方。房屋朝北，北邊是神的方向，而穀倉朝南，面向祖先的方向。穀倉也是一個儀式空間，在一些托拉查社區，已故的家庭成員在葬禮期間會暫時被安置在那裡。氏族的祖傳家家屋也會舉行儀式，屏風將用來舉辦有關生死的各種儀式的區域隔開（圖一）。

今天，許多東南亞建築傳統因為殖民時期的快速社會經濟變革而被淘汰，多數人如今選擇更現代化的房屋。作為財富和地位的標誌，有些托拉查人仍然保留傳統的氏族家屋和穀倉，或用波狀鐵皮等現代材料建造新的房屋和穀倉。流行也發揮作用，在1990 年代，建造超大的房屋蔚然成風。

圖一　神聖家屋屏風（ampang bilik）

作為氏族禮儀生活的中心，托拉查家屋的設計是以縮影的方式複製宇宙。屏風將室內空間隔成具有宇宙觀意義的單元，每個單元都有符合先人之道（aluk to dolo）的指定功能。這個屏風將房屋的南半部與北半部分開。因為北方是吉祥的，所以房子的北半部是招待客人、飲食和有關生活的儀式的專屬空間。

西元 20 世紀初期
印尼蘇拉威西島蘭特包（Rantepao）薩達托拉查人（Sa' dan Toraja people）
木材
高 159.5 公分，寬 184 公分
As 1992,07.1

圖二　帶有水牛雕刻圖案的門

除了家族的頭銜和氏族家屋之外，托拉查人還以水牛的數量來衡量財富。水牛是用於儀式，而不是勞動，獻祭用的水牛角掛在氏族家屋裡，展示財富、地位和力量。房屋、穀倉和岩石崖墓也有水牛雕刻的門，建築的立面也有水牛雕刻和彩繪。

西元 20 世紀初期至中期
印尼蘇拉威西島馬馬薩（Mamasa）薩達托拉查人
木材
高 106.7 公分，寬 47.8 公分
As 1987,01.24

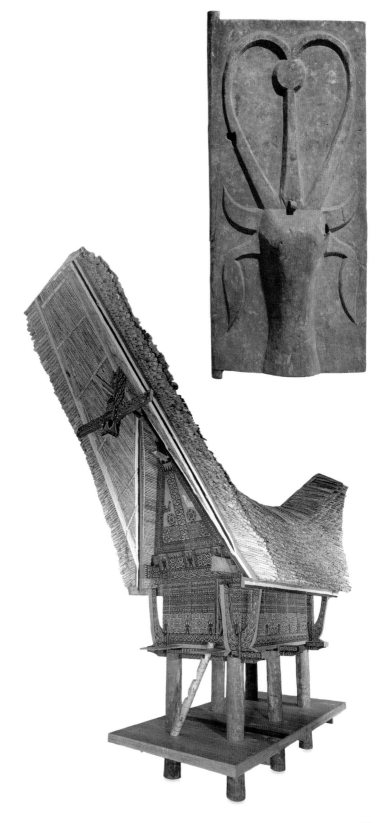

圖三　米倉（alang）

1987 年，大英博物館邀請一群托拉查人為倫敦的展覽建造穀倉。他們花了幾個月的時間，使用傳統技術和從蘇拉威西島進口的材料建造。從精美的圖像可以看出，這個穀倉的主人會是富裕的達官貴人家。在奢侈法的約束下，這些特徵將與親族的祖傳家屋（東閣南）密切相關，而且兩者的設計可以互換使用。在米倉內，供奉神明和祖先的乾米捆，以及供人類食用的米，根據所屬對象放置在特定的四大方位。

西元 1987 年
由托拉查工匠製作，英國倫敦大英博物館人類分館（Museum of Mankind）
木、竹
高 800 公分，寬 300 公分，長 1100 公分（大略的尺寸）
As 1987,01.94

圖一　靈龕

泰國至遲從 1500 年代起開始建造袖珍寺廟。早期的用途仍不明，但晚近時期，它們扮演地方神靈的聖壇。這些神龕由赤陶、木材、石頭、漆或水泥之類更現代的材料製成，通常安裝在小平臺上，然後放在住家和商業區某個吉利的位置，以及摩天大樓的頂部。供奉香、花、水、絲帶、彩帶和飲食，以求神靈開心，避免厄運。

圖二　布盧爾像

伊富高人按照複雜的製作儀式雕刻成對的「布盧爾」（bulul）米神像，製作過程可以到六週以上。透過浸泡獻祭的豬血活化後，人們相信神像會保護稻穀糧倉並使稻米生長。這些雕像由家中長子繼承。

西元 20 世紀初期
菲律賓呂宋島伊富高人
木材、寶螺殼
高 41 公分，寬 16 公分
As 1974,20.1

靈和祖先

所有東南亞社會都曾經相信靈、超自然生物或祖先住在他們周遭的自然世界（今天稱為萬物有靈論的信仰體系），而且多數社會至今仍相信萬物有靈。靈可能與景觀的自然特徵有關。舉例來說，泰國的「秕」（phii）靈和緬甸的「納」靈佔據諸如房屋或田野等特定地點、動物，以及石頭、樹木和水體之類的自然特徵。對婆羅洲的一些族群而言，天上世界以鳥類為符號，地下世界則是充滿水，和鱷魚、魚及神話中的蛇（那伽或龍）有關。人們認為死者仍與生者為伍，或是轉世為他們的後代，這種想法把人們和他們的祖先連在一起。

慘死或忽視可能導致逝者做出有害的行為，如果處理不當，靈和其他超自然生物是危險的。他們也被認為會影響當前和未來活動的成功或失敗。然而，靈和祖先也可以為生者帶來保護、財富和繁衍的祝福，因此人們投注相當大的心力去安撫或緬懷他們（圖一），例如根據觀察周遭環境得出的特定規則過生活，布置物質世界取悅靈，或是從提供香、水、食物等供品，到獻祭牲口或人類。在某些民族之間，獵頭曾經是取悅或紀念祖先和靈的一部分。

諸如馬來博陌（bomoh）和緬甸納加杜（nat kadaw）等薩滿的角色，是充當靈和人界之間的媒介。薩滿信仰一直是傳統的治病手段，薩滿也為這些治病方法製作了儀式物品。雖然人們現在使用現代醫學治療許多疾病，傳統的治療法和薩滿信仰還是被廣泛實踐，包括在都市的環境，不過在都市裡，為了回應新的生活方式做出調整。

在整個東南亞地區，以雕塑和建築形式或透過供品、筵席、獻祭、音樂、口述歷史、恍惚狀態（trance）和表演來表達的藝術，被認為能夠以符合自然法則的方式和看不見的世界建立聯繫，確保和諧。有些靈是看不見的本體，有名字的靈則透過藝術表現出來，好讓他們容易被人辨識（圖三）。在緬甸，有名字的「納」靈和王國、特定地區和皇族有關，而且每個「納」都有自己的形象（圖五）。有些族群保留祖先的雕像，而這個舉動有時和薩滿信仰有關。儘管祖先的雕像五花八門，最常見的是坐姿或蹲姿的雕像，往往男女成對（圖二）。通常這些人像被雕刻成裸體的，穿戴著珠寶，但他們會被人用織布包裹或被穿上衣服，放在一個專門的地方，例如家裡或神龕。守護者雕像通常很大，是用來保護特定的地點或過渡的地方，像是門口或十字路口（圖四）。

圖三　戴維絲莉

戴維絲莉（Dewi Sri）是和稻米
與生育有關的女神，在以穆斯林
為主的爪哇島和印度教峇里島仍
然受到崇拜。圖中祂的雕像有陶
製的頭、木製的手腳和塗金的紙
裝飾。身體由中國方孔錢製成，
這些硬幣在峇里島通常用於儀式
目的。這個雕像應該會懸掛在寺
廟的涼亭。

西元 1950 年代
印尼峇里島
金屬、陶器、紙張、木材、纖維
高 45 公分，寬 10 公分
愛拉・坎貝爾（Eila Campbell）
捐贈
As 1994,20.3

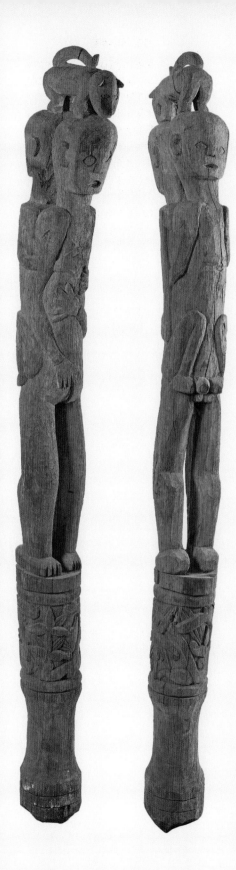

圖四　漢巴東

漢巴東（Hampatong）是生活在婆羅洲的許多族群使用的祖先和守護者雕像。它們被放置在長屋、酋長的住所，以及獵頭與喪葬的聖地前，還有墓地等被認為有惡靈的地方。不同社群的漢巴東像風格殊異，但通常沒有著色。這個雕像頭上的動物應該會被認為增強了它的效力。人們在漢巴東旁邊放置供品安撫靈。

西元 19 世紀晚期至 20 世紀中期
婆羅洲加里曼丹（Kalimantan）
木材
高 198 公分，寬 15 公分
As 1984,24.10

圖五　覺竟（Kyaw Shein）、吳敏覺和僕人阿婆奴

吳敏覺修（U Min Kyaw Zaw）是緬甸 37 個納靈之一，他和國王有關，死於暴力。誠如他四周的圖像所示，他的標誌是酒、鬥雞和騎馬。「納」信仰和佛教之間存在著連結：因此背景的遠處畫了佛教寺廟。吳敏覺修僕人的大腿、手臂和胸部都有重複圖案、魔法陣、佛教護身圖文，以及猛獸的傳統紋身。

西元 1979 年設計，繪於 1990 年代初
緬甸
玻璃、顏料、金屬箔、油墨
高 50 公分，寬 39.6 公分
拉爾夫和露絲・艾薩克斯捐贈
1996,0507,0.6

4｜9 葬儀

東南亞的規模和多樣性代表葬禮習俗豐富又多變化，有佛教徒和印度教徒的火葬，也有基督徒、穆斯林及一些原住民族的土葬。島嶼區有些族群還會對死者進行二次處理。這樣的處理包含在分解後撿骨，做一些相關儀式，然後把部分或全部骨頭放在另一個不同的容器，例如陶罈或木箱，重新安葬（圖二）。穆斯林規定要在 24 小時內下葬，而在從事死者二次葬的社會，死亡和撿骨間隔的時間可能長達數月或數年。葬禮對一些島嶼社區是重大的活動，可能需要好幾年時間計劃，而且會佔用一個社區數天或數週的時間，就像蘇拉威西島的托拉查人。和死亡相關的儀式伴隨著誦念、唱歌和舞蹈，有時還戴著面具，像是蘇門答臘島的巴塔克人（圖一）。葬禮重申生者和死者的社會地位，並提供物質及社會交流的機會。

喪葬傳統有豐富的物質文化。除了祭祀柱和祖先雕塑、裹屍布、棺材和其他埋葬容器，人們還製作供活著的參與者使用的特定服裝和布料，以及為客人建造的臨時房屋。人們供奉物品給死者，或將物品和死者一起火化或埋葬，以陪伴他們進入來世，也有維持和提高他們地位的用途。在松巴島（Sumba），貴族成員下葬時會披上禮儀斗篷，表明他們在兩個世界的崇高地位（圖三），而在托拉查文化裡，社會地位高的人士會被做成擬真像（圖四）。墓地有時受到祖先雕像的保護（參見 157 頁）。這些傳統幫助死者從塵世過渡到來世，並確保死者看顧生者。

圖一　面具

巴塔克舞者過去在二次葬禮陪伴社會地位高的死者時會戴哀悼面具來代表祖先。透過這種儀式，祖先們得到保障，後代將持續在儀式筵席上為他們提供食物，而他們也被認為會確保氏族未來的繁榮。有時，這些面具被留在墳墓旁，可能是指被犧牲以便在祖先世界為死者服務的奴隸。

西元 19 世紀初期至中期
印尼蘇門答臘島
木、銅、頭髮
高 30 公分，寬 25 公分
S・R・羅賓遜捐贈
As 1895,0902.13

圖二　罈

這些大罈子產自東南亞和中國，在婆羅洲是備受珍視的容器。它們也被當作棺材，像是把罐子切成兩半置入屍體，還有死者的二次處理，二次處理是當死者的骨頭被取回、清理，然後有些骨頭被放進罈子裡，尤其是頭骨。因為罈子很珍貴，它們也有貨幣的功能，還被當結婚禮金進行交換。它們至今仍被當作傳家寶保存。有些人認為非常古老的罈子被強大的靈賦予生命。

西元 18–19 世紀
可能是中國
上釉炻器
直徑 37 公分，高 79.3 公分
As 1900,0616.1.a–j

圖三　腰肩布

松巴男子的全套禮服包括一塊纏繞腰肩作為斗篷的印奇布（hinggi）。 這些布採用經紗伊卡法編織，即在編織前將圖案染進經紗裡，是女方家庭在議婚期間禮物交換的一部分。傳統上，男人下葬時會用印奇布包裹，地位高的人可能會裹上幾十塊布。

西元 19 世紀
印尼松巴島
棉
長 226 公分，寬 119 公分
As 1949,09.1

圖四　陪葬人偶

頭頭人偶（Tau-tau）是由菠蘿蜜舊木製成的重要人士擬真像。它們被稱為「可見的靈魂」，在漫長的葬禮期間和屍體擺在一起，並伴隨屍體從家屋到糧倉，最終被帶到附近的石灰岩懸崖埋葬。數萬年來，洞穴和懸崖石窟在東南亞一直是放置死者的地方。

西元 20 世紀中期
印尼蘇拉威西島托拉查人
菠蘿蜜木、織物、種子、骨頭、竹子
高 117.5 公分，寬 35 公分
As 1987,01.88.a-l

4 | 10 靈紙

　　為了紀念和幫助已故的祖先，東南亞華裔會在每年清明節掃墓和家人逝世紀念日焚燒靈紙。人們相信已故的家庭成員會在來世使用這些祭品。這種儀式透過延續家族祖先香火，確保生者吉祥如意萬事興，履行了孝道。據信，疏於敬拜祖先會導致祂們變成復仇心重、危險的餓鬼。

　　這些供品由紙製成，包括特製的錢（圖四）、信用卡、護照、旅行票券和日常用品，如衣服、電視（圖三）、汽車和摩托車（圖一）、風扇、寵物（圖二）、烹飪設備、珠寶、電子產品、家具和家居飾品、高檔食品和飲料，以及房屋。名牌和高端商品的複製品特別受歡迎。這些商品是在東南亞的當地作坊製造，但近年來從中國進口的價格更便宜。

圖一　摩托車

隨著東南亞生活水準在 20 世紀中後期提高，人們用摩托車取代腳踏車的紙紮，而今日摩托車的紙紮仍然盛行。

西元 1980 年代中期
馬來西亞檳城
紙、塑膠
高 107.1 公分，寬 175 公分
As 1989,04.4

圖二　狗

狗在東南亞都會區的許多地方是很受歡迎的寵物。焚燒像圖中這樣的複製品將確保死者在來世有一個動物同伴。

西元 1980 年代中期
泰國曼谷
紙
高 34 公分，長 62 公分
As 1989,04.4

圖三　電視

電視曾經是地位的重要象徵。這是當時最豪華的型號，而且做出完整的細節。

西元 2000–2001 年
新加坡
紙板
高 35.5 公分，寬 39.5 公分
As 2002,07.49.a

圖四　鈔票（「冥錢」）

這張面額 10 億元的鈔票印得像法定貨幣，一旦焚化掉，祖先就會拿到。文字註明了價值、冥通銀行，還有這是地府通用的紙幣。鈔票上的圖描繪中國的吉祥象徵，包括蝙蝠、童子和龍。後面的男童拿著一張代表好運的「福」字畫，男人則穿著傳統的中國官服。

西元 2000–2001 年
新加坡
紙、塑膠
高 12.5 公分，寬 23.8 公分
As 2002,07.34

4│11 越南的靈

越南眾多文化族群中很多族群（包括越南的瑤族〔Yao〕和葉堅族〔Giê Trieng〕）的地方傳統包含承認和崇拜自然、社區或親族的神祇和先靈（圖一）。由於中國的殖民和接觸，佛教（特別是大乘佛教的概念和實踐）、道教和儒教也蓬勃發展。例如，儒家的農業神從 11 世紀起就在越南宮廷得到重視。中國是道教和儒家思想的唯一來源，佛教則是在 3 世紀初期透過中國和印度僧侶傳入越南，6 世紀時在平民百姓間變得重要，有些概念和實踐始終盛行直至今日（圖二）。這三種宗教被稱為 tam giao，即三教，它們影響地方信仰，也與地方信仰交織（圖三）。譬如道教和地方神靈重疊並融合，君主制也和越南偉人的先靈產生連結。法國基督教傳教活動於 17 世紀展開，但基督教直到 19 世紀晚期才成為越南的重要勢力。

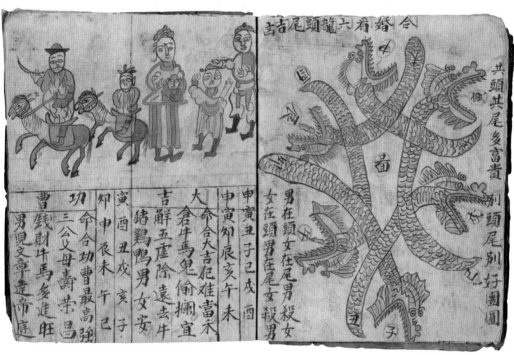

圖三　薩滿的書

書是瑤族薩滿技能一個不可或缺的部分，通常由薩滿自己製作。它們是以毛筆和墨水用漢字寫成，並以兩種或三種顏色加入插圖，提供關於特定儀式、咒語和護身圖陣的資訊。有的與道教有關，有的和道教有關；有的是醫藥書、占星術或占卜的手冊、祖先族譜、乃至歷史文獻。這裡的六蛇圖代表旋轉的那伽公式，用於確定東南亞許多地區（包括佛教和伊斯蘭教的文化）從事諸如房屋建造等工作的吉時。

西元 20 世紀中期
越南北部瑤族
桑樹樹皮紙、纖維
長 21.6 公分，寬 18 公分
潘梅拉‧A‧克羅斯（Pamela A. Cross）出資贊助
2019,3032.1

4│12 爪哇避邪物及其影響

儘管青銅避邪物從 13 世紀晚期使用至今，但在 15 至 18 世紀中期的爪哇島特別流行。它們有驅魔的作用，被放置在聖地的宗教祭品中，爪哇男人佩戴它們尋求保護、強身健體和作為愛情護身符（圖三）。主要從 20 世紀初期開始，和爪哇有密切往來的地區，包括峇里島和今天馬來西亞半島的東海岸，人們也採用了這些護身符。

這些避邪物一般佩戴在項鍊上或縫在布料上，形狀通常做得像中國的硬幣——圓形，中間有一個方孔——中國的硬幣在 19 世紀東南亞島嶼區的部分地方充當貨幣。這些中國硬幣也作為祭祀供品使用，避邪物透過複製其形狀，把財富的概念和宗教信仰結合在一起。後來來自馬來半島東岸的伊斯蘭硬幣，有些沒有中間的方孔，因為它們是根據英國的銀元鑄造。

避邪物的圖像不僅以皮影戲偶的風格展示《摩訶婆羅多》史詩的英雄（圖一），還展示了哇揚皮影戲（Wayang gedog）的角色，這是另一種戲劇形式，講述潘吉王子（Prince Panji）尋找他心愛的月光公主（Candra Kirana）的冒險經歷（圖二）。史詩文學的精神重要性和爪哇戲劇的儀式性保護功能，透過圖像轉移到避邪物上。伊斯蘭的避邪物會展示手持權杖的蓄鬍人物，他們代表先知和聖人，還會展示祈求安拉保護的《古蘭經》阿拉伯銘文、咒文或伊斯蘭信仰的證言（圖四）。

圖一　帶有《摩訶婆羅多》角色的避邪物

這個避邪物描繪《摩訶婆羅多》的強大角色（參見 190–91 頁）。一面是黑天神（Krishna）和般度族（Pandavas）五兄弟裡的阿周那（Arjuna）。另一面是加入競爭對手俱盧族（Koravas）的廣聲王子（Burisrava）和迦爾納（Karna，一個複雜的人物，體現各種倫理道德的兩難），儘管和般度族有親戚關係，但他仍為俱盧族作戰。透過將般度族和俱盧族的角色分別置於避邪物的兩面，象徵著力量的穩定，這正是許多東南亞文化所追求的平衡之道。

西元 1500–1860 年
爪哇
青銅
直徑 5.95 公分
CH.661

圖二　帶有潘吉像的避邪物

這個護身符代表婚姻和繁榮，正面是跪著的潘吉王子和月光公主，手裡拿著米筒和水罐；背面是一名婦女跪著，周圍擺滿家用物品，包括紡車和炊具。其他帶有潘吉像的避邪物呈現王子的僕人班卡和多約克（Bancak and Doyok），或王子在典禮上騎馬迎娶他的新娘（參見 190 頁）。

西元 16–18 世紀
印尼爪哇島
青銅
直徑 3.6 公分
索菲亞・萊佛士（Sophia Raffles）捐贈，史坦福・萊佛士收藏
CH.646

圖三　丑角班卡的皮影戲偶

班卡（Bancak）是潘吉故事哇揚皮影戲表演裡的丑角僕人之一。在這個圖像裡，他的脖子上戴著一條細繩串起的硬幣避邪物。

西元 1700 年代末至 1816 年
印尼中爪哇
獸皮、獸角、黃金
長 49.5 公分，寬 14.1 公分
威廉・萊佛士・弗林特（William Raffles Flint）捐贈，史坦福・萊佛士收藏
As 1859,1228.579

圖四　第納爾護身幣

在泰國南部和馬來西亞的皮影戲（參見 202–03 頁），表演以兩位神明間的儀式戰鬥揭開序幕，打鬥在一位聖人介入後結束，就是像這枚硬幣避邪物上的聖人，他恢復宇宙的和諧與平衡。在這裡，他被呈現為苦行僧，手裡拿著缽和水壺。

西元 1950 年代
馬來半島
銀
直徑 3.6 公分
威廉・巴雷特捐贈
2006,0929.7

4│13 巴塔克「達圖」的藝術

巴塔克族是六個相關民族的統稱，他們的家園在蘇門答臘島北部高地，有共同的文化、社會、宗教和藝術觀念。巴塔克族曾經刻意保持自我封閉，然而在 19 世紀中期被歐洲勢力強迫開放，到了 20 世紀初，大部分巴塔克人已經皈依基督教，文化和宗教生活也發生了巨大變遷，許多傳統因此消失。

除了雕刻精美的家屋、儀式石雕基座、墳墓和日常用品外，巴塔克人還以文學技巧聞名，他們發展出一種以古爪哇語為基礎的文字，以及一種名為「波達」（poda）的儀式語言，這種語言如今幾乎已經被淘汰。波達專屬於被稱為「達圖」（datu）的男性宗教專家，他們是諸神、靈和黑白魔法的專家，同時也扮演薩滿和醫者，並決定從事儀式的時間。魔法杖（tunggal panaluan）、藥用獸角（naga morsarang）和魔法書（pustaha，以波達語言寫成的書）是達圖為自己製作的三件必要儀式物品（圖一、二、四）。他們還開發出儀式和季節的曆書，並在水牛骨和竹子上雕刻避邪圖像和咒語，讓人佩戴得到保護（圖三）。儘管這些物品製作精美，但它們的重要性決定於對抗負面力量的靈驗性。

圖一　藥物容器和塞子

由水牛角製成帶有木塞的藥用容器作為魔法物質的儲藏用具，通常被雕刻成結合神話辛加（singa，一種強大的動物）和那伽（神話蛇）或水牛等特徵的保護生物。

西元 1800 年代初至 1860 年代
印尼蘇門答臘島
水牛角、樹皮、木材
高 44 公分，長 51 公分
阿姆斯特丹動物學會（Amsterdam Zoological Society）捐贈
As.7555.a–b

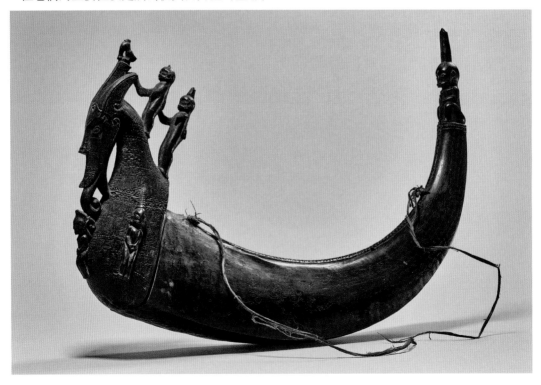

圖二 魔法書

魔法書（pustaha）以樹皮紙製成，以手風琴的方式折疊在兩塊木板之間，是達圖記錄符咒和魔法的參考用書，內容多樣，從愛情和占卜的公式到消除敵人的方法、神諭、儀式程序和魔藥配方都在範圍內。魔法書很少有歷史故事或神話的記載。它們在達圖之間流傳，他們會逐一添加新的內容和系譜紀錄。

西元 19 世紀
印尼蘇門答臘島實武牙
（Sibolga）
樹皮
高 3.8 公分，寬 9.6 公分
As 1913,1114.96

圖三 神諭或避邪物

達圖經常為尋求保護、治病，以及有關造屋、旅行或結婚等活動的建議的委託人雕刻物品。這個文物結合了以波達書寫的文本和具有儀式效果的星星及人面蜥蜴圖像。

西元 1850 年代至 1930 年
印尼蘇門答臘島
水牛骨、纖維
長（單條）13.2 至 13.6 公分，寬 1.8
至 1.9 公分
H・E・米勒（H. E. Miller）捐贈
As 1933,0307.39.a–e

圖四 魔法杖

每個達圖都會雕刻自己專屬的魔法杖。手杖有許多儀式功能，包括保護、治病、祈雨，以及擔保土地、人和牲畜的繁殖力。手杖上一層層的人物和動物雕刻是參考巴塔克族的起源神話，在儀式中，達圖拿著手杖跳舞，然後以祭祀動物的血塗抹它們。

西元 18 世紀晚期至 19 世紀中期
印尼蘇門答臘島
木材、頭髮
高 179.8 公分，寬 4.7 公分
A・W・法蘭克斯捐贈
As,+.3484

4│14 尼亞斯島

尼亞斯島是印度洋蘇門答臘島西岸最大的島嶼，位在過去的主要貿易路線上。島上遺留的物質文化，大多來自 19 世紀和 20 世紀初期，顯示島嶼在文化上分成三大區域——北部、南部和中部——而且透過氏族間的戰爭、獵頭和相關儀式，維持高度階層化的社會。

島民將祖先做成石頭和木材的雕刻，在尼亞斯社會發揮重要的保護作用。為了確保人類、土地和動物的生育能力，尼亞斯島最大的一種木雕（adu siraha salawa）代表已知最古老的祖先或傑出的村莊領袖，而且在氏族家屋獲得一個膜拜的位置，家屋可以容納數百乃至數千件這樣的物品（圖三）。這些人像被雕刻成裸體，但妝點著高頭飾和其他珠寶，藉以顯示他們的社會地位。尼亞斯島的情況和東南亞許多地方一樣，社會地位有一部分是透過奢華的盛宴和大量動物獻祭來確認的。節慶期間，人們極盡能事地打扮，穿戴頭飾、項鍊、腳鍊、手鐲和耳環，其中很多都是用黃金製成，同時也展示他們的戰服（圖一、四）。男女都可佩戴由各種金屬製成的項圈（nifatali-tali），但由黃金、水牛角或椰殼小圓碟製成的「卡拉布布」（kalabubu）項圈，顯示佩戴者是成功的獵頭人（圖二）。

圖一　劍（telögu）和鞘

獵頭成功的尼亞斯戰士劍柄會做成一種名為拉薩拉（lasara）的神話複合獸形狀，拉薩拉是所有具備強大力量的物品的裝飾。戰士還會各自在劍鞘裝一些親手收集的護身符，以求在戰役和襲時受到保護，護身符包括小型的祖先木雕像、犀鳥和天然物品的塑像。

西元 19 世紀早期至中期
印尼尼亞斯島
金屬、木材、黃銅、藤
長 68.7 公分，寬 7.5 公分；劍鞘
長 53.9 公分，寬 9.3 公分
阿姆斯特丹動物學會捐贈
As.7569.a–b

圖二　項圈

水牛角圓碟包裹黃銅芯，朝兩端逐漸變細，形成了這個「卡拉布布」項圈。這種項鍊代表勇敢，僅限參加過成功獵頭突襲的貴族配戴。

西元 19 世紀早期至中期
印尼尼亞斯島
水牛角，金屬，黃銅
直徑 23.5 公分
阿姆斯特丹動物學會捐贈
As.7571

圖三　祖先像

這尊祖先雕像（adu sihara sa-lawa）展示和北尼亞斯祖先像有關的特徵，包括坐姿、胸前舉著的杯子，以及成功的貴族獵頭者的頭飾和飾品。雕像經由臨終者的最後一口氣活化後，被放置在家屋正室的右牆上，接受祭品供奉。

西元 1700 年代末至 1820 年代初
印尼尼亞斯島北部
木材
高 70.1 公分，寬 11.9 公分
威廉・萊佛士・弗林特捐贈，史坦福・萊佛士收藏
As 1859,1228.168

圖四　盾牌

除了在戰鬥中用來防護身體，盾牌也是儀禮衣著的一部分。尼亞斯盾牌由單一木頭製成，形狀像一片帶有支撐肋骨的葉子，它有長長的延伸部分，尾端用鐵包覆，好讓它們可以靜置在地上。中央的圓形裝飾覆蓋手抓盾牌的地方，在作戰中提供額外的保護。

西元 19 世紀中期
印尼尼亞斯島
木材、鐵
高 121 公分，寬 25 公分
阿姆斯特丹動物學會捐贈
As.7568

4｜15 馬魯古群島東南部

　　印尼東部的馬魯古群島（摩鹿加群島）以丁香、肉荳蔻、肉荳蔻皮等香料聞名，這些香料曾經只生長在馬魯古群島。群島的人民有共同的文化特徵，這是地方性戰爭、掠奪奴隸和水資源短缺導致人口經常移動的結果。過去來自諸多馬魯古群島東南部島嶼的藝術品細膩精美，令 19 世紀的殖民訪客印象深刻，並在 20 世紀初期成為收藏家渴望的藏品。在基督教傳教士改變（有時是強行改變）當地人的信仰後，這些物品很多就不再生產了；而且隨著社會在殖民時有所變化，這類儀式文物變得不那麼有意義。

　　藝術形式和生育能力、祖先和社會地位密切相關，從人物雕塑和浮雕到織物、鼓（圖二）和珠寶（圖三）都有，珠寶又以金飾為主。立體的蹲坐雕像曾經被認為是祖先靈魂的居所，在家庭成員去世後，祖靈透過儀式被安置在雕塑裡（圖四）。船是社會的隱喻，社區被看作船上的船員。這和東南亞許多地區常見的神話起源故事有關，這些故事講述優秀外來者男性的到來，通常是乘船而來並和當地女性結婚。船隻在馬魯古群島也扮演實際的作用。用於締結或延續社區聯盟、貿易和戰爭的旅程，儀式用的舷外浮杆獨木舟是用一根原木挖空製成，並以精緻的船頭板作裝飾，船頭板帶有螺旋紋和代表守護者和祖靈的動物圖案（圖一）。

圖一　船頭板（kora）

在馬魯古群島，和許多島嶼區一樣，船隻除了作為交通工具，還具有儀式和社會意義。用來參加重要活動的船隻裝飾著船頭板，船頭板上有鏤空螺旋，底部通常有動物，一般是公雞、蛇、狗或魚，這是氏族或村莊的象徵，也是偽裝的祖先。這裡看到的狗象徵成為成功獵頭者必要的勇敢和好勝。

約西元 1850 至 1870 年代
印尼馬魯古塔寧巴群島（Tanim-bar Islands）里塔貝爾（Ritabel）
木材、頭髮、寶螺殼、藤
高 111 公分，寬 10.3 公分
A・W・法蘭克斯捐贈，亨利・福布斯收藏
As,+.1876

圖二　鼓

在馬魯古群島東南部的部分地區，人們在確保新年豐收的慶祝活動舞蹈中演奏大型立鼓。1880 年代，在里塔貝爾社區裡住了幾個月並收藏這面鼓的植物學家亨利・福布斯，描述戰爭時期人們在鼓聲的伴奏下載歌載舞，守衛村莊。

西元 19 世紀中期
印尼馬魯古塔寧巴群島里塔貝爾
木材、藤條、蜥蜴皮
直徑 15 公分，高 43.2 公分
英國皇家學會捐贈，亨利・福布斯收藏
As,HOF.36

圖三　梳子（suar silai）

在 20 世紀初期，這種雕刻的象牙和木頭髮梳專供社群裡的長者使用。早期紀錄顯示，曾經只有戰士、酋長和在各種競賽取得成功的人會佩戴它們，作為使敵人欽佩和恫嚇敵人的整體裝飾一部分。梳子平插進頭髮裡，梳柄向後指，並有一縷羽毛由梳柄延伸。這把梳子由單一塊木頭雕刻而成，鑲嵌著骨頭，也使用和船頭相關的設計和符號。

西元 19 世紀
印尼馬魯古塔寧巴群島里塔貝爾
木材、骨頭
高 13.3 公分，寬 23.5 公分
英國皇家學會捐贈，亨利．福布斯收藏
As,HOF.1

圖四　祖先雕像

馬魯古群島東南部的祖先雕像坐在椅子或凳子上，顯示他們的地位崇高，他們的手臂放在膝蓋上，前面偶爾會有一個碗，象徵收集獻給神靈的供品。雕像以珠寶做裝飾，通常有修長、逐漸變細的軀幹、顯眼的鼻子和以貝殼鑲嵌的五官。當某個家庭成員過世時，雕刻人像將透過儀式被活化，然後和其他祖先像一起放到家屋的頂層。

西元 19 世紀晚期至 20 世紀初期
印尼馬魯古省勒蒂島（Leti）
木材
高 50.5 公分，寬 10 公分
衛康醫學史研究所（Wellcome Institute for the History of Medicine）捐贈
As 1954,07.182

圖一　水壺

在島嶼世界的很多地方都發現了有中國元素（例如龍）的水壺。它們在汶萊製造，被當地宮廷和沿海的馬來人使用，內陸社會則在儀式上使用它們，當貨幣般交易，並把它們當作備用的財富。

西元 19 世紀晚期
婆羅洲砂拉越
青銅
高 29.6 公分，寬 38.5 公分
As 1908,0625.61.a–b

圖二　薩滿的盒子（lupong manang）

伊班族薩滿把他們的裝備存放在由樹皮、藤編、竹子和木頭製成的盒裡。這些是能量強大的物品。薩滿在把它們納入自己的財產時會做一種儀式，而它們被當作傳家寶代代相傳。有時，它們會以用來治療疾病的人偶裝飾，往往是一對男女。通常，當人偶不再匹配時，譬如其中一個壞掉了，就會直接替換新的一對。

西元 19 世紀中後期
婆羅洲伊班族
樹皮、木材、藤條
高 30.2 公分，寬 20 公分
As 1906,0529.1.a–b

婆羅洲

　　婆羅洲是世界第三大島嶼，是許多文化族群的家園，包括馬來人、華人和通常統稱為達雅人（Dayak）的民族，有些達雅族生活在沿海地區，有些則生活在內陸雨林。數千年來，這些社群一直從事金屬製品、陶器、奢侈品和林產的貿易，如芳香木、鶴頂紅（hornbill ivory）、燕窩、橡膠、蜂蠟和樟腦（圖一）。中國商品在 14 世紀傳到內陸社區，在那裡，這些物品被視為傳家寶珍藏，並在既有的重要傳統中使用。

　　考古證據指出婆羅洲在約四萬年前首次有人居住，但隨後接受了來自東南亞島嶼區不同地方的好幾波移民潮。在過去的 2000 年裡，有些沿海地區見證印度教—佛教政體的崛起，但多數思想透過爪哇和三佛齊傳入，不是直接來自印度（參見 61 頁），而滿者伯夷帝國（約 1293-1527 年）將控制範圍擴大到婆羅洲南部的部分地區。當麻六甲成為主要轉口港且在 1430 年代改宗，沿海政體在 15 世紀、16 世紀和 17 世紀開始皈依伊斯蘭教。汶萊在 16 世紀成為一個著名的貿易站，其統治者皈依伊斯蘭教，但宗教變遷並沒有中斷沿海—內陸且影響深遠的貿易模式。人們普遍認為小規模的社會和沿海民族屬於不同的族裔；事實上，在東南亞大部分地區，族裔是彈性的。海岸達雅族和來自阿拉伯世界與印度的商人通婚；有些人最終皈依伊斯蘭教，而後被稱為馬來人，成為沿海眾多王國的主要勢力。由於殖民的歷史，婆羅洲

圖三　緊身胸衣

傳統上，伊班族婦女穿著串在藤箍上的小黃銅環緊身胸衣「拉威」（rawai）。拉威穿在伊卡裙布上，覆蓋臀部、腹部和腰部，或從胸部到大腿的所有部位。男人則在腿上穿戴縮小版的拉威。黃銅應該是來自和沿海社區的貿易。

西元 19 世紀晚期
婆羅洲砂拉越巴南河區
藤、黃銅
直徑 32 公分，高 19.2 公分
As 1904,0416.6

圖四　住家木牌

長屋曾經是婆羅洲、明打威群島和越南高地普遍的住宅形式。它們為容納多個家庭而設計，通常由獨立的公寓組成，每個家庭負責維護自己那部分的建築物。在等級社會裡，譬如卡揚人的社會，酋長家的部分可能以能顯示其地位的意象的雕刻及彩繪門板作為裝飾。這個門板展示風格化的神話「阿蘇」狗龍圖案。

西元 19 世紀
婆羅洲砂拉越巴南河區
木材
高 34.8 公分，寬 276 公分
As 1905,–.797

圖五　嬰兒背帶

嬰兒背帶裝飾設計說明了孩子的等級地位，以及護身符，如鈴、貝盤、獠牙與牙齒，還有護身魔法珠，藉此阻擋惡靈和保佑孩子身體健康。這種背帶通常由孩子的祖母製作，最多可能需要 3 個月才能完成。

西元 19 世紀晚期
婆羅洲肯雅族（Kenyah people）
木材、貝殼、玻璃、植物纖維
高 31 公分，寬 37 公分
As 1904,0416.104

這個島嶼如今分為三個國家——汶萊、馬來西亞和印尼。後來的馬來西亞沙巴州過去主要由英國北婆羅洲公司（North Borneo company）控制，而現在的砂拉越州從 1841 年到 1946 年由布魯克王朝統治，之後這塊領土被割讓給英國。馬來亞聯合邦在 1958 年獨立時，汶萊選擇不加入；汶萊在 1959 年開始內部自治，1984 年完全獨立。婆羅洲的荷蘭領地直到 1950 年才讓與印尼。

隨著婆羅洲在 19 世紀捲入殖民資本主義，許多達雅族群被改宗基督教，歐洲人視之為「教化」當地人和提倡歐洲法律秩序並顛覆伊斯蘭國家的一種手段。歐洲人對婆羅洲的小規模文化著迷、欽佩又反感。他們打算消除他們認為「野蠻」的獵頭和其他習慣，而這件事他們做得相對成功。而掠奪和奴隸貿易基本上隨著殖民控制的結束劃下句點。

歐洲人在和婆羅洲諸多民族互動的過程累積了很多文物收藏，既能反映這些社會的基本世界觀，又能反映當地可取得的材料及貿易網絡（圖三）。有些族群已經發展出高度階層化的社會，例如卡揚人（Kayan）和馬蘭諾人（Melanau）（圖四、五），其他族群則非常注重功績，例如伊班族，這點也表現在他們的藝術生產上。達雅族文物美麗又需要高超的製作技巧，但它也具有實用的和精神性的功能。許多東西都是製作來取悅和安撫靈，鼓勵祂們給予支持，並保護穿戴者或使用者。在一個或兩個主神之外，達雅族社會也承認自然靈和祖靈。除了人類世界，還有天上世界和地下世界，和靈魂世界的連結是透過夢、鳥類使者（尤其是犀鳥）、動物和薩滿信仰（圖二）。雖然獵頭是族群間戰鬥的一部分，但它也和人類、動植物資源的繁殖力及福祉連在一起。有些曾經和獵頭有關的儀式，今天已經轉而用來慶祝其他困難的事，像是長途旅行或豐收慶典。其他習慣因為在變化中的生活變得不太有意義，在 20 世紀被淘汰。諸如化學染料和合成纖維等新材料已被接受，但近年來，隨著泛婆羅洲達雅身分認同升高，人們對早期工藝法，以及與之相連的觀念和看法重新產生興趣。

4│16 馬蘭諾疾病偶

傳統航海民族馬蘭諾人主要住在砂拉越州。雖然現在所有馬蘭諾人都是穆斯林或基督徒，但在 20 世紀之前，馬蘭諾人從事以萬物有靈信仰為基礎的醫療，儘管這些觀念在某些情況下仍然存在，但相關治療行為大多因為對現代馬蘭諾社會欠缺實用性而終止了。

有些疾病過去被認為是由偏離了恰當位置的靈所引起，而治療的過程包含去雕刻一個疾病偶（bilum 或 dakan）恢復患者身體的平衡，同時協助靈離開患者。一旦靈媒診斷出疾病，專門雕刻師會迅速以西米棕櫚柔軟的髓（pith）製作疾病偶，先製作腳，最後製作眼睛或耳朵。馬蘭諾人使用一套固定的圖像，每個圖像都和某個特定疾病有關，已知的這類的靈超過 140 種。每種靈都有獨特的標示，任何細節都不能省略或改變。

完成後，透過靠近患者誦念祈禱活化疾病偶，接著把它放在患者身邊三天，強迫靈進入偶裡。在這之後，偶被認為是危險的，會被帶到和靈的種類有關的地方──水之靈到河流（圖三）、地之靈到相關的土地（圖四），空氣之靈到樹木（圖一、二）──幫助靈踏上回家之旅。

20 世紀晚期，雕刻師開始為觀光市場製作疾病偶。

圖一　那伽特邦疾病偶

有些靈有人類或動物的同伴，有些靈則以動物的形式顯現，例如那伽，據說那伽是源自蟒蛇或穿山甲。那伽有許多種類，「那伽特邦」（naga terbang，飛行那伽）有角、鳥爪的腳、彎曲在背部的尖刺尾巴和翅膀（圖中「那伽特邦」的翅膀為鱗片紋）。他們會引起咳嗽和發燒，這些疾病偶會被懸掛在屋頂或樹上，因為他們和空氣有關。

西元 19 世紀晚期
婆羅洲砂拉越伊甘河區（Igan River region）
西米棕櫚的髓
高 65.5 公分，長 191.5 公分
As 1905,−785

圖二　蘭吉疾病偶

這可能是「達龍塞帕拉蘭吉」（dalong separa langit），一種會引起發燒和瘡口的空氣之靈。它被表現成背上長翅膀、帶有鳥爪的蹲坐偶，條紋的線條表示它有毛茸茸的身體。薩滿會在靈進入偶後決定將其懸掛於何處。

西元 19 世紀晚期
婆羅洲砂拉越伊甘河區
西米棕櫚的髓
高 48.8 公分，寬 11 公分
As 1905,–.651

圖三　杜爾希水靈

杜爾希靈（Durhig）有好幾個子分類，並非全都和水有關，但多數杜爾希靈都是女性。水靈呈現坐姿，有扁平的眼睛和尖尖的頭飾，有些水靈的表皮或尾巴有鱗片。多數水靈會引起消化道疾病，而這些偶會被存放在水邊。

西元 19 世紀晚期
婆羅洲砂拉越伊甘河區
西米棕櫚的髓
高 44 公分，寬 14 公分
As 1905,–.637

圖四　張賓奈亞雷（Tiong bin Ny-alay），格拉加西圖甘雕刻

地靈疾病偶有突出的眼睛，手持吹管、其他武器或他們的舌頭。他們被丟棄在森林的地面。圖中兇猛的地靈格拉加西圖甘（geragasi tugan）有毛茸茸的臉和獠牙，以人類為食。最初導致吐血，後續會使病人發瘋。這個作品是人類學家史蒂芬・莫里斯（Stephen Morris）為了記錄傳統委託製作的諸多疾病偶之一。

西元 1971 年
婆羅洲砂拉越烏驛區（Oya District）馬蘭諾人
西米棕櫚的髓
高 35 公分，寬 13 公分
喬治・莫里斯（George Morris）捐贈，史蒂芬・莫里斯收藏
As 1994,05.55

除了游牧的本南人（Penan），獵頭對婆羅洲多數內陸族群都很重要，但只是偶爾進行，通常是在某個重要人士過世後舉行。所有群體都敬畏頭顱，而且謹慎對待頭顱，因為人們相信族群的集體福祉取決於它們。它們恢復宇宙秩序，和祖先與靈維繫正確的關係，並確保群體及其牲畜與作物的生生不息。頭顱是關於生死的儀式中的一個重要元素，因為它們是結束哀悼期的必需品，而且被認為會陪伴死者前往死者之地。由於不同的群體爭奪資源和領土，獵頭也是政治行為。

盾牌、劍、帽子和斗篷是為戰爭、獵頭和與之相關的儀式而製造。不對稱的、重複的和交織的神話人物、神與靈、惡魔面孔、蛇和鳥類，以及曲線設計美化了文物，但也有意在視覺上擾亂人心，使敵人感到困惑而不知所措。盾牌、劍和劍鞘用先前受害者的毛髮做裝飾，恫嚇對手（圖二、四）。在劍鞘上雕刻或繪製和勝利、生殖力和地位有關的圖案，並附加能量強大的珠子作為保護（參見 110 頁）。成功的戰士和地位崇高的要人還會另外穿戴特殊的飾品和裝備（圖一、三）。

圖一　戰帽

在戰爭和獵頭突襲裡展現英勇特質的高層男子，帽子上附有犀鳥羽毛。這頂精緻的戰帽以染色的山羊毛、金屬飾板和覆蓋編辮的藤框做裝飾。這種帽子用在和戰爭、獵頭和生育有關的儀式中。

西元 19 世紀晚期
卡揚人或肯雅人
藤條、山羊毛、金屬、犀鳥羽毛
長 71 公分，寬 30 公分
As 1900,–.680

圖二　盾牌

在這面盾牌上，彩繪的眼睛和獠牙用過往襲擊取得的人類頭髮環繞，以嚇退敵人。頭髮下面有藤蔓圖案，為設計增添了一種動感，旨在驚擾對手，同時保護持盾牌者。盾牌也很實用，由輕量、堅固的木材製成，用水平編織的藤條加固，並有凸起的中心線使攻擊偏移。這個盾牌屬於肯雅人，但婆羅洲的其他群族群也採用類似的盾牌。

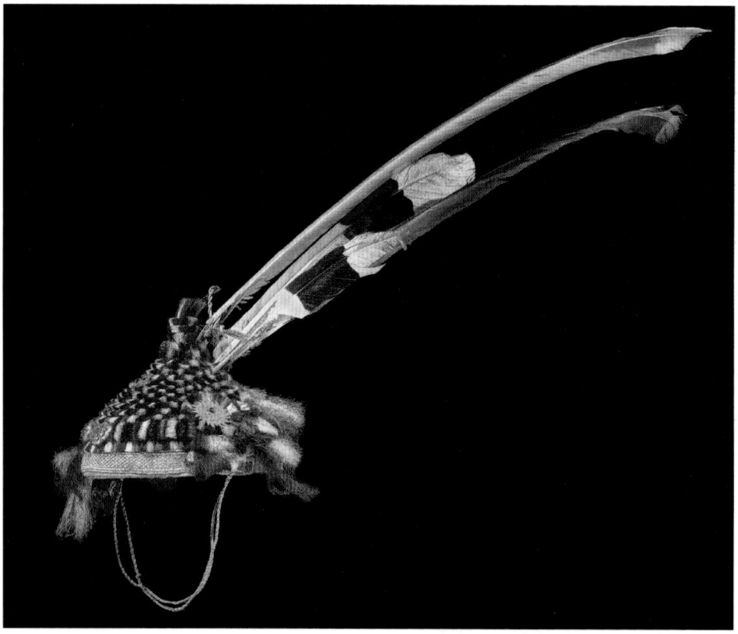

西元 20 世紀初期
肯雅人
木材、鐵、人髮
高 117.2 公分，寬 38 公分
As 1948,01.25

圖三　戰爭斗篷

在階層化的肯雅社會，地位高、本領高超的男人擁有由犀鳥羽毛、貝殼、珠子、頭髮和動物皮製成的斗篷，包括豹皮、熊皮、山羊皮和猩猩皮。貝殼碟會放在胸部，羽毛從背後垂落。

西元 19 世紀晚期
肯雅人
山羊皮、頭髮、犀鳥羽毛、貝殼、玻璃珠
長 173 公分，寬 66.2 公分
As 1905,−.438

圖四　劍與鞘

在婆羅洲，大約從 10 世紀起就有礦石冶煉的證據，肯雅人和卡揚人以鍛造高品質鐵劍的能力聞名，這些劍的上緣經常飾有浮雕細工和鑲嵌物。這把劍柄刻有戰利品頭顱的靈和水蛭圖案，和血與水相關，將獵頭產生的生殖力與女性農業活動連結起來。劍鞘以珠子精心裝飾表明地位，還覆蓋著毛髮和強大的阿蘇狗龍圖案。

西元 19 世紀
卡揚人
鐵、木材、人髮、玻璃、鹿茸、植物纖維
長 69.4 公分；劍鞘長 102.3 公分（包括珠子）
As 1905,−.717.a–b

4│18 「普阿」儀式織布

伊班族社會是菁英領導制。獵頭和戰役的成功證明個別伊班男性的英勇，確立他們在群體裡的地位聲望，並成為理想的婚姻伴侶。當男性竭力以這些方式證明自己的實力，伊班女性則透過編織經絣「伊卡」（一種稱為普阿〔pua〕的儀式織布，參見213頁），證明自己的能力和獲取社會地位。染布和織布被稱為「女人的戰爭」，女性的技能顯示她的適婚性，並受到社會的讚揚。

普阿的紋飾是自然界的抽象概念，從岩石、雲朵和水，到花卉與動物、頭和眼睛、幾何形狀和有文化相關性的物品，例如船隻（圖一）。最古老、最受重視的圖案是緊密的小線圈，人們認為這圖案有助於獵頭（圖二、三）。許多設計源自據信為眾神送來的夢境，具有神奇力量，必須由有強大靈性的女人製作。儀式效果強大的普阿被賜予銜名，並根據它們邀請神祇保護的成效分不同等級。強大的織布被用來形成抵禦邪惡的屏障、祈求祖先庇佑、區劃神聖空間、覆蓋神龕和屍體、包裹新生兒及接收被砍下的首級。人們也在重大活動上穿戴，作為傳家寶保存，還被當成禮物或拿來支付儀式費用。

在 19 世紀晚期之前，女性使用產生藍色的靛藍（indigo），還有產生備受重視的紅棕色調的檄樹（morinda）等天然染料，以及地方種植的棉紗。有些織工仍使用這些材料，但現在多數成品都是由商業化的紗線和合成染料製成。許多伊班族在 19 世紀和 20 世紀改宗伊斯蘭教或基督教，但仍繼續生產普阿，包括為觀光市場生產。

圖一 普阿加仔 (Pua gajai)

重要的竹子由普阿兩端的大三角形代表，中間則是由重複的抽象鳥圖構成。鳥類的圖在很多伊班地區的織物上發現，顯示它在族群向外遷徙分離之前就出現了。多樣化的伊班族如今住在婆羅洲很多地區，包括砂拉越（馬來西亞）、西加里曼丹（印尼）和汶萊。

西元 19 世紀早期至中期
婆羅洲薩里巴斯地區伊班族
棉
長 202 公分，寬 105 公分
As 1905,–.405

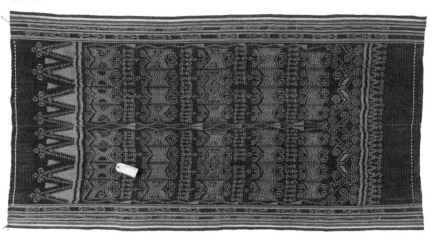

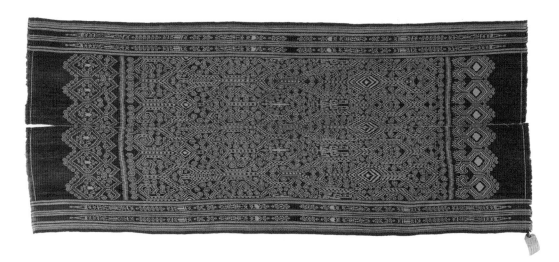

圖二　普阿峇里布高坎圖（Pua bali bugau kantu）

由兩端的飾條和邊框構成，這款普阿的中間部分由橫向對稱的重複圖案組成，其圖樣隨著織布的長度延伸而變化。一塊布的名字是由編織者根據主設計而挑選，最初是源自自然界和靈的托夢。如果某個設計被證明有效，它就會被其他編織者重新詮釋。這種布料名稱的辨識難度極高，通常僅限於編織者本人。一些人認為此普阿圖案與成功的戰爭相關，但另一些人則無法可靠地確定其含義。

西元 19 世紀中後期
婆羅洲薩里巴斯地區伊班族
棉
長 197 公分，寬 82 公分
As 1905,–.410

圖三　普阿布阿巴亞（Pua buah baya）

在這塊布上，兩端的鑽石狀紋路被稱為「塞拉古」（selaku），有時被認為是編織工守護者「庫曼」（Kumang）居住的地方。中間部分稱為「布阿」（buah，水果），有抽象化鱷魚的主設計，鱷魚被認為是保護靈，空白處填滿較小的線圈和其他圖案。這款裝飾只能由社會地位高、有強大靈性力量的女性編織，因為它描繪了有關獵頭的意象，例如邊框上的水果代表著未被砍下的頭顱。

西元 19 世紀中期
婆羅洲拉讓河地區（Rejang River region）伊班族
棉
長 254 公分，寬 130 公分
砂拉越拉尼（王后）瑪格麗特・布魯克捐贈
As 1896,0317.6

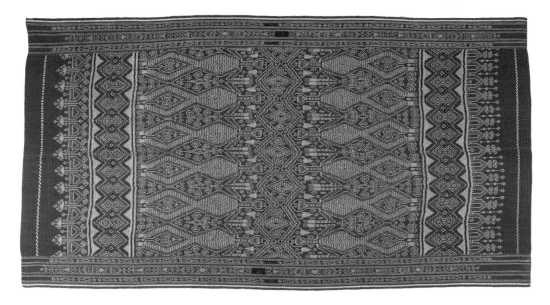

4│19 伊班族犀鳥雕塑品

　　鳥類在許多婆羅洲社會的萬物有靈信仰扮演核心角色。最重要的鳥類是馬來犀鳥（rhinoceros hornbill）和栗鳶（brahminy kite），兩者都和權力與祖先有廣泛關聯。如同許多東南亞島嶼區的族群，對婆羅洲的伊班族而言，地下世界和蛇、女性及農業有關，天上世界則和鳥類與男性有關。和獵頭被聯想在一起的馬來犀鳥據信是戰神「森加朗布隆」（Sengalang Burong）的使者，而人們認為森加朗布隆本身是一隻栗鳶。

　　伊班族製作名為「肯雅蘭」（kenyalang）的犀鳥雕塑，在宴會上展示以紀念森加朗布隆，並慶祝成果豐碩的獵頭行動（圖一、二）。只有成功獵過人頭的男性才能舉辦這樣的宴會，陳列出來的雕塑數量顯示一個家族有多少成功的獵頭者。伊班族透過個人能力和成功獲取社會地位，這些活動提升了主人的地位。在持續數天的歡慶結束時，肯雅蘭被奉為聖物固定在高高的桿子上，人們認為犀鳥的靈會飛行並削弱敵軍力量。

　　由於人們相信這是一項危險的任務，製作肯雅蘭需要舉行許多儀式，包括對砍伐的樹木獻祭，以及在村莊舉辦迎接樹木的儀式。雖然博物館和私人收藏的多數肯雅蘭成品都是由彩繪的軟木製成，但有證據顯示年代較久遠的作品曾是以硬木雕刻，且沒有上色。為適應許多伊班族是穆斯林或基督徒的當代環境，傳統形式自 20 世紀中期開始出現變化（圖三）。

圖一　肯雅蘭

專門的雕刻師創作喙和尾羽不成比例的犀鳥雕塑，反映犀鳥的盔（casque）非常有價值，而牠的尾羽被用來裝飾頭盔、盾牌和劍鞘，提供保護。

西元 19 世紀早期至中期
婆羅洲薩里巴斯
木材
高 59 公分，寬 76.1 公分
喬治‧達比‧哈維蘭（George Darby Haviland）捐贈
As 1894,0414.1

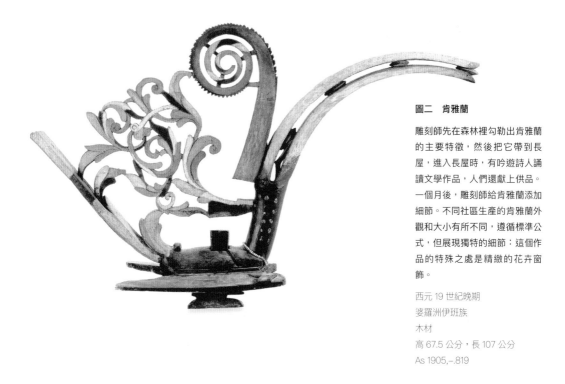

圖二　肯雅蘭

雕刻師先在森林裡勾勒出肯雅蘭的主要特徵，然後把它帶到長屋，進入長屋時，有吟遊詩人誦讀文學作品，人們還獻上供品。一個月後，雕刻師給肯雅蘭添加細節。不同社區生產的肯雅蘭外觀和大小有所不同，遵循標準公式，但展現獨特的細節：這個作品的特殊之處是精緻的花卉窗飾。

西元 19 世紀晚期
婆羅洲伊班族
木材
高 67.5 公分，長 107 公分
As 1905,–.819

圖三　肯雅蘭

雖然肯雅蘭和獵頭及戰爭（如今已不再實行）有緊密關聯，但因為肯雅蘭是重要的文化標誌，它們被吸收到其他重要的社區活動裡，像是稻米慶典。這個作品在 1974 年 6 月 28 日曾用於斯克朗斯欽村（Skrang Skim）的宴會，並於 1975 年在盧布克安圖村（Lubok Antu）再次使用。雖然一旦被安裝到柱子上肯雅蘭裡的靈就會離開，但可以透過特殊儀式召喚回來，這讓雕塑能夠重複使用。和普阿織布一樣，肯雅蘭也會被賜予銜名，不過這個作品的名字沒有留下紀錄。

西元 1973 年
婆羅洲砂拉越
木材
長 239.1 公分，高 116.1 公分
As 1977,06.1

4｜20 紋身

東南亞的許多社會曾經有紋身的習俗，婆羅洲的民族也包括在內。由於來世被看成與今生相反的鏡子，深色紋身在死後會變得明亮，引導往生者踏上通往死者之地的旅程。在加拉必族中關於理想男性圖克‧里尼（Tuked Rini）的傳說，他的妻子說：「我是一個有美麗紋身的女人，用達瑪樹脂（damar resin）的煙灰紋身，紋身圖案在虛無的黑暗中展開……」（Janowski 2014, 77）。

男性和女性都接受紋身，婆羅洲族群間的紋身也有所不同（圖一、二）。歐洲人對紋身的看法並不正面，但覺得這種習俗很有趣，於是收集大量的模型和紋身印章（圖三）。儘管過去的文化和宗教習俗在基督教、穆斯林和全球化的背景裡已經變得不太有意義，導致紋身變得比較不流行，近年來，傳統紋身在婆羅洲島的一些民族之間再度興盛起來。

對卡揚人而言，紋身（tedek）在過去顯示一個人的成就（像是獵頭行動的成功），裝飾身體使人有吸引力且代表適婚，也有作為護身圖案的效果，以及在高度階層化的社區裡標誌貴族地位。女性紋身藝術家用尖銳的針和特殊的錘子，把用煙灰、脂肪和甘蔗汁製成的墨打到表皮底下。不同的紋身設計和不同等級的社會地位相連。長得像狗的阿蘇神話生物保留給酋長，而某種四條線的圖案顯示紋身者是平民。其他紋身的圖案取自自然界，包括以同心圓呈現的滿月；各種植物，諸如蕨類、毛魚藤（tuba root）和茄花；還有動物，諸如蝦子和狗，狗在卡揚社會享有崇高的地位。名為魯葛的珍貴玻璃珠是另一個重要的圖案。

圖一 紋身印章

紋身圖案先是以手工繪製或用印章做記號在皮膚上。這個作品展示會紋在大腿上的常見鉤子圖案。男人在孩童時期及經歷重大事件後，會在大腿、手、手臂和肩膀刺上流動的圖案，出於儀式需要和花費，這個過程可能要好幾年。

西元 19 世紀晚期
婆羅洲砂拉越卡揚人
木材
高 16 公分，寬 9.5 公分
砂拉越拉尼（王后）瑪格麗特‧布魯克捐贈
As 1896,0317.74

圖二　紋身印章

紋身印章是由男人雕刻的沾墨水的木板。男性和女性的紋身面積廣泛，覆蓋很大部分的身體。對卡揚人而言，刺在女性前臂、手背、大腿和脛骨的設計，由和自然界與生殖力有關的抽象圖案構成。這裡有花卉圖案和阿蘇狗龍的眼睛。

西元 19 世紀
婆羅洲砂拉越巴南河區卡揚人
木材
高 35.2 公分，寬 5.7 公分
As 1905,−.310

圖三　紋身手臂模型

這個模型手臂展示適合卡揚女性的設計。在開始紋身之前要舉行安撫靈的儀式，而且紋身藝術家和委託人都受到各種限制。在患病、死亡或播種稻穀的時期不會從事紋身，而且特定食物在紋身過程中是被禁止的。

西元 19 世紀末
婆羅洲砂拉州巴南河區卡揚人
木材
高 35.5 公分，寬 5.2 公分
As 1905,−.300

大事紀

8 世紀晚期 –9 世紀初期	中爪哇的禪邸婆羅浮屠和禪邸普蘭巴南建築有大量的敘事浮雕
12–16 世紀	在東爪哇製作敘事浮雕展現類似皮影戲的圖像
12–19 世紀	在緬甸生產和文學與朗誦相連的壁畫
15 世紀	泰國可能發展出南椏皮影戲，和柬埔寨的大皮影戲有關
16 世紀初期	泰國孔舞劇出現，可能和南椏皮影戲有關
17 世紀	卡馬桑成為峇里島的繪畫中心
	泰幢幡畫被融入佛像中，這種神聖物品在不同脈絡中重複使用， 顯示這種藝術形式在早期就具有重要性。
18–19 世紀	緬甸密封的舍利室收藏著歷史上諸佛以及佛祖在世時生平事件的 小型金屬雕像
19–20 世紀初期	泰國東北部和寮國在誦念本生經節慶期間使用的故事長布可能於此時 以當前形式出現
20 世紀初期	宮廷表演衰退 泰幢幡畫生產減少
1998	皮影戲因不符合伊斯蘭教義在馬來西亞遭禁
20 世紀晚期 –21 世紀初期	泰孔舞劇、印尼皮影戲和甘美朗樂被登記為聯合國教科文組織非物質文化遺產

5 敘事和表演

敍事在東南亞藝術扮演重要角色，故事在社會各階層之間被跳成舞、唱成歌、被人朗誦和變成戲劇，也以無數的方式雕刻、繪畫和複製。這點很早就能看出來，從史詩文學，緬甸蒲甘的壁畫（約 11 至 13 世紀），以及諸如中爪哇的婆羅浮屠和普蘭巴南（約 770 至 850 年代）、東爪哇的寺廟（11 至 15 世紀）、柬埔寨的巴戎寺（Bayon，12 世紀末）和素可泰的西昌寺（Wat Si Chum，14 世紀末）等遺址的浮雕，都清楚地表明了這一點。說故事是傳達基本價值、道德標準和習俗的一種主要方式，而且在當代社會仍然具有意義。

圖一　遊行圖

這個做成潘吉故事裡某個皮影士兵的跳舞人物，展示峇里島宗教活動中儀式和皮影戲之間的緊密聯繫，曾用於峇里島的宗教遊行，可能是與火葬有關的宗教遊行。

西元 1700 年代晚期至 1800 年代中期
印尼峇里島
藤、竹、樹皮、木材
長 87 公分，寬 37.4 公分
As.7183

圖二　J·韋瑟羅爾（J. Weth-
erall），出自蘇庫禪邸的毗摩

《摩訶婆羅多》和《羅摩衍那》
的人物在各種宗教脈絡裡變得
非常重要。在中爪哇拉烏山
（Mount Lawu）於15世紀興建
的蘇庫禪邸（Candi Sukuh）寺
廟，一座石浮雕展示《摩訶婆羅
多》人物毗摩（Bima）擊敗敵人
的情景，丑角僕人在一旁觀看。
用雕塑複製皮影圖像和被認為有
強大靈性力量的角色，證明故事
和戲劇媒介的儀式重要性。歐洲
人不理解這座寺廟的意象，在圖
中，毗摩的頭飾像樹葉捲曲在他
的頭上。

西元 1811–15 年
印尼爪哇蘇庫禪邸
鉛筆，繪於紙上
高 18.2 公分，寬 26.3 公分
J·H·德雷克捐贈，史坦福·萊
佛士收藏
1939,0311,0.7.98

表演一直是東南亞重要的宗教、社會和藝術媒介。表演形式多樣，從舞蹈到舞劇和面具表演都有。偶戲是另一種主要類型，特別是皮影戲，皮影戲偶在螢幕上投射陰影。表演和靈的世界有關，而且被認為是與靈交流的一種方式。它們有助於履行誓言，在重大生活事件中充當對靈和祖先的供奉，並描繪了理想的標準和原則（圖二）。有鑒於這些關聯，敘事圖像和表演經常出現在宗教背景中。

由於戲劇受歡迎的程度，還有戲劇和儀式與超自然的連結，其他藝術形式，例如繪畫、雕塑、漫畫書和電動遊戲，也透過使用類似的圖像來描繪人物並模仿表演的呈現（圖一）。人們已很多不同的方式認同特定的人物，具體化或重新思考文化規範，並吸收表演所產生的力量：例如，有些避邪物描繪皮影戲的人物和形式（參見 164-165 頁）；19 世紀，緬甸宮廷的官服模仿泰國戲劇服裝；敘事性浮雕複製故事布。

圖三 《羅摩衍那》場景的掛毯

《羅摩衍那》不僅透過戲劇表演，還以石頭、織物和陶瓷來描繪。Kalaga 或 Shwe-gyido 是緬甸的掛毯，曾被當作宮廷、修道院和住家的房間分隔物，以及牆壁裝飾、馬衣和大象衣和蓋棺布。這個掛毯展示好幾個場景，包括一個只在東南亞版本的《羅摩衍那》出現的場景——白猴哈努曼與巨蟹戰鬥，巨蟹正在摧毀通往惡魔羅波那（Ravana）住所蘭卡（Lanka）的橋梁。

西元 19 世紀晚期至 20 世紀初期
緬甸
棉、法蘭絨、亮片、金屬包線
高 53.5 公分，長 290 公分
亨利・金斯堡（Henry Ginsburg）捐贈
2011,3013.1

　　表演和口傳文學在今天不那麼突出，但仍然是有意義的傳播手段：譬如皮影戲在 20 世紀中葉的印尼和泰國被用來提倡節育。佛教敘事、史詩和其他故事還是在儀式中發揮作用，也作為娛樂，不過宮廷表演已經停止，尤其是在泰國和柬埔寨。有些戲劇形式保有象徵與儀式的重要性，諸如在峇里島和爪哇島還有泰國南部。

　　在圖像和表演中，佛教與印度教的敘事、基督教故事及伊斯蘭教傳說和數不清的地方民間故事和寓言結合起來，還有諸如《星際大戰》之類的當代全球故事。有三個史詩故事在東南亞各地很多地方都可以找到：《摩訶婆羅多》、《羅摩衍那》

和潘吉的故事。源自爪哇然後散播到其他印尼群島和東南亞大
陸區的潘吉故事是關於重迦羅（Janggala）傳說王子潘吉的冒
險與考驗，還有他的王國的政治活動與戰爭（圖一）。故事後
來和爪哇島的伊斯蘭教蘇非派產生了關聯，某個名為《馬拉特》
（Malat）的潘吉故事盛行於峇里島直到 1930 年代之前。長篇
史詩《摩訶婆羅多》和《羅摩衍那》都源自印度並傳到東南亞。
《摩訶婆羅多》講述般度族和俱盧族表兄弟在天神、神祇、怪
物和惡魔的協助下爭奪俱盧國王位的故事。故事在爪哇和峇里
島仍然很普遍，特別是在皮影戲中，但在東南亞其他地方的流
行度比較低。《羅摩衍那》以惡魔羅波那綁架羅摩王子之妻悉
妲為中心。在王子救回妻子的過程中，他得到了白猴哈努曼的

圖四　描繪佛陀出離的窣堵坡遺物

歷來諸佛和釋迦摩尼佛喬達摩的生平事件有時被描繪成一系列金屬雕像。這些雕像通常由信徒存放在窣堵坡舍利室裡以增加功德，增加建築物的神聖性，避免佛教衰落。為了拒絕世俗生活，悉達多太子（即將成為釋迦牟尼佛）騎著他的馬犍陟離開父親的宮殿。他的馬伕車匿（Chana）抓著馬尾巴，這是緬甸藝術的典型描繪。馬蹄被神祇高高舉起，確保出離悄然無聲，不會受到阻礙。

西元 18–19 世紀
緬甸貢榜
青銅或黃銅
高 23 公分
弗洛倫斯‧麥克唐納（Florence MacDonald）捐贈
1981,1023.1

幫助。在馬來西亞，故事被重新命名為《森林之王》（*Great Forest King*），把重心擺在羅波那的角色上。在東南亞大陸區，《羅摩衍那》曾經頻繁地演出，在緬甸、泰國、柬埔寨和寮國以雕塑和繪畫呈現。

　　為了適應當地的文化和精神價值觀，這三套故事劇目根據印度教、佛教和伊斯蘭教的脈絡改編，在無數次反覆的講述和重述中，由藝術家、偶戲師和其他人修飾骨幹情節、人物和關

係，為當代環境創造有意義的敘事。例如，在爪哇島，般度五兄弟的阿周那已經成為《摩訶婆羅多》的主角，也是典型的英雄——英俊、強壯、善良。在馬來西亞和印尼，使用史詩傳統人物的新冒險被稱為分枝故事，而且每個脈絡都發展出額外的角色，例如皮影戲中的丑角（圖三）。

釋迦牟尼佛喬達摩（歷史上的佛祖）前世的本生故事、他成佛的最後一世的故事，以及歷來諸佛的生平故事也都盛行於東南亞大陸區（圖四）。這些故事和其他佛教故事說明開悟者的卓越，顯示成佛所需的美德，能創造功德，並使人們感覺自己屬於佛教社群。

在某些情況下，例如潘吉的故事，或講述傳奇英雄參與滿者伯夷王國和布蘭邦安王國（Blambangan）大戰的爪哇語達瑪烏蘭（Damarwulan）故事系列，由於王室宮廷的變遷，這些故事在 20 世紀逐漸式微，相關的表演和展現都已經很罕見。在其他情況下，贊助方式也發生了變化，例如泰國的南楹皮影戲（nang yai），僅存的劇團駐紮在佛教寺院，而不是皇家宮廷。今天，史詩、民間故事和佛教故事也以現代形式傳述，譬如圖像小說、雜誌、漫畫、電影和電視連續劇。佛教故事也被描繪在現代的脈絡裡，誠如英國溫布頓（Wimbledon）的佛光寺（Wat Buddhapadipa）。泰王蒲美蓬・阿杜德（Bhumibol Adulyadej，1950-2016 年在位）於 1998 年出版他自己的漫畫版《摩訶迦那伽本生》（*Mahajanaka Jataka*）。然而，以小說和電影為基礎的新故事也不斷出現，帶來新的英雄和反派。聯合國教科文組織承認東南亞敘事和表演的重要性，將其中一些藝術形式列入非物質文化遺產名錄。

5 | 1 源自峇里島的卡馬桑繪畫

峇里島東南部的卡馬桑村以繪畫著名，年代可以追溯至 17 世紀，而且他們的繪畫（sangging）專家曾經為峇里島許多王國的國王及貴族服務。

在繪製的眾多物品中有天花板、簷篷、旗幟、幢幡和蓋棺布。主要格式有幾大類：正方形、長方形（圖二）或稱為 ider-ider 的狹長布條，懸掛在宗教和宮殿亭閣的屋簷或天花板（圖一、三）。繪畫也被當供品使用。

在現代顏料出現之前，所有藝術家都使用天然礦物和植物染料及煙灰；有些人至今仍維持這樣的做法。繪畫是一項集體的活動，由主要藝術家繪製設計草圖，然後讓學徒和色彩專家填色，許多色彩專家是女性。圖像的形式和峇里島皮影戲傳統及東爪哇的浮雕密切相關，峇里島曾和東爪哇有密切的往來。就像戲偶一樣，每個繪畫人物的內在本質都透過他或她的外表清楚呈現。眼睛窄、身細長，代表品格高雅；龐然大物或毛茸茸的身體，加上大眼睛或圓眼睛，則說明是一個粗鄙的人。人物的社會地位由頭飾和服裝的風格和精緻程度透露。

峇里島的繪畫呈現了許多故事，包括《摩訶婆羅多》和《羅摩衍那》史詩，但最常見的是潘吉的故事（《馬拉特》是峇里島的主要潘吉故事之一），在故事中，王子四處旅行尋找他失蹤的愛人。

圖一　寺廟壁掛的局部（ider-ider）

這幅壁掛用猩紅色、赭色、藍色和黑色的自然顏料，以二度空間的卡馬桑風格繪製，描繪馬拉特（潘吉）故事系列的馬堪克拉瑪情節（Macangkrama），潘吉王子和他失蹤的未婚妻在山中漫步時相遇。為了顯示他們的崇高地位，主要人物都坐在象頭岩石上。這裡的抽象岩石是粉紅色和白色，可以透過彼此相擁的情侶右側的象牙和扭動的象鼻來識別。有一些絲質的壁掛繩索還在。

約西元 1850 年
印尼峇里島卡馬桑
棉、絲
長 509 公分，高 27 公分
1996,1211,0.1

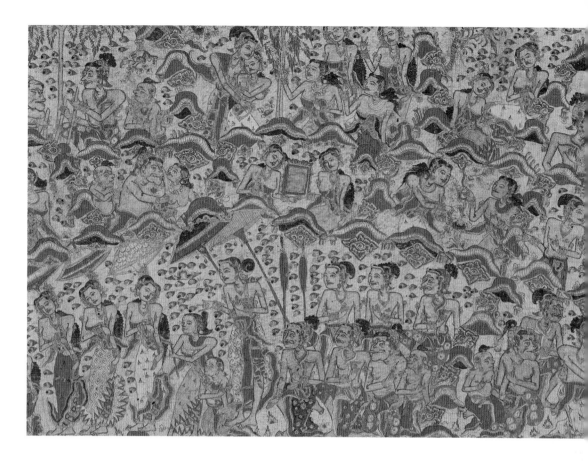

圖二　壁掛的局部細節（lang-se）

這幅棉布畫取材自馬拉特（潘吉）故事系列，描繪末羅瑜和潘吉宮廷分別退隱山林，於是王子與心愛的人偶然相遇的情景。在寺廟、宮殿和家屋當作壁掛或窗簾使用，這種寬大的長方形壁掛本來應該有另一塊布附加在下緣，壁掛頂端用中國的方孔錢來懸掛。

西元 19 世紀晚期
印尼峇里島卡馬桑
棉
長 230 公分，高 94 公分
1957,0511,0.1

圖三　寺廟壁掛局部（ider–ider）

這幅 ider–ider 由一名大師藝術家製作，描繪馬拉特（潘吉）故事系列的男性和女性人物。這類圖像一般來說用來表示敘事的開始。

西元 20 世紀初期
印尼峇里島卡馬桑
棉
長 336 公分，高 26.5 公分
1957,0511,0.2

5│2 爪哇戲劇

爪哇島各種形式的戲劇仍然在社會、宗教和藝術生活發揮作用，表演伴隨著儀式、誓言、慶祝活動和重大生活事件，儘管它們不像以前那麼盛行。傳統上，表演和看不見的世界建立聯繫，以召喚有用的靈，淨化人和地方，確保豐收和賜福婚姻或割禮等成年儀式。演出的環境仍然被認為是吉利的（圖三）。戲劇講述的故事包括《摩訶婆羅多》和《羅摩衍那》的史詩故事。達瑪烏蘭和潘吉的故事系列曾經也是常見的表演，但現在已經很少見了。

爪哇戲劇包括不戴面具的（wayang wong）和戴面具的（wayang topeng）舞劇（圖九、十），以及幾種形式的木偶劇：皮影戲（wayang kulit）（圖四、五）、平面的扁木偶戲（wayang klitik）（圖六、七）、和立體木偶戲（wayang krucil gilig）（圖八）。主要角色類型—優雅的、半優雅的、堅強的、情緒失控的、丑角和惡魔——每一種都有特定的特徵，在各種戲劇形式裡都是一樣的。

戲劇由甘美朗樂伴奏，在正式活動、成年禮、典禮遊行和儀式中也會演奏甘美朗樂。甘美朗樂團是主要由打擊樂器組成的樂團，包括木琴、鐵琴和用木槌敲擊的鑼，用手敲擊的鼓，用弓或撥奏的弦樂器以及歌手。它通常有15到20件樂器，但在皇家宮廷，數量可能從4件到100件以上不等（圖一、二）。

圖一　詹德琴

詹德琴（gendèr）是一種甘美朗樂器，以兩拍子演奏旋律型。豐富的設計、鮮豔的色彩和動物形狀是爪哇北海岸的特色，而中爪哇的甘美朗樂器則有比較內斂的外觀。在這裡，神聖的嘉魯達展開翅膀抵住竹子共鳴室，而牠的敵人，和水與冥界被聯想在一起的那伽則從兩側滑落。

西元 18 世紀晚期至 1816 年
印尼爪哇
木、青銅、金、漆、竹
高 74 公分，寬 134 公分
威廉・萊佛士・弗林特捐贈，史坦福・萊佛士收藏
As 1859,1228.207

圖二　大釜鑼

甘美朗樂非常複雜，由和中心旋律交織在一起的連鎖樂句組成。大釜鑼標誌鑼聲節奏之間的時間片段。甘美朗管弦樂是一起製作和調音的，樂器不能與其他管弦樂器互換。

西元 18 世紀晚期至 1816 年
印尼爪哇
木材、纖維、金、青銅
木托高 49.4 公分；鑼高 30 公分
威廉・萊佛士・弗林特捐贈，史坦福・萊佛士收藏
As 1859,1228.196.a–b

圖三　燈

在皮影戲中，偶戲師在白幕和光源之間操縱木偶來投射影子。皮影戲過去曾使用油燈，圖中油燈的形狀是嘉魯達聖鳥，但油燈現在已被電燈取代。表演通常持續整夜。

西元 19 世紀晚期至 20 世紀初期
印尼爪哇
黃銅
高 59 公分，寬 61 公分
As 1955,03.1

圖四　惡魔康巴哈納的皮影偶

康巴哈納是惡魔羅波那的弟弟，羅波那在《羅摩衍那》裡綁架了羅摩王子的妻子。怪獸和惡魔被描繪成圓眼的龐然大物，透露他們粗劣的本性。 頭的角度也暗示氣質，向下傾斜代表謙虛，面朝前的樣子表示天性大膽。

西元 18 世紀晚期至 19 世紀初期
印尼西爪哇井里汶
獸皮、獸角、金
高 101 公分
威廉・萊佛士・弗林特捐贈，史坦福・萊佛士收藏
As 1859,1228.781

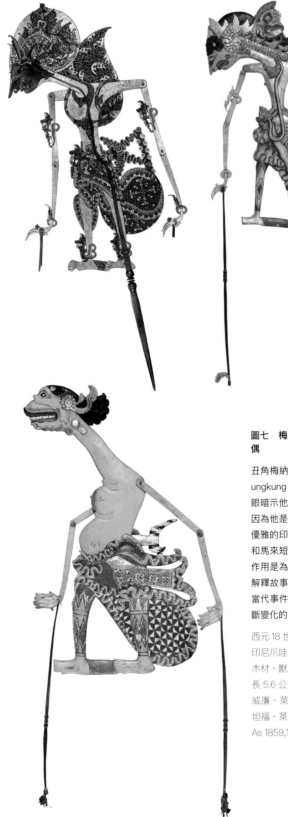

圖五　阿周那皮影偶

阿周那是《摩訶婆羅多》史詩裡般度五兄弟的老三，是英勇事蹟受到爪哇島特別強調的一個人物。偶戲師會擁有幾個處於不同生命階段、展露不同情緒的阿周那戲偶。這裡的黑臉表示活躍的時刻。纖細的身體和四肢，以及精緻的五官，象徵著優雅和控制情緒的能力，是傑出人物的標誌。一些戲偶，特別是英雄、神和丑角，被認為是神聖的，並用於占卜或製作聖水。

西元 18 世紀晚期至 1816 年
印尼中爪哇
獸皮、獸角、金
高 72 公分
威廉・萊佛士・弗林特捐贈，史坦福・萊佛士收藏
As 1859,1228.501

圖六　布勞爪哇的扁木偶戲偶

扁木偶戲偶由雕刻和彩繪的木頭製成。和皮影戲不同，這些表演不使用屏幕，通常在白天表演。這是出自達瑪烏蘭故事的一位皇家男性角色：滿者伯夷王國的布勞爪哇（Brawijaya）。他穿戴精緻的頭飾、馬來短劍、褲子和裙布，上面有奢華的印度貿易織物圖案。低垂的臉暗示謙遜，而粉紅色和圓眼睛則透露堅強的本性。

西元 18 世紀晚期至 1816 年
印尼爪哇
木材、獸皮、黃金、纖維、獸角
長 43.7 公分，寬 18 公分
威廉・萊佛士・弗林特捐贈，史坦福・萊佛士收藏
As 1859,1228.471

圖七　梅納克克隆孔的扁木偶戲偶

丑角梅納克克隆孔（Menak Kl-ungkung）的長脖子、大嘴和圓眼暗示他的粗野和滑稽狀態，但因為他是一名低階廷臣，他穿著優雅的印度紡織服裝，佩戴珠寶和馬來短劍。爪哇戲劇中丑角的作用是為英雄提供建議、為觀眾解釋故事、提供喜劇效果和評論當代事件。它們能夠使故事在不斷變化的當代環境裡保有意義。

西元 18 世紀晚期至 1816 年
印尼爪哇
木材、獸皮、獸角、纖維、黃金
長 5.6 公分，寬 18 公分
威廉・萊佛士・弗林特捐贈，史坦福・萊佛士收藏
As 1859,1228.485

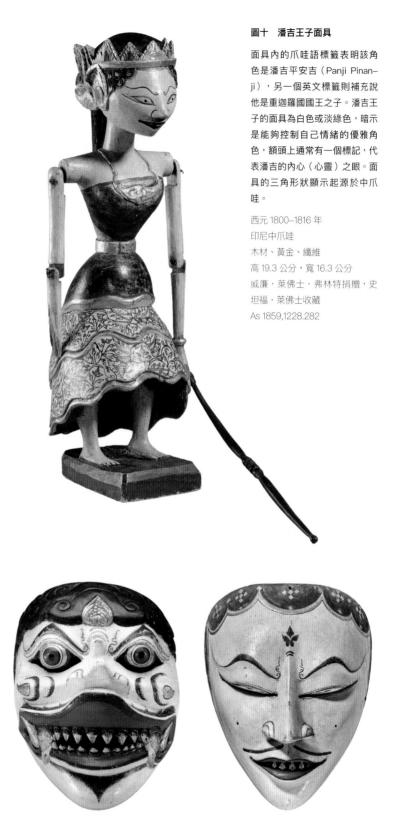

圖八　戴維普延甘的立體木偶戲偶

圖中出自達瑪烏蘭敘事的高等女性角色戴維普延甘（Dewi Puyengan）是一種立體木偶，在 18 世紀晚期或 19 世紀初期不再使用。僅存的少數戲偶只能在博物館找到。這種木偶被用來表演潘吉故事。原本從底部伸出的支撐桿已被鋸掉，可能是為了方便和史坦福·萊佛士的其他收藏一起運到英國，或在抵達歐洲後比較容易展示。

西元 18 世紀
可能是印尼中爪哇蘇拉卡爾塔（Surakarta，梭羅〔Solo〕）
木材、黃金、纖維
高 28 公分，寬 7.5 公分
由威廉·萊佛士·弗林特捐贈，史坦福·萊佛士收藏
As 1859,1228.436a–c

圖九　白猴哈努曼的面具

這個面具描繪的是白猴哈努曼，他是《羅摩衍那》裡的一個主角，幫助羅摩王子找回他的妻子。史坦福·萊佛士或他的助手將這個面具錯誤地標記為戰士蘭加梅甘塔拉（Rangga Megantara）。《羅摩衍那》和潘吉故事曾經由戴面具的皮影戲表演，但這種形式的戲劇現在主要為遊客表演。面具以當地的軟木材雕刻而成，然後加上彩繪，宮廷版的面具還裝飾金箔。面具內的咬繩或木片被表演者夾在齒間，藉以將面具固定在臉上。

西元 1800–1816 年
印尼中爪哇
木材、黃金、纖維
高 20.3 公分，寬 15.9 公分
威廉·萊佛士·弗林特捐贈，史坦福·萊佛士收藏
As 1859,1228.349

圖十　潘吉王子面具

面具內的爪哇語標籤表明該角色是潘吉平安吉（Panji Pinan-ji），另一個英文標籤則補充說他是重迦羅國國王之子。潘吉王子的面具為白色或淡綠色，暗示是能夠控制自己情緒的優雅角色，額頭上通常有一個標記，代表潘吉的內心（心靈）之眼。面具的三角形狀顯示起源於中爪哇。

西元 1800–1816 年
印尼中爪哇
木材、黃金、纖維
高 19.3 公分，寬 16.3 公分
威廉·萊佛士·弗林特捐贈，史坦福·萊佛士收藏
As 1859,1228.282

5│3 泰戲劇

　　泰戲劇傳統很多，多數都有管弦樂伴奏，可能使用的樂器包括彈撥的齊特琴和魯特琴、用弓拉奏的弦樂器，兩大類木管樂器，以及許多打擊的鈸、響板和鼓（圖一）。有三個不同類型的樂器合奏，每個都在不同類型的活動上表演。

　　戴面具的孔舞劇用在《羅摩衍那》（泰文稱《拉瑪堅》〔Ramakien〕）演出，是為 16 世紀或 17 世紀的阿瑜陀耶宮廷所開發，具有自己的音樂形式、歌曲和非常獨特的動作。面具由塗漆的紙漿製成，並以彩繪、金箔和玻璃片加以裝飾（圖三）。孔舞劇現在主要為在地與外國的觀光客表演，並在國家活動期間受到贊助。其他形式的表演包括泰 - 馬來半島的瑪諾拉舞蹈（Manora）、梨伽即興戲劇（Likhe）和主要呈現佛教本生故事的拉孔舞劇（Lakhon）。

　　泰國有兩種主要的皮影戲傳統：曾經和皇室有關的南椏皮影戲，和泰國南部可見的南塔龍皮影戲（nang talung）。傳統上，兩者都是在晚上對著從後方照亮的屏幕表演。南椏使用大型木偶，每個木偶均由一名表演者操縱，在音樂和歌曲的伴奏下講述《羅摩衍那》故事（圖二）。儘管有瓦棲拉兀國王（Vajiravudh，1910-25 年在位）的支持，但藝術贊助在 20 世紀有所衰退，訓練也從劇團轉向官方學校，第一所學校成立於 1934 年。

圖一　鼓

童木鼓（thon chatri）用在婚禮、吉祥的社交活動和戲劇表演上。這件作品可能是送給英國外交官兼殖民官員約翰・寶寧（John Bowring）的皇家禮物，1855 年，寶寧正在泰國和蒙固國王（King Mongkut，拉瑪四世）談判一份條約，因為器身的鍍金表明它是由皇家工藝家製作。寶寧在 1857 年把它捐贈給大英博物館。

西元 1850 年代初期
泰國
土器、蛇皮、竹子、玻璃、黃金、金屬
直徑 24 公分，高 37.5 公分
約翰・寶寧捐贈
As 1857,0101.11

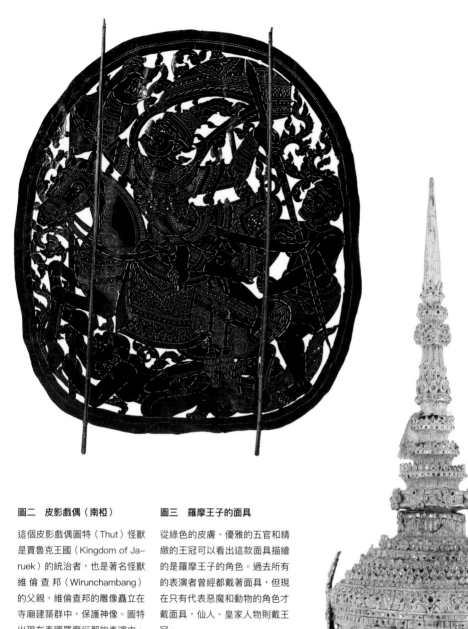

圖二　皮影戲偶（南柹）

這個皮影戲偶圖特（Thut）怪獸是賈魯克王國（Kingdom of Jaruek）的統治者，也是著名怪獸維倫查邦（Wirunchambang）的父親，維倫查邦的雕像矗立在寺廟建築群中，保護神像。圖特出現在泰國羅摩衍那的表演中，頭戴王冠，手持長矛，騎著一匹神馬。南柹木偶雕刻細緻，經過彩繪上色，不過年代較久遠的成品只用煙灰染成黑色，或用羅望子染成棕色，就像圖中的戲偶一樣。

西元 19 世紀晚期至 20 世紀初期
泰國
獸皮，木材
高 177.5 公分，寬 142 公分
As 1929,0815.3

圖三　羅摩王子的面具

從綠色的皮膚、優雅的五官和精緻的王冠可以看出這款面具描繪的是羅摩王子的角色。過去所有的表演者曾經都戴著面具，但現在只有代表惡魔和動物的角色才戴面具，仙人、皇家人物則戴王冠。

西元 1900–1920 年代
泰國
紙漿、黃金、木材、玻璃、絲綢、樹脂、金屬、漆
高 35 公分，寬 24 公分
As 1929,0108.1.a–b

5│4 泰國南部和馬來西亞皮影戲偶

由於歷史和文化的聯繫，馬來西亞的皮影戲與泰國南部的皮影戲有強烈連結。這些戲偶的圖像相似（圖一），表演通常以兩神交戰的例行片頭戲揭開，衝突由恢復宇宙平衡與和諧的聖人解決，但在泰國還有濕婆神騎在南迪身上的一場固定戲碼（圖三）。接下來演出從《羅摩衍那》敘事延伸出來的事件，不過現在故事也可以從小說、電影和電視節目汲取，有新的英雄和惡棍，像是官僚、商界和軍事領導人（圖四），以及諸如「黑武士」達斯維德（Darth Vader）等全球偶像。在泰國南部，南塔龍皮影戲作為儀式和娛樂還繼續蓬勃發展。節慶和市集上都會表演南塔龍，同時家庭和社區贊助皮影表演為生活事件增色，例如婚姻、慶豐收、治癒疾病或避開了厄運。在馬來西亞，保守的伊斯蘭政治人物自1990年代起禁止或限制表演，指控皮影戲鼓勵崇拜阿拉以外的神。

就像爪哇的皮影戲一樣，馬來和泰的戲偶由一名偶戲師對著屏幕操縱，由包含鼓和其他打擊樂器及木管樂器的樂團伴奏。偶戲師大多是男性，但也有零星女性，他們在通宵演出上吟誦詩歌、為角色配音、講述故事，並指揮管弦樂團。在現代的表演革新中，電燈已取代油燈，擴音器和電子樂器如今也很常見。這些雕刻的、色彩鮮豔的戲偶是用獸皮製成，有時是由偶戲師自己製作。近年來，有些偶戲師嘗試用塑膠代替皮革（圖五）。儘管戲偶以新的人物類型和新的服裝形式反映政治、社會、宗教和美學的變遷，貴族仍穿著傳統宮廷服裝，而半神丑角仍被繪製成黑色的，因此還是存在基本的連續性（圖一、二）。

圖一　托阿旺拉（Tok Awang Lah），羅摩王子戲偶

泰國南部和馬來西亞皮影戲貴族人物的圖像類似。這個屬於馬來傳統的羅摩王子戲偶和源自泰國的貴族和神祇的彩繪圖像和戲偶有相同的視覺元素——彎曲的手指、側臉輪廓、高王冠、弓握在身後的姿勢，並以那伽蛇作為地面。

西元 20 世紀初期至中期
馬來西亞吉蘭丹
獸皮、木材、竹子
高 94.2 公分，寬 31.3 公分
As 1970,02.109

圖二　托阿旺拉，樸多戈戲偶

丑角是區域內各地皮影戲的重要元素。和其他東南亞傳統的丑角一樣，樸多戈（Pak Dogol）的身體扭曲，而且一如泰國南部和馬來西亞的丑角被塗成黑色，帶有聖線的項圈暗示他的神性。戲偶本身被認為是神聖的，和其他木偶分開供奉存放。過去在表演前，偶戲師會向樸多戈背誦祈禱文。

西元 20 世紀初期至中期
馬來西亞吉蘭丹
獸皮、木材、竹子和棉
高 58.2 公分，寬 24 公分
As 1970,02.129

圖三　濕婆神在座騎南迪身上

在泰國南部，濕婆神戲偶是每次演出之初偶戲師表演的例行戲碼中的一個要角。印度教儀式的元素已經成為泰國傳統的一部分長達好幾世紀。在泰國，仁慈的濕婆在新年的蒂茹文巴瓦伊儀式（Triyampavai ceremony）受敬拜，儀式包括盪一個大鞦韆，象徵著一個新的開始和更新的時期。皮影戲儀式中的濕婆標誌演出的開端，使表演變得神聖，同時確保表演順利。

西元 1970 年代中期
泰國南部
獸皮、竹子
高 77 公分，寬 40 公分
As 1977,19.72

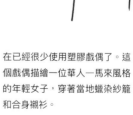

圖四　軍事將領

在泰國南部，戲偶可以以真人為原型。圖中這位戴紅色眼鏡的人暗示他曾經是一位地方名人，但眼鏡如今已成為一個常見的元素，而且在許多軍事戲偶上都可以看到。

西元 1970 年代中期
泰國南部
獸皮、竹子

高 77 公分，寬 40 公分
As 1977,19.32

圖五　米定（Midin），年輕峇峇娘惹女性戲偶

在 1960 年代，有些偶戲師嘗試用塑膠布製作戲偶。戲偶通常很小，細節則是透過彩繪著色製作。這是一次不成功的創新，現在已經很少使用塑膠戲偶了。這個戲偶描繪一位華人─馬來風格的年輕女子，穿著當地蠟染紗籠和合身襯衫。

西元 1960 年代末
馬來西亞吉蘭丹
塑膠、竹子
高 43.2 公分
As 1970,02.43

5│5 泰宗教畫

在泰國，佛教繪畫創作在布料和木頭，以及
寺廟和僧院的牆壁上。這些畫是宗教文物，描繪
歷史上的佛陀喬達摩及其生平或前世的本生故事
（圖一），佛陀的兩位主要弟子舍利弗和目犍連
隨侍在側，下方呈現精選的故事情節。其他主題
包括現在劫五佛，有時伴隨他們的誕生故事（圖
三），或者是過去二十四佛的故事，這些佛在喬
達摩前世時便曾預言他未來會成佛。這些畫被展
示在寺廟內外，提醒人們想起佛陀及其教義，而
布畫在節慶和儀式期間被帶上街遊行。人們委託
製作宗教畫來禮佛、積功德、護佛法，希望確保
自己以及和他們共享功德的人投胎轉世得更好。

當作屏風的彩繪木板相對較小（圖二），但
布畫可寬至 1 公尺以上，高達 4 公尺。沒有使用
時，紙和織物製作的畫會捲起來存放。由於材質
容易損壞，多數倖存的畫作狀況不佳，只能追溯
到 19 世紀晚期和 20 世紀初期，此後繪畫被印刷
取代。有少數在受到良好保護的地點發現的珍貴
作品，年代可以追溯到 16 世紀，透露生產畫作
是泰國宗教活動由來已久的一部分。畫作很難得
有藝術家簽名或刻有捐贈者的名字（圖二）。

**圖一 佛陀及其兩位主要弟子的
幢幡畫（phra bot）**

以典型的泰國花卉紋為背景，
這幅畫中的佛陀站在精美的基
座上，右手施無畏印。左右兩
側是他的兩位主要弟子目犍連
和舍利弗，展露敬愛之意。人
物上方有兩位飛翔的持明者
（vidyadharas，具有超自然力
量的隱士）以手勢和鮮花禮佛。

下方以常見的幢幡畫格式呈現一
個獨立場景，在這個作品中是供
獻的場景。這些動物可能和捐贈
者的生肖有關。碑文嵌板是空白
的。

西元 19 世紀中期至晚期
暹羅（泰國）
織物、紙、顏料
高 289 公分，寬 89 公分
1959,1010,0.9

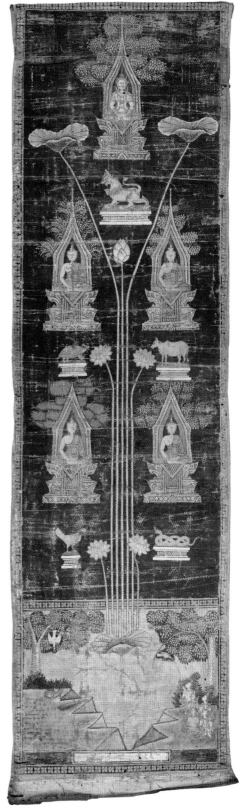

圖二 佛出忉利天畫

雖然這幅畫是畫在木頭上，上面的銘文寫著：「僧人庫呂的布畫是為佛教的布教而製作」。「布教」（dispensation）這個用語指的是佛法還存在的時期。因為佛陀教導一切都是無常的，所以人們委託製作佛教物品確保宗教在衰落和消失之前盡可能長久。人們相信佛陀曾到過因陀羅神的故鄉忉利天，向在那裡轉世的母親傳教說法。

西元 19 世紀中期至晚期
暹羅（泰國中部）
木材、金箔、顏料
高 54.3 公分，寬 38.5 公分
朵麗絲・杜克慈善基金會（Doris Duke Charitable Foundation）捐贈
2004,0628.39

圖三 現在劫（賢劫）五佛幢幡畫（phra bot）

人們相信當前的時間週期有五佛，其中四尊已達涅槃，而第五尊佛（彌勒佛）即將到來。這幅幢幡畫呈現五尊佛坐在寶座上，每尊佛都有一隻動物陪伴。頂端的佛是歷史上的佛陀喬達摩。下方圖的湖中荷葉和荷花綻放，講述泰版的佛陀誕生故事。他們的母親是一隻白烏鴉，因為暴風雨將她的巢和五個蛋吹進水中，因悲痛而從樹上墜落身亡。這些蛋一個個被救出，並由畫中所示的動物撫養長大。

西元 19 世紀晚期
暹羅（泰國中部）
織物、紙、顏料
長 303 公分，寬 92 公分
1959,1010,0.8

5|6 佛教遊行畫布

在泰國東北部和寮國低地，希望積德的人委託製作棉布長捲軸，描繪《毗輸安呾囉本生經》，這是佛陀前世的故事之一，講述毗輸安呾囉王子（某個前世的佛陀）如何透過布施他的財產，最終連他的家人都布施出去，以達布施的完美境界（圖一）。這些布在地區作坊繪製，長度在 15 公尺至 75 公尺之間。它們在每年 3 月或 4 月收穫後舉行的重要節慶本生經節使用。節慶期間，僧侶們吟誦整個故事，最後，平信徒們把布帶出村莊，將布完全展開，禮敬佛祖，然後組成一支遊行隊伍，在音樂和舞蹈的伴隨下把展開的布帶回村莊。在村莊裡，它會繞著當地的寺廟順時針巡行三圈，然後懸掛在寺廟的大廳。這個遊行是一次集體的積功德活動，重新演繹本生故事的結局，也就是王子在捐出王國珍貴的祈雨大象遭流放後凱旋歸來，它使參與者（通常是幾乎是全村的村民）在故事裡發揮積極作用。

圖一　本生經節的毗輸安呾囉畫布的一部分

雖然完整的故事由 13 篇章和 1000 偈頌組成，但《毗輸安呾囉本生經》的畫通常著重章節中的幾個特定場景，這些場景提供毗輸安呾囉王子有能力抑制慾望和執著以及他完善布施的證據。圖中這部分的畫布重點講述毗輸安呾囉將他的孩子布施給婆羅門朱加卡（Jujaka），但敘事並不按時序展開。故事從左邊的朱加卡過世開始，然後是他在準備宴會時暴飲暴食，導致死亡。接下來，他在一棵樹上睡覺。孩子們被綁在樹下，神靈偽裝成其父母給予安慰。然後是朱加卡把孩子們帶到宮殿，在這之後是歡迎毗輸安呾囉回到王國的遊行（故事的結尾）。這些場景的上方有一

排裝滿蓮花的花瓶，象徵佛陀的
純潔。畫布的結尾是毗輸安呾囉
把孩子們送給朱加卡，告訴他的
妻子瑪蒂（Maddi）布施一事，
在她聽到消息暈倒後救活她，並
在孩子們逃跑躲進荷花池後再次
把孩子們送出去。在這些場景上
方，可以看到瑪蒂在森林裡採集
食物，被偽裝成兇猛動物的三名
神祇阻擋不得返回寺院，以確保
毗輸安呾囉布施孩子們一事不會
受阻。不尋常的是，這塊畫布周
圍有一圈邊框，暗示它是完整的
一塊畫布，儘管它只描繪部分的
本生故事。

西元 20 世紀中期至晚期
泰國東北部或寮國
顏料畫在棉布上
高 89 公分，長 500 公分
2003,1027,0.1

大事紀

6　織物和編籃

織物和編籃是東南亞主要且互補的藝術形式。在地條件導致形制和功能上的多樣性，而宗教、貿易和文化往來則促進結構與紋飾上的相似性。然而，編籃和織物的生產不是靜止不變的，隨著新想法、材料和時尚的出現，它們可以以創新的方式表現出來。同樣的，社區會移動，而意義和流行也隨著時間變化（圖三）。

編籃通常由女性製作，做為居家使用、儀式目的，以及創造收入來源的商品，但它不受管理織物的那一套儀式限制束縛，而且男性也可以參與製作。雖然多數編籃是沒有圖案的編織，但那些具有禮儀功能的編籃通常會有精美的色彩、設計和配件。誠如東南亞的許多藝術形式，這些產品令人賞心悅目之處在於其工藝技巧性。

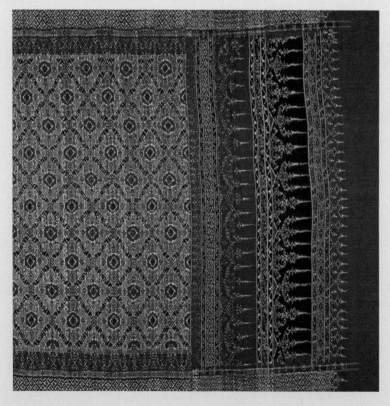

圖一　裙布（sampot chawng kbun）（局部）

這種斜紋編織的緯絣裙布被繫在腰間並繞在兩腿之間，形成男女皆穿著的類似褲子的衣服。染成黃、綠、紅、藍的柬埔寨傳統顏色，它採用帕托拉（印度貿易織布）排版，中心區是帶有八瓣「花」的菱形格圖案。 邊框圖案是一種稱為延陀羅（yantras）的保護圖陣，在整個東南亞地區的各種文化背景和媒材裡都看得到。由於泰國和柬埔寨之間的政治和社會往來，這些設計和專為泰國市場生產的印度織物相似。

西元 20 世紀初期至中期
柬埔寨
絲綢
長 308.5 公分，寬 95.5 公分
道格拉斯・巴拉特（Douglas Barratt）捐贈
As 1962,02.1

圖二 上衣

這件棉質上衣屬於住在中國雲南南部和越南北部的紅瑤族，但衣服上的圖案在越南北部老街省（Lao Cai）沙壩（Sa Pa）一帶製作的織物是典型圖案。這件上衣的袖口和邊緣周圍有貼花條，背面的嵌料和衣領周圍有刺繡。其他裝飾品包括玻璃珠、羊毛絨球和毛線束。

西元 20 世紀中期
越南沙壩
棉、羊毛、玻璃
長 100 公分，寬 120 公分
As 1995,27.1

東南亞的織物和女性相關，而且幾乎是專門由她們製作。在某些文化中，男性在使用織布機時觸摸是禁忌，女性則在染色和編織過程的不同階段遵循各種身體和精神的限制，以確保她們自己及社區的安全。織物提供收入，充當財寶庫，是個人和家庭聲望的來源，還可以創造同盟。女性過去曾負責製作一個家的服裝、儀式用品、宗教掛飾、戲劇服裝和皇室必需品。具有重大精神和儀式重要性的布料常和神話與傳說連在一起，這些神話和傳說講述紡織技術的起源或與紡織相關的文化起源。織物具有重要的社會意義，因為織物的設計、形式、複雜性、穿著的方式及原料的價值，都有助辨識使用者的社會地位和出身、所屬宗族、婚姻狀況、年齡和性別。作為一種影響力強大的物品，織物可以當護身符佩戴，而且它們曾在被人當作常見貨幣使用時，發揮重要的經濟交流作用。地位較高的布料和進口織物被當作傳家寶保存。作為宗教物品，織物被用在出生、結婚和死亡等禮儀中，還有儀式和節日上，藉以展現主人在社群內的社會地位。在一些社區裡，女人的家庭在交換禮物時贈送織物，換取與男性相關的金屬及木製品，或在家庭或氏族內女人之間作為儀式性交換的贈禮。織物也用來祭祖，祖先的靈魂會在死者前往來世時保護他們。織物的意義重大進一步

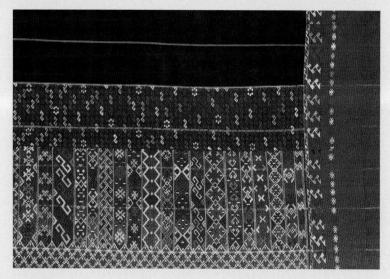

圖三　裙布（細節）

這個裙布產於緬甸克欽邦或北部撣邦，那裡有龐大的克欽族社區，以斜紋編織，並在黑色和紅色底色上採用多色、連貫和不連貫的緯二重織編織各種圖案。下緣的垂直紋飾條今天和克欽族的分支勒奇族（Lachik）關係更密切，可是在過去，它們似乎更盛行於克欽分支景頗族之間。穿著裙布時，黑色的部分在上。

西元 20 世紀初

緬甸

棉

長 188 公分，寬 71 公分

安妮·史密斯（Anne Smith）捐贈

As 1992,01.5

體現在以下事實：織物的圖案被複製到其他媒材上，包括雕刻在印度教寺廟的石頭上，像中爪哇的普蘭巴南禪邸（西元 9 世紀），以及繪製在泰國和緬甸的 18 和 19 世紀佛寺牆上。

生產織物的材料多樣，從樹皮和植物纖維（包括棉花）到絲綢（可能最初從中國傳入），以及最近的合成纖維。這裡討論的多數織物都是在無框背帶織布機織造；織物的張力是由織工靠向環繞她的背帶來控制。有框織布機是後來的發明，織布透過布夾保持正確的張力，主要用於絲綢、帶有金屬線（songket）圖案的織物和掛毯編織。主要的染料顏色是來自靛藍的藍黑色，以及各種原料的紅色和棕色，包括橄樹和黃焰木（soga）。化學染料於 19 世紀晚期進入東南亞後，使用踴躍，最終幾乎徹底取代了植物染。

許多織物的技術非常複雜，需要對紗線生產、染色技術和織造過程有充分的掌握，製造者的能力就是由這些標準評斷。編織時，經紗被綁在織布機上，緯紗則用梭子織入。一塊布匹被稱為經面布時，代表掩蓋緯紗的經紗密度較大；緯面布的情況正好相反。最基本的編織形式是平紋織（plain weave），此

時經紗和緯紗以基本的一上一下排列方式相互交織。浮織（float weave）是指經紗或緯紗從兩個或多個相對元素（經紗或緯紗）的上方和下方經過的情況。斜紋織（twill weave）就是一個例子，此時緯紗以交錯的方式越過兩根或更多經紗，創造出斜向對齊的圖案（圖三）。纏繞（twining）需要把兩根或多根緯紗（或經紗）彼此搓揉在一起，一邊包裹連貫的經紗（或緯紗）。東南亞這些織布的方法可能是織物的主要圖案，也可以為其他編織或裝飾技術提供基礎。該地區廣泛使用增補圖案，包括在編織過程中添加更多的經線或緯線（圖三）。這些線可以是連貫的，走完布料的整個寬度或長度，也可以是不連貫的，讓線在某個設計元素內來回編織。當不連貫的增補紗為緯紗時，此技術也可稱為提花織（tapestry weave）。織錦布（Brocading cloth）是一種在機織布上添加輔線（通常是銀線或金線）的方法，而刺繡是指各種類型的針法，例如釘線繡（couching）、鎖鏈繡（chain）、平針繡（running）和緞面繡（satin），通常是用針來裝飾織物。將額外的布料縫合到一塊底布上的過程稱為貼花（appliqué）（圖二）。珠子、貝殼、種子、金線和銀線、絨球，以及雲母片或玻璃片也常被納入設計中（圖二）。並非所有織物都有編織圖案。生產蠟染時，熱蠟或米糊被塗在織物表面以防止染料滲透。染色後，除去防染塗料。伊卡是另一種防染法，經線或緯線（或兩者）在編織前會先根據圖案加以紮染（圖一）。

19 世紀主要從歐洲進口廉價、大規模生產的印花織物，這些織物逐漸取代了當地紡織業和家庭紡織布料。東南亞本身在 20 世紀期間成為大規模織物的生產中心和服裝出口地。

6｜1 樹皮、樹皮布和植物纖維

　　植物纖維的纏結、交織（編辮）和纏繞自遠古時代起就存在東南亞，早期陶器上發現的印記就是證據。東南亞新石器時代遺址發現的用於敲擊樹皮的木槌表示，人類很早就發明了樹皮布。樹葉、植物纖維和樹皮仍可構成服裝的一部分（圖三）。在婆羅洲，樹皮布曾被當作和戰爭及獵頭有關的保護罩基礎（圖一、二）。在關於死亡的儀式上，人們仍然穿戴它來抵禦惡靈。樹皮布織物也是菲律賓北部伊富高人喪葬儀式的一部分。儘管樹皮布和粗植物纖維製品曾經廣泛流行於東南亞，現在僅少數孤立的群體把它們當作服裝使用，因在很多社群裡都已經用機織布取代。

　　樹皮布樣式不一，從未經處理的粗糙樹皮縫合在一起到通過浸泡和用敲擊纖維製成的柔軟、毛茸茸的布料都有。由此產生的織物可以加以彩繪，也可以用貝殼、種子、珠子和雲母做裝飾（圖一）。薄樹皮布也曾作為宮廷手稿和繪畫的紙張使用，包括爪哇島和峇里島的宮廷。在某些地方，粗樹皮布被當作盔甲使用，而較精緻的布料則被用來製作日常及節慶服裝。在蘇門答臘島南部，樹皮布當服裝襯裡的用途仍持續。

圖一　保護罩（baju buri'）

由敲打過的樹皮布製成，布料上縫有寶螺殼，像這樣的保護罩曾經在獵頭時使用。鉤子和螺旋是古代東南亞美學的一部分，圖中可以看到鱷魚逆流而上時激起的漣漪。伊班族把鱷魚和水及冥界聯想在一起，相信它是一種在獵頭時幫助人類的靈。

西元 19 世紀晚期至 20 世紀初期
婆羅洲伊班族
樹皮、寶螺殼
高 55 公分，寬 65 公分
As 1923,1018.1

圖二　伊班族戰衣

這件伊班戰衣的樹皮纖維是用細藤條鬆散編織而成，並覆蓋著穿山甲鱗片，防禦彈射武器的攻擊。戰爭在婆羅洲很多社群之間十分普遍，並持續到 20 世紀。

西元 19 世紀晚期
婆羅洲伊班族
樹皮、穿山甲鱗片、藤
高 66.5 公分，寬 42.5 公分
As 1905,–437

圖三　雨斗篷

這種斗篷由禾本纖維緊密纏繞做成短上衣，但下層保持未經纏繞的狀態，在東南亞的很多族體裡，像這樣的斗篷被男人和女人當作雨衣套在背包籃外面。

西元 20 世紀初期
可能是欽族，緬甸欽邦
禾本纖維
高 86.4 公分，寬 56.7 公分
As 1935,1008.1

6｜2 伊富高織物

伊富高是住在菲律賓呂宋島中部科迪勒拉區（central Cordillera region）的四種相關語言使用者的統稱。在這裡，就像幾乎所有的東南亞文化一樣，織物是女人的藝術，而且在日常生活、經濟交流、婚姻財產、喪葬習俗和其他儀式背景裡發揮重要作用。

女人穿由飾帶固定的全身裹布（圖二），偶爾穿上衣，男性則穿著腰布和上衣。毯子按需要使用，每個人都攜帶編織包包和小袋（圖一）。現在很少人每天都穿一整套的這些衣服，但很多物品在重要場合仍有用途。隨著織物在科迪勒拉區廣為流通，織工在遇到新的想法時調整了設計、圖案和顏色，今天許多織物也是為遊客製作的。

在伊富高人中，經絣技術主要保留給喪葬織物。有多種類型的毯子是作為裹屍布用途，例如 gamong（圖三）。家族在可負擔範圍內用最多條的織物包裹並埋葬親人的屍體，寡婦也會用這種布遮住自己。伊富高族過去會將死者二次埋葬，當骨頭被挖出來後，會用新的陪葬布包裹起來放在家裡，直到收集到足夠的資源舉辦一場昂貴的再葬典禮。在葬儀期間，織物有時會被儀式性地破壞，確保它們在死者的世界不會被偷走。

圖一　包包（pinu' hha）和局部放大

伊富高族用來裝避邪物、雕花木勺、檳榔塊和其他必需品的小包包是三角形的，然後用黃銅環關起來。圓形黃銅手柄的用途是把袋子固定在腰帶上。這裡的圖案是以增添到經紗和緯紗的輔紗製成。

西元 1800 年代末至 1910 年
菲律賓呂宋島
棉、黃銅
長 71 公分，寬 25.5 公分
As 1914,0414.99

圖二　女人的飾帶（mayad）

女人有時會把深色的男人腰布改造成自己的飾帶。圖中使用靛藍染色的深色織物暗示曾做過的修改，紅色和黃色的紗線綁在流蘇上，使它適合女人穿戴。織物的主體中央有一條紅色條紋，兩側有紅色和藍色的增補經紗條紋，兩端則是由紅色和黃色的增補緯紗構成。

西元 1800 年代末至 1910 年
菲律賓呂宋島
棉
長 196 公分，寬 18.5 公分
As 1914,0414.88

圖三　毯子（gamong）

Gamong 毯子先以背帶織布機編織四塊，每一種兩塊，然後把它們連接在一起。中間的部分做成藍色和白色條紋，末端覆蓋藍色的增補緯線圖案，左右兩側都有藍色和紅色條紋和增補的經紗藍白條紋交替。毯子的頭尾兩端添加了個別的狹窄編織帶。

西元 20 世紀
菲律賓
棉
長 235 公分，寬 159 公分
As 1995,11.2

6｜3 來自帝汶島的織物

　　帝汶織物起源於約 18 個民族語言群體，高度多樣化且難以分類，因為歷史與政治事件、人口流動和島嶼地理都影響了過去幾百年的材料取得、生產，以及織物的文化重要性。帝汶織物非常個人化，同時保有和家庭、區域認同以及社會地位相關的設計排列、色彩、技術和圖案。織物上通常只有兩種主要顏色，但用背帶織布機織造經面布的技術有很多種，包括平紋織、經絣、經面浮織、增補緯紗包裹、提花織、不連貫緯二重織花紋和纏繞。

　　誠如東南亞島嶼區的許多族群，帝汶的編織在創世神話裡有重要地位，織物生產和女性有關，而織物是婚姻協議禮物交換的一部分。今天，織物主要有三種形式：包裹在胸部上方的管狀女用布料（圖四）、男用帶流蘇的長方形布料（圖一、二），還有一款在 20 世紀流行起來的單面流蘇長布（圖三）。頭布、腰布，以及裝檳榔用具的袋子如今鮮少生產，甚至根本沒有生產。多數手工編織的織物如今僅作為節日服裝使用。

圖一　男人布（selimut）

由兩片以背帶織機編織的靛藍染、經絣伊卡花紋的織物構成，男性通常將這種裙布繫在腰間。這種設計樣式在島上許多地方都看到到，中心區域有八條帶有伊卡紮染圖案的紅黃經紗條紋，兩側各有較寬的條紋。在某些地區，大大的白色伊卡紮染圖案被看作檳榔盒，而靛藍色的中心區域則與男裝有關。

西元 20 世紀初期
東帝汶
棉
長 233 公分（不含流蘇），寬 125.5 公分
As 1927,0215.1

圖二　男人布（selimut）

編織的複雜性，使用增補的緯向和經向浮紗，以及帶有圖案的白色中心條紋暗示這塊布是為了社會地位高的男人而製作。今天，男人在正式場合會穿兩塊這樣的布，一塊繫在腰間，另一塊披在肩上。過去的人是不是這樣穿則不得而知。

西元 20 世紀初期至中期
可能是阿托因梅託人（Atoin Meto peoples），帝汶
棉
長 190 公分，寬 115 公分
As 1981,11.3

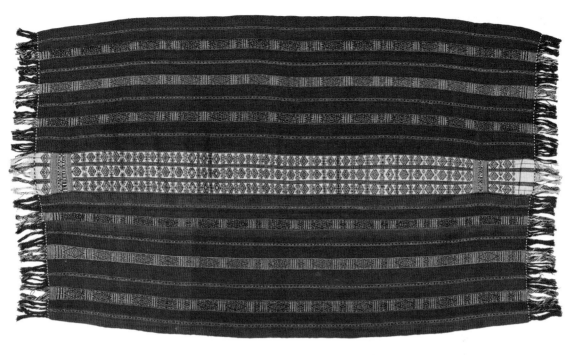

圖三　肩布

當作肩布使用的較窄織物是 20 世紀下半葉的產物，印尼於 1940 年代末脫離荷蘭獨立後，肩帶成為「民族」服裝的一部分。這件作品使用的技術包括經絣伊卡、緯紗纏繞和緯二重織。

西元 20 世紀初期至中期
帝汶
棉
長 256 公分，寬 71 公分
As 1982.12.4

圖四　裙布

由四塊布料構成，這件女人裙布為棕色底布配深色條紋，有兩片紅色、黃色和粉紅色線條的外加飾帶，以及靛藍底的奶油色經絣伊卡紮染圖案。上下飾帶為無花紋的靛藍色。

西元 20 世紀初期至中期
印尼帝汶阿右圖帕斯（Ayotupas）
棉
長 122 公分，寬 52 公分
As 1992.05.87

6│4 巴塔克織物

在蘇門答臘島六個相關的巴塔克社會中，過去女人會編織然後把織物獻出去，當作生命週期儀式和鞏固家庭關係的定期禮物交換的一部分，但儘管織物今天仍被當作禮物，它們的生產因為入不敷出而大幅減少。為了製作精緻的織物，女人在背帶織機上使用以天然植物染色的連貫經紗棉線。當完成後剪斷經線時，會將它們揉捻、編辮、打結或鉤編成流蘇。遵循既定規則的對稱性，是巴塔克織物設計的重要特徵，三個構成一組。通常是左右兩條裝飾區塊和一個中央區塊。有時，中央區塊也由三個部分組成（圖二）。邊框是一個標準元素，細節各不相同。巴塔克族最重視的是頭尾端帶有精心編織的緯二重織圖案結構的織物（圖一、二）。

巴塔克社會有好幾種類型的烏洛斯布（ulos cloths），每種都有不同的用途。烏洛斯拉吉杜普（ulos ragidup）是托巴巴塔克人最重要的布料，只有社會地位高的長者才能穿（圖二）。這個名稱的意思是「生活的模式」，指的是婚姻交易。雖然有時它被當成一種保護，送給懷孕第 7 個月的高社會地位女性，但她在成為祖母之前都不能穿戴它。中心區域的主要圖案包括奇數數量的條紋和緯二重織圖案設計，通常適用紅色、藍黑色和白色，這是巴塔克織物的三個主要顏色。

圖一　布

烏洛斯納馬西馬塔（ulos na marsimata）是有珠子裝飾的布。這款烏洛斯由從縱向縫合的兩塊大小相等的深靛藍布組成。兩端都有相同的菱形、之字形、十字形、三角形和人字形裝飾帶，邊緣的條紋是用提花織、不連貫的增補經紗，還有斜紋織和不連貫及連貫的緯二重織技術製成。流蘇是纏繞出來的，串著玻璃珠或以金屬條包裹。尾端都加上了紅色法蘭絨。

約西元 1800–24 年
印尼蘇門答臘島南打巴奴里（South Tapanuli）的席比洛克巴塔克人（Sipirok Batak）或昂戈拉巴塔克人（Angkola Batak）
棉（可能）、玻璃、羊毛、金屬、纖維
長 196 公分，寬 95 公分
J·H·德雷克捐贈，史坦福·萊佛士收藏
As 1939,04.121

圖二　布和局部細節

烏洛斯拉吉杜普（ulos ragidup）是由三塊不同的織物從縱向縫合，這塊布的中間部分呈現靛藍色和白色的細條紋，以及兩端都有流蘇的增補緯紗的複雜圖案。兩端的設計不同，一端被認為是女性，另一端被認為是男性。中心織物兩側的條紋則是由增補經紗製成。

西元 19 世紀早期至中期
印尼蘇門答臘島托巴巴塔克
棉
長 185 公分，寬 137 公分
由阿姆斯特丹動物學會捐贈
As.7563

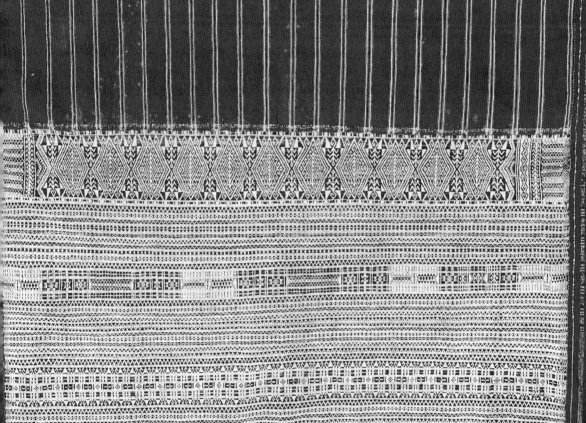

6│5 來自楠榜的織物

楠榜省位於臨巽他海峽的印尼蘇門答臘島南端。該地區自古以來就是主要貿易路線的一部分，以稱為「塔皮斯」（tapis）的筒裙、上衣、船紋禮儀布（tampan and palepai）聞名，這些是楠榜人（考爾人〔Kauer〕是其中一個族群）在節慶期間和諸如出生、割禮和死亡等生命禮儀所使用的儀式及典禮用品。年輕女性過去會製作這些織物為她們的婚禮做準備，它們也被當作重要的禮物用來送人。

塔皮斯裙和上衣的製作非常耗時，有時需要花一年的時間，並且採用昂貴的材料，向社區展示一個家庭的財富和社會地位（圖一、二）。裙子和上衣的染色結合了黃色、深紅色和綠色、棕色、靛藍色和奶油色的條紋。最重要的外觀設計由纏金和銀的線、珠子和刺繡、鏡子、雲母或白雲母，以及羊毛氈和羊毛構成，它們附著在布面上，有時還採用複雜的縫紉方式。

設計的顏色和組成反映住在楠榜的不同社會群體，每個群體都有特定的服裝傳統，不過有些圖案表明他們之間有大量的互動。有時船隻的圖像會出現在塔皮斯上，證明它們從遠古至今在東南亞島嶼區許多地方持續發揮實際和象徵的作用（圖一）。在楠榜，除了和婚姻有象徵性的關聯，船隻也為穿著塔皮斯裙和上衣的典禮遊行提供概念架構。

圖一　上衣

只有考爾女人才會穿圖中這樣的夾上衣，搭配她們的塔皮斯裙。這件上衣是用貼花貝殼和印花織物、雲母片、條紋、平針繡和緞面繡，以及緯二重織編織技術製成。它有純棉的內襯。

西元 1870 年代至 1883 年
印尼蘇門答臘島楠榜考爾人
棉、泥螺殼、雲母、白雲母
長 30.5 公分，寬 128 公分
A・W・法蘭克斯捐贈，亨利・福布斯收藏
As,+.1917

圖二　筒裙（tapis）

這款正式筒裙由五塊布料手工縫製而成，上面有刺繡、釘線繡雲母片、白雲母片和鍍銀金屬線，以及金屬經二重織的條紋。這裡呈現的圖案是人物在為節慶搭建的亭子裡，下層飾帶的人物之間有幡旗。在上層的圖案中，有一個人物坐在船上的寶座，下方有兩個俯臥的人物，可能是水手或奴隸。周圍的花飾模擬海洋。從染色可以看出這塊塔皮斯是楠榜區西南沿岸塞芒卡（Semangka）的一位考爾人婦女所製作。

西元 1800–1880 年
印尼蘇門答臘島塞芒卡灣考爾人
棉、金屬、絲綢、雲母、白雲母
長 118 公分，寬 64 公分
A‧W‧法蘭克斯捐贈，亨利‧福布斯收藏
As,+.1914

6｜6 宋吉錦

　　宋吉（Songket）屬於織棉類型的織物，在東南亞島嶼區很多地方都看得到，包括印尼的蘇門答臘島（圖一）、峇里島、龍目島、加里曼丹島和松巴哇島（Sumbawa）、馬來各邦，特別是馬來半島東岸的吉蘭丹州和登嘉樓州（Terengganu），以及汶萊。它是以背帶織機或框架織機採用緯二重織編織技術製成，在絲質或棉質的結構經紗和緯紗之間，插入額外的金線和銀線或金屬包紗，呈現圖案飄浮在布面的外觀。（圖三）。近年來，聚酯織物和彩色金屬線變得流行。幾何紋和花卉紋構成了主設計，宋吉偶爾會被覆加到伊卡紮染圖案上，或圍繞伊卡紮染圖案中心區塊的邊緣（圖二）。宋吉設計可能會覆蓋整塊布料、穿著時可見的區域，或僅覆蓋邊緣和兩端的飾帶。

　　宋吉錦及其圖案和習慣法「阿達特」（adat）分不開，而且是為阿達特好禮儀而製作的。奢侈法的終結和皇室贊助的衰頹使宋吉錦的主要生產中心移出宮廷。如今，宋吉已成為在家中或手工藝中心編織的女性的收入來源，同時也被主要織物製造商用機械化織布機大量生產。自 20 世紀中葉起，宋吉錦在島嶼世界的各地廣為使用，代表「傳統」是從婚禮和割禮到節慶和國家活動等各種禮儀場合展示財富、地位和民族認同的一部分。

圖一　男人飾帶（cawek）或肩布（slendang）（局部）

這塊紅色絲綢織物上有寬度不一和多種圖案的的銀色宋吉錦帶，有些錦帶完全覆蓋了底布。紅色底布是典型的蘇門答臘島織物顏色，較明亮的色調屬於年輕人，較暗的色調屬於長者。飾帶有裝飾著絨球的長流蘇，那是男人正式禮儀腰帶的典型特徵，但腰帶兩端的紋飾通常被一整段素布隔開，不同於圖中這塊飾帶。頭尾兩端可能是透過縫合被再造成一塊肩布。

西元 1860 至 1870 年代
印尼蘇門答臘島巴東高地
絲、藤、銀
長 176 公分，寬 22.5 公分
As,Bk.30

圖二　布料（slendang）

絲綢伊卡紮染織物和宋吉的組合，是為馬來半島東岸的登嘉樓和吉蘭丹以及蘇門答臘島上的皇家宮廷生產。圖中主要由花卉紋和花卉幾何圖案組成的兩端和邊緣，幾乎完全覆蓋了絲綢織物，這使伊卡紮染圖案唯獨在中心區域可以被看見，這是一種標準格式，可能是從進口印度布匹的設計編排發展而來。

西元 19 世紀晚期至 20 世紀初期
馬來西亞吉蘭丹或登嘉樓
絲、黃金
長 220 公分，寬 85.5 公分
As 1955,06.2

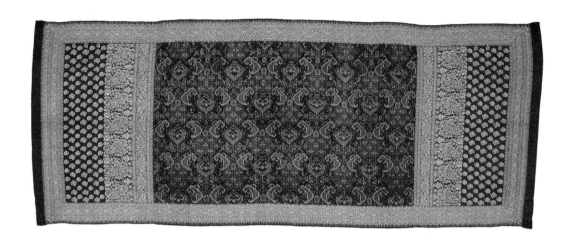

圖三　裙布（局部）

這款裙布展示和印度布匹相關的
圖案和排列，這些圖案和排列
在東南亞島嶼區很多地方都變
得重要，包括三角形的頓邦紋
（tumpal）、八瓣花卉紋、抽
象化的鳥類和樹葉，以及框住花
卉—幾何紋設計飾帶的細窄幾何
元素，像是星星。來自該地區的
許多宋吉織物有相同的設計，這
表示東南亞菁英階層之間存在廣
泛的政治聯盟和家庭聯姻，而且
織物和圖案樣本在一些中心很容
易流通。

西元 20 世紀初期至中期
可能是印尼蘇門答臘島
絲綢、黃金
長 184 公分，寬 87 公分
As 1992,05.15

6│7 欽族織物

　　欽族由 70 多個不同的族群組成,居住在緬甸的欽邦和若開邦,以及印度和孟加拉。有鑒於地理分布廣泛,他們的織物也同樣存在高度變化。

　　對欽族來說,毯子、腰布和頭巾過去曾是主要的男裝,女性則穿著束腰外衣(tunics)和裙子。男女都使用包包。圖案顯示穿戴者的性別,以及他或她的社會地位。圖案也顯示布料使用的活動場合,其中有些織物只能用在節慶和包括婚姻和儀式筵席的交流活動上(圖一)。生產也能和身分地位結合在一起,特定圖案僅限高社會地位和特定氏族的編織者製作。由於生產欽族織物的複雜性,它們成為家族內代代相傳的珍貴傳家寶。

　　最早的織物是由當地的棉花和亞麻製成,並以植物染料上色。後來的織物還融入了中國絲綢、來自印度的商業棉,以及合成材料與染料。欽族織物往往是經面布,這代表經紗(綁在織布機上)多於緯紗(織入固定的經紗)。除了經紗條紋,由緯二重織和斜紋織製作的幾何形狀在織物裡佔大宗(圖二、三)。根據古時紀錄和旅人的記載,圖案結構在 19 世紀期間逐漸擴大,覆蓋織物的面積越來越多(圖四)。所有欽族織物都是以背帶織布機編造的。

圖一　禮儀毯(cong-nak pu-an)

男人和女人在盛宴(feasts of merit)和其他典霉霆禮上穿戴 Cong-nak puan。這塊毯子有兩個背帶織布機的寬度,以經向條紋、菱形斜紋編織和不連貫的緯二重織圖案結構作為裝飾。這樣的設計可能需要一年才能完成。

西元 20 世紀初期
緬甸北部欽邦的馬拉人或萊欽人(Lai Chin peoples)
棉、絲
長 209 公分,寬 140 公分
D・黑－內夫(D. Hay-Neave)捐贈
As 1948, 07.99

圖二　男人的禮儀披風(taw-nok)(局部)

這塊男人禮儀毯展示欽族織物常見的經紗和緯紗條紋流行排列,有許多綠色、黑色和紅色的經紗條紋,和兩條黃色菱形斜紋織的水平線條,將織物大概切成三等分。紅色、白色和黑色的不連貫緯二重織 vai puan 條紋是技術難度最高的元素,在 tawnok 以外的其他織物上也可以看到。雖然在盛宴上使用,tawnok 也有裹屍布的用途。

西元 20 世紀初期
緬甸欽邦梯頂地區西因欽人(Si-yin Chin peoples)
棉、絲
長 193 公分,寬 131 公分
D・黑－內夫捐贈
As 1948,07.107

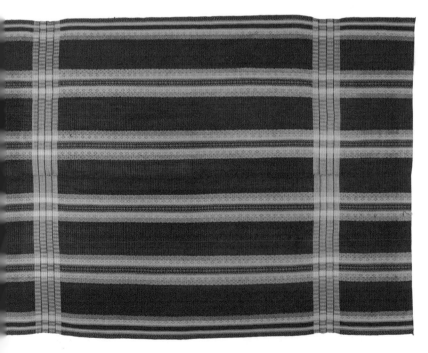

圖三 禮儀毯（vai puan）（局部）

只有出身地位較高的氏族女性才能夠編織 vai puan，一種以技術難度辨識和判斷的禮儀毯，在六個裝飾帶中間以不連貫的緯二重織編織紅、黑、白條紋。

西元 20 世紀初期
緬甸北部欽邦哈卡地區（Haka）的馬拉人或萊欽人
棉、絲
長 190 公分，寬 148 公分
D・黑－內夫捐贈
As 1948,07.102

圖四 禮儀毯（can-lo puan）（局部）

Can-lo puan 禮儀毯由社會地位高的男人穿戴，有不連貫的緯二重織、菱形 tial 紋，馬拉人認為菱形 tial 紋代表動物和鳥類的眼睛。由兩塊背帶織布機寬度的布製成，這些布料可以根據它們的六條白色條紋來識別。傳統上，它們是由扎杭族（Zahau）、燦丹族（Zotung）和馬拉欽族（Mara Chin）的高社會地位男性之妻編織。

西元 20 世紀初期
緬甸欽邦北部哈卡地區馬拉欽人
棉、絲
長 209 公分，寬 131 公分
As 1928,0605.81

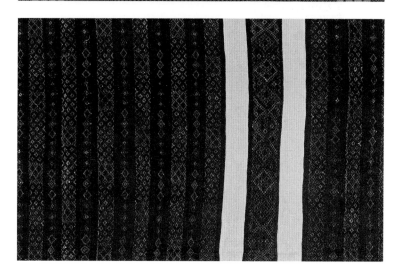

6│8 克倫族織物

　　克倫族由居住在泰國和緬甸的幾個相關群體組成，今天有很多克倫人是基督徒。他們過去曾使用當地種植的棉花和天然染料，以背帶織機生產衣服、毯子和袋子。男人和女人穿經過裝飾的深色筒裙、束腰外衣和頭巾，孩童則穿由兩塊織機寬度的布縱向縫合但保留開口給頭和手臂伸出、設計相對樸素的淺色長衫。

　　克倫族織物多採用經面平紋織製成，經絣伊卡紮染的圖案則添加在最精巧的品項上（圖一）。以各種顏色的連貫和不連貫緯二重織添加額外裝飾，製作重複的小型幾何紋和肖像圖案。大量使用薏苡種子是另一種常見的波克倫族（Pwo Karen）和斯高克倫族（Sgaw Karen）裝飾技法（圖二），同時波克倫族和巴古族（Paku）也做織物刺繡。

　　取決於群體的保守態度，很多克倫人如今只在特殊場合穿著傳統服裝，甚至完全不穿，有越來越多自家編織的物品成為傳家之寶。近年來，透過穿著自製的克倫族服裝重新確立民族認同是一個新趨勢。

圖一　裙布（ni）

以經紗條紋、經紗伊卡紮染和複雜的緯二重織設計加以裝飾，這件裙子由兩塊相連的棉布拼接而成。中間的部分以「蟒蛇皮」圖案為主，這是斯高克倫族以經絣伊卡紮染技術在女人裙布上創造的一系列重複幾何形狀。這種圖案的起源和一個克倫族的傳說有關。

西元 1800–1870 年
緬甸斯高克倫族
棉
長 114 公分，寬 71 公分
A・W・法蘭克斯捐贈，卡修（Carthew）收藏
As.6881

圖二　襯衣（hse）

這件束腰外衣購自丹那沙林（今天的下緬甸地區），並於1844年因衣服上的種子被贈送給大英博物館的生物部門，它由兩塊靛藍染色的棉布縫製而成。這是波克倫族女人襯衣的美麗樣品，用薏苡種子做的花卉和幾何圖案，紅色、黃色和白色的刺繡，以及紅色織物的貼花條加以裝飾。泰國境內有些克倫族婦女至今仍生產這種襯衣。

西元 1800–1840 年

緬甸丹那沙林地區（Tenasserim）

波克倫族

棉花、薏苡

長 77 公分，寬 69 公分

As 1979,Q.101

6│9 撣邦和蘭納

撣族和蘭納的北部泰族（northern Thai）是有親族關係的民族。他們屬於居住在緬甸東部和泰國北部、寮國和越南的傣語民族，擁有共同的紡織設計和編織技術。女人過去使用框架織布機為男人製作寬棉褲、頭巾和寬鬆襯衣，也為自己製作條紋裙布，有時還會為自己製作中式上衣（圖一、二）。男女都使用袋子（圖三）。

這個地區是中國和東南亞大陸區之間的主要貿易樞紐，衣服紙樣、服裝和材料，像是彩紗、亮片、珠子、天鵝絨和絲綢，在很多不同民族會造訪的定期區域集市進行交易。織物有時會作為一種政治互動的形式。來自清邁的達拉薩米公主（Princess Dararatsami，1873-1933 年）成為泰王朱拉隆功（Chulalongkorn，1868-1910 年在位）第五任王妃並到曼谷生活後，仍繼續穿著北方服飾。有照片記錄 19 世紀傣語民族的王子炫耀他們身穿傳統服飾的妻子，藉以展示其政治聯盟版圖。

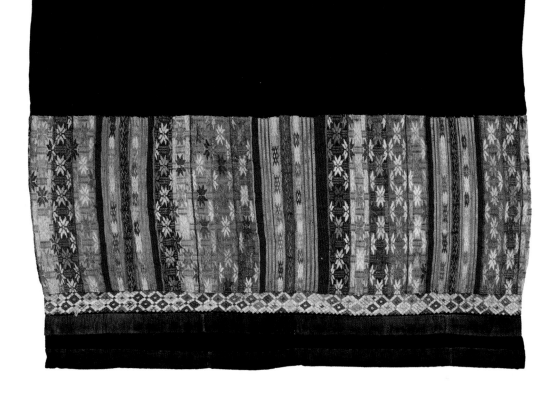

圖三　肩包及局部

這只製作精美的包包在緬甸是很多民族常用的種類，用綠紗、橘紗、粉紗、黑紗、白紗織成連貫或不連貫的緯二重織幾何圖案，並以紅紗刺繡。並以薏苡種子做成條紋和星星。

西元 19 世紀晚期或 19 世紀和 20世紀之交

緬甸撣邦東本（Tawngpeng）

棉、絲、薏苡仁

高 86 公分，寬 20 公分

As 1904,0626.6

6│10 阿卡族衣服

阿卡族生活在中國南部、緬甸東北部和泰國北部的高地，他們種植自己的編織材料，包括棉花和靛藍，將紗線染成濃重的藍黑色。男人的服飾較為樸素，有日常穿著的頭巾、深色短衣和長褲，以及為節慶場合妝點了貼花、刺繡、銀飾的類似服裝。女人穿背面有褶皺的素色短裙、綁腿、裝飾精美蓋住一半臀部的外套套在肚兜外，繫腰帶，戴精緻頭飾（圖一）。男女都揹包包。服裝可以分辨一個人的年齡層、經濟地位和婚姻狀況，未婚者往往穿著色彩鮮豔、圖案豐富的織物。年幼的孩童戴帽子，但不繫腰帶。隨著適婚年齡逐漸接近，人們在青少年時期給衣服添加薏苡仁之類的裝飾品。

阿卡族織物的刺繡和貼花圖案與眾不同，有些如今是用在山村間偶爾舉辦的市集購買的商業布料製成。刺繡由成排的平針繡及十字繡線條，還有一塊塊的緞面繡組成。五顏六色的三角形、菱形和細條紋布料以釘線繡縫在衣服上，形成密集的圖案（圖二）。

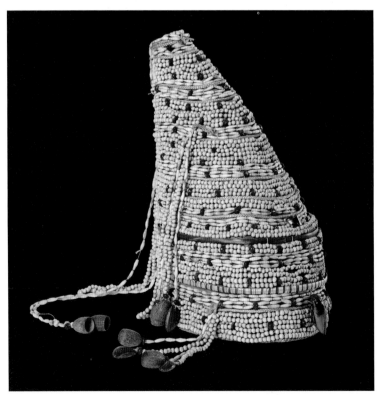

圖一　頭飾

帽子根據婚姻及經濟狀況用穿戴者喜歡的任何東西進行裝飾，包括珠子、羽毛、毛皮和銀幣。這個頭飾由竹邊的樹葉框構成，裝飾著紅色和白色的種子、竹條和編籃條、堅果殼和甲蟲翅膀，應該是給未婚女性戴的。曾經，阿卡族婦女總是戴著這些帽子，但自 1990 年代起，它們在特殊場合才比較常見。

西元 19 世紀晚期
泰國北部的烏羅阿卡人（U Lo-Akha）
樹葉、竹子、種子、堅果殼、甲蟲翅膀
高 29 公分，寬 23 公分
As 1903,–.23

圖二 女人的上衣

這款上衣的袖子和背幅的設計由
貼花條，還有重複的彩色菱形和
三角形織物與彩色刺繡組成，包
括釘線繡和十字繡、平針繡和鎖
鏈繡。薏苡仁、流蘇和金屬珠子
加強了活潑的外觀。底布由四片
以靛藍染色的棉布組成。這件上
衣是為節慶場合而做的。

西元 20 世紀初期至中期
泰國北部洛伊米阿卡人（Loimi-
Akha）
棉花、金屬、種子
長 69 公分，寬 136 公分
As 1981,21.75

6│11 赫蒙人的織物

大批赫蒙人（Hmong）在 19 世紀時從中國移民到越南、寮國和泰國的高地。後來，由於 1960 和 1970 年代的越南戰爭，許多赫蒙人移居到美國。

在東南亞山區維持牧生活方式時，珠寶、服飾和其他易於攜帶的物品，成為很多赫蒙人群體中重要的社會和文化標誌，一個家庭的地位和財富透過他們服裝的材質和複雜程度來展現。（圖三）。女孩自年幼時就開始向母親學習如何紡紗、染紗、織布、刺繡和製作貼花圖案。經年累月下來，她們生產出大量衣服當作嫁妝，這方面的能力會使她們成為令人嚮往的婚姻伴侶。

婦女在從事農耕和其他家務勞動之間的空檔生產織物。漢麻（Hemp）和棉花用靛藍、天然或合成染料染色，並以十字繡刺繡、貼花、蠟染圖案、珠子和硬幣做繁複的裝飾（圖一）。雖然比較深的顏色在 19 世紀晚期和 20 世紀初期盛行，但晚近時期，明亮的顏色開始流行起來，來自中國的刺繡和印花花布條已經取代了更困難的貼花製作技術。儘管技術和材料比較簡單，而且牛仔褲和 T 恤比較流行，傳統的織物風格保有其社會意義。節慶期間人們穿著有大量裝飾的特殊服裝，含括包包在內（圖二），而嬰兒衣物會以保護的圖案加以裝飾。

圖一 裙子

這條裙子是婦女為女兒製作的嫁妝，它展現傳統的工藝技術，包括靛藍染、蠟染紋飾、十字繡刺繡和打褶。刺繡帶有橘色、紅色和白色，而由幾何形狀、同心線和類似十字繡的圖案組成的白色蠟染設計，密集地散布在整個中間帶。穿裙子時要搭配綁腿、上衣、腰帶和圍裙。

西元 1900 至 1920 年代中期
泰國北部的赫蒙人
棉
長 55 公分，寬 42 公分
J．開特（J. Cater）捐贈
As 1984,16.1

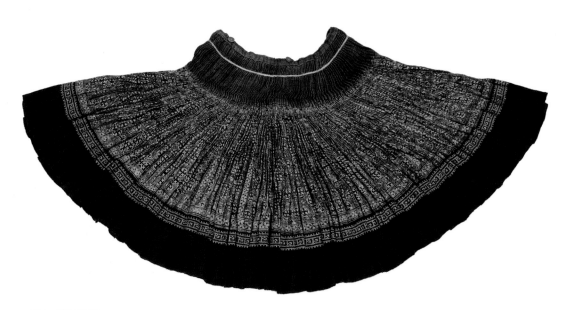

圖二　錢袋

赫蒙人使用方形小袋來裝錢。這個作品有典型的設計，刺繡和貼花的正方布幅周圍有絨球，還有玻璃珠和流蘇。刺繡包括鎖鏈繡、緞面繡和平針繡。

西元 20 世紀中期
泰國
棉、羊毛、玻璃
長 21 公分，寬 17 公分
As 1983,09.35

圖三　上衣

隨著赫蒙人散布到整個東南亞大陸區的高地，不同的族群發展出不同的設計。這件來自越南北部的上衣有非常細的彩色織物貼花條，點綴著較寬的刺繡帶。花卉紋和幾何紋不如泰國赫蒙人服裝上的圖案那麼獨特。

西元 20 世紀
越南北部
棉
長 42 公分，寬 148 公分
As 1995,28.4

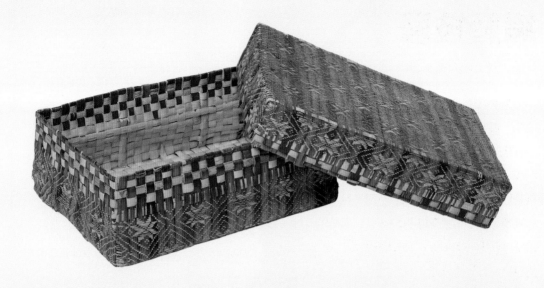

圖一　盒子

雖然使用的編籃技藝看起來很複雜，但這個盒子是由紅色、棕色和自然色交織的素色格子組成。透過把蓋子和底座外側的纖維條切成狹窄的長度，然後將它們交織成有白色對角線圍繞的八芒星圖案，創造出盒子的紋飾。這些紋飾類似常見於泰國北部、寮國、緬甸撣邦和中國西南部西雙版納的傣族織物。

西元 19 世紀中葉
泰國
藤
高 9 公分，寬 26.5 公分
As 2004,03.1.a–b

圖二　蒸籠（paung–o）

這個 paung–o 由圈狀的藤條或竹子捆綁在一起製成，浸泡在漆裡增強材料的抗腐蝕性，應該是用來蒸用樹葉包裹的食物。蒸籠的上部曲線和邊緣，外觀類似東南亞許多地區常用來烹飪和盛水的土罐。

西元 20 世紀中葉
緬甸
竹或藤、漆
高 18 公分，直徑 22 公分
拉爾夫和露絲・艾薩克斯捐贈
1998,0723.4

編籃技藝

編籃技藝是東南亞物質文化的一個重要成分，而且這類物品今天仍廣泛用於日常功能及儀式典禮上。它有時也被當作其他材料的基底，例如漆器（圖二）。主要的編織材料是植物纖維，尤其是取自竹子、草、各種棕櫚樹（包括西米棕櫚、藤和隆塔〔lontar〕）以及露兜樹（pandanus，一種類似棕櫚的樹）的纖維。若不是將這些植物的纖維分成一縷縷，就是用整片葉子從事編織。雖然在東南亞，織布機編織在實體與象徵方面都和女人聯繫在一起，但男性和女性都會手工編籃的技術，只是以女性為主；編籃技藝可以是婦女重要的副業。如果這些物品是供本地人使用，通常會在鄰近地區取得材料。原物料的區域貿易支持大規模生產。在很多小規模的社群中，編籃是展現性別角色技能的一種方式，因而也展現適婚的程度。對婆羅洲的奧圖大能族（Uut Danum）而言，口述文學描述了他們的生活方式：

> 像馬來犀鳥群一樣聚首，
>
> 你坐在拉詹樹葉製成的墊子上……
>
> 每個墊子編織不同的設計……
>
> （Couderc 2012, 304）

編籃技藝用途廣泛，舉凡房屋牆壁到坐墊、帽子、鞋子、玩具、覆蓋物、包括魚網和陷阱在內的農業和狩獵設備，以及家用、商業和禮儀容器（圖五、六）。20 世紀下半葉，甚至出現用鋁箔包覆編籃製作電視衛星

圖三　提籃

東南亞人開發出利用材料朝多個方向移動的技術，誠如這個由三股線組成的提籃的鏤空結構——一股水平和另外兩股斜向移動，一股向左，另一股向右。條索的纖細和鬆散編織顯示這個籃子不是用來裝重物的。背帶是以樹皮製成。

西元 19 世紀

馬來半島

甘蔗、樹皮

高 54.5 公分，寬 40 公分

霹靂州蘇丹捐贈

As 1902,0715.51

圖四　籃子（selop）

像這樣的籃子會被繫在皮帶上，以便播種時攜帶稻穀，它們也被當作裝檳榔用具的容器。這個籃子有傾斜的斜紋圖案。籃筐口有一條纏繞的細繩，提繩也是多股線纏繞而來。籃子的主體由女人編織，但籃筐通常由男人製作，並由男人將兩者連接在一起。

西元 19 世紀晚期
婆羅洲砂拉越巴南河區
藤
高 23.8 公分，寬 21.3 公分
As 1904,0416.17

圖五　墊子（tikar burit）

墊子在婆羅洲的社區普遍很重要，可以用來坐著、睡覺，也可以用來包裹物品。它們本來是供客人坐在上面以示好客。多數墊子都是素色無花紋的，只有在特殊場合才會使用有圖案的墊子。這個墊子是用黑色和自然色的傾斜斜紋編製成，帶有一些流行於婆羅洲社區的曲線圖案（代表植物，和生育力有關）。這件作品以紅色的布料收邊。紅色、黑色和自然色或白色，是可以追溯到遠古時代的東南亞象徵美學的一部分。

西元 20 世紀初
婆羅洲北部
藤、棉
長 71.2 公分，寬 51 公分
喬治・伍利（George Woolley）捐贈
As 1925,1118.23

圖六　背包（Bango）

伊富高人至今仍使用毛茸茸的「班戈」（Bango）背包從事狩獵和避免災厄的儀式活動。這個背包是在木質底座上用斜紋藤條製成，鬆散的纖維簇保護東西不被熱帶降雨淋濕。

西元 19 世紀晚期至 20 世紀初期
菲律賓呂宋島伊富高民族
藤
高 40 公分，寬 40.5 公分
As 1914,0414.29

天線的例子。很多功能性物品沒有裝飾，有些禮儀物品透過彩色纖維（通常是紅色或黑色）的使用或特定編織樣式可以辨認出來，這些樣式和紡織的技術有關（圖一）。有時，編籃的圖案會被命名，而且擁有與之相連的故事。婆羅洲的毛律族（Murut）把一種四角的環狀圖案稱為「那古拉蘭」（nagulalang）。該名稱是衍生自一個關於獵頭行動的單字。這個故事講述一個男人請妻子製作一個編籃圖案，她卻無法做到。妻子被指責能力不足後，對他發起挑戰，要求他證明自己在男人的工作上做的出色。於是他成功的完成了一次獵頭突襲，而她在拿到人頭之後輕易地就編織出那個圖案（Woolley 1929, 302）。

生產方法有很多種，包括捲繞、以數量不一的纖維編辮、斜紋編、柳條編和瘋狂編。捲繞是對一條螺旋的核心纖維纏繞（圖二、八）。編辮需要許多纖維從上和從下穿過彼此，而且每一條纖維都均等地編織（圖十一）。最基本的編辮法是格子圖案，讓水平和垂直的纖維交替地穿過彼此上方和下方，有時是在一個傾斜的角度。這是一個遍布東南亞的技術（圖一）。另一個地區技術是三股綁辮編籃技藝，需要將纖維沿水平及垂直方向的對角交織，藉以產生六邊形開口（圖三、四）。斜紋編在婆羅洲和印尼西部很流行，需要把纖維由上而下穿過兩股或更多股的纖維（圖四、五）。斜紋編也可以用在斜紋上。柳條編通常用在實用物品上，具有柔韌纖維交織而成的硬挺結構，從而產生在使用時保有其形狀的堅固物品（圖七）。類似地，纏繞有一個被緯線纖維揉捻加固的硬挺結構，但它表現出比柳條編更高的編織密度。東南亞有一種稱為瘋狂編的獨特技術，因其複雜性而得名，需要三對纖維交錯以形成菱形（圖九）。一件作品通常會使用多種技術來製作，形狀和尺寸由功能決定（圖十）。

目前，機器製造的產品正在侵蝕編籃傳統，但編籃物品（有一些現在由編織塑膠和其他回收材料製成）仍在東南亞發揮重要作用。

圖七　提籃

這個籃子由堅硬的竹子製成，然後竹條再以柳條編技術穿過垂直板條。提籃的底座由木頭製成，每個角落都有竹子，籃筐口則被綑綁在一起以確保維持圓形。隨附的編辮竹背帶（tumpline）穿戴在頭頂上，而不是肩膀。

西元 1990 年代初
菲律賓呂宋島基昂（Kiangan）伊富高民族
竹、藤
高 63 公分，直徑 43.5 公分
As 1996,04.34.a–b

圖八 有蓋盒

透過盤繞藤條，並根據裝飾圖案以有彈性的竹纖維將它們綁在一起，創造出了這個低矮的圓形有蓋盒的結構。

西元 19 世紀中葉
印尼塔勞群島（Talaud Islands）
藤、竹
高 12.3 公分，直徑 22 公分
A・邁爾（A. Meyer）捐贈
As,+.1272.a–b

圖九 容器

用進口布料包裹籃子是馬魯古地區流行的生產方法。圖中容器的主體被一塊印刷布覆蓋，蓋子則被另一塊紅色和黑色的材料覆蓋。籃子是由圈狀的纖維製成，蓋子則是以瘋狂編的技法做成雕塑的樣子，並附有彩色棉紗、玻璃珠和貝殼。蓋子下半部一圈也添加了同樣由瘋狂編製作的動物。

西元 19 世紀中葉
印尼馬魯古卡伊群島（Kei Islands）
纖維、棉
高 47.5 公分，寬 24.5 公分
As 1891,0815.37.a–b

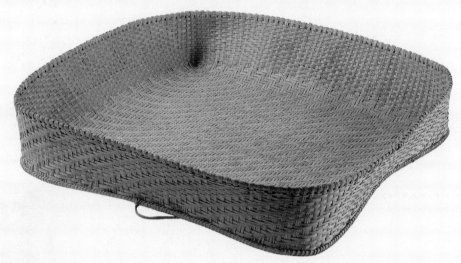

圖十　籃子

編籃從底座的編織開始，有時一
件作品會使用超過一種編織法。
在這個籃子上，內部底座的斜紋
編和用一條纖維束以直角的角度
橫越成對纖維束（這是平紋編的
一種變體）製成的側身合併。

西元 1960 年代
印尼希蘭島（Seram）魯呼瓦村
（Ruhuwa）
竹、藤
高 12.8 公分，寬 66.1 公分，深
65.1 公分
羅伊・艾倫（Roy Ellen）捐贈
As 1972,01.127

圖十一　鏤空紗線籃

這個帶有提把的兩件式籃子能在
編織過程中固定棉紗，它由交錯
的編織元素和循環的成對纖維束
製成蘇拉威西島常用的樣式。上
半部和下半部接觸的籃筐口以包
裹的藤卷加固。

西元 20 世紀中葉
印尼蘇拉威西島巴魯普
（Barupu）
纖維
高 13.25 公分，寬 20.25 公分
As 1987,01.53.a–b

大事紀

1896–98 年	菲律賓反抗西班牙革命
1906 年	佛教青年會在緬甸成立
1917–45 年	柬埔寨藝術學院
1925 年	胡志明成立越南青年革命同志會
1925–45 年	印度支那美術學院
1930 年	緬甸薩耶山起義反抗英國控制
1932 年	泰國成為君主立憲制國家
1941–45 年	第二次世界大戰太平洋戰區
1942–45 年	日本控制東南亞大部分地區
1946 年	菲律賓脫離美國殖民獨立
1948 年	緬甸脫離英國殖民獨立
1949 年	印尼脫離荷蘭殖民獨立
1950 年	荷蘭割讓加里曼丹給印尼
	印尼藝術學院成立
1953 年	柬埔寨和寮國獨立
20 世紀中葉	獨立後民族服飾的發展，像是印尼的宋谷帽和肩帶，以及泰國詩麗吉王后推廣的紗籠和夾克
	基督教福音派在東南亞島嶼區擴張
1957 年	經過與政府的鬥爭後，中加里曼丹在印尼婆羅洲成立了一個由達雅人管理並為達雅人服務的新省分
	馬來亞脫離英國獨立
1959–84 年	汶萊實行自治直到完全獨立
1960 年代	中東在伊斯蘭東南亞的影響力漸增
1960 至 1970 年代	赫蒙人逃離寮國戰火，來到泰國難民營；很多人搬到美國定居
1962 年	尼溫將軍領導的軍事政變開啟「緬甸的社會主義道路」，並孤立了緬甸；將印度人逐出緬甸；公司國有化
1963 年	馬來西亞成立，由馬來半島、新加坡、砂拉越和北婆羅洲組成
1965 年	蘇哈托將軍在印尼掌權；屠殺華人
	新加坡脫離馬來西亞
1969 年	胡志明逝世
1972 年	費迪南德・馬可仕在菲律賓實施戒嚴
1975 年	經過二十多年的戰爭，越南重新統一南越和北越
1975–79 年	紅色高棉統治柬埔寨，殺死半數的人口
1980 年	印尼正式承認達雅族信仰
1980 年代起	東南亞旅遊業巨幅成長
1985 年	洪森統治柬埔寨
1990 年代	主要拍賣行開始賣東南亞現代暨當代藝術品
1997 年	區域內經濟衰退
2002	東帝汶獨立
2021 年	緬甸軍事政變推翻了過去十年的政治和經濟發展

7 20世紀和 21世紀

　　20 世紀伊始時,殖民列強牢牢控制著大部分的東南亞地區,但諸如 1896 年菲律賓革命和 1930 年緬甸薩耶山起義(Saya San rebellion)等抵抗運動,以及 1906 年在緬甸成立的佛教青年會(Young Men's Buddhist Association)和 1925 年胡志明創立的越南青年革命同志會(Vietnamese revolutionary youth league)之類的民族主義組織開始興起。從 1941 到 1945 年的日本入侵和第二次世界大戰造成嚴重破壞,但也讓政治上擺脫歐洲殖民列強成為可能。某些國家,在沒有採取軍事行動的情況下實現獨立,但在其他國家,例如印尼和越南,獨立的抗爭曠日持久且腥風血雨。

　　1940 年代,緬甸、菲律賓和印尼取得獨立,印尼獨立發生在和荷蘭人作戰 4 年後。柬埔寨和寮國在 1940 年代得到部分獨立,而且雙雙於 1953 年完全獨立。寮國再次成為一個王國,但國祚短暫,因為內戰導致共產組織巴特寮(Pathet Lao)在 1975 年獲得控制權,並持續控制寮國至今。柬埔寨內戰在北越、美國和南越的對立支持下於 1975 年結束,當時共產主義的紅色高棉取得控制權,開始了長達 4 年的破壞。直到重新統一的越南在結束與法國及美國從 1950 年代到 1975 年的漫長戰爭後入侵

柬埔寨，紅色高棉才被推翻。馬來西亞於 1957 年獨立，婆羅洲的沙巴和砂拉越在 1963 年加入馬來西亞，新加坡也在 1963 年至 1965 年間短暫加入。最後兩個獨立的國家是 1984 年的汶萊和 2002 年的東帝汶。儘管葡萄牙於 1975 年離開東帝汶，但東帝汶被印尼佔領，導致衝突直到 1999 年才落幕。

　　在許多情況下，新政府吸收了西方僵硬的民族分類觀念，再加上覺得需要鑄造統一的民族認同，因此常常忽視少數族群的聲音和意象。這導致分離主義運動的出現，包括泰國南方和菲律賓的穆斯林，以及緬甸的克倫族和克欽族。在某些事件中，在殖民主義底下擴張的印度和華人社群遭到驅逐或攻擊（圖一）。對國家統一的威脅也導致軍事獨裁政權的崛起，1965 年印尼的蘇哈托將軍（General Suharto），1962 年緬甸的尼溫將軍（Ne Win General，將國家與世界隔絕，帶領國家走上「緬甸的社會主義道路」），以及 1972 年菲律賓的費迪南德‧馬可仕（Ferdinand Marcos）。自 20 世紀中葉以來，泰國軍方也多次控制國家，最近一次是 2014 年由巴育‧詹歐查（Prayuth Chan-ocha）領軍。同樣得到軍方支持，洪森（Hun Sen）自 1985 年起掌控柬埔寨至今。不久前，緬甸國防軍「塔瑪都」

圖三　西納‧朗‧巴拉（Sinah Ra-ng Bala），提籃（uyut）

婆羅洲有很多族群把提籃當作背包來採集食物和林產，以及用來攜帶個人物品。這個提籃在上半部編織了字母，上面寫著「上帝保佑你們所有人」，下半部寫著「上帝的真理」，將日常工作和信仰結合起來。很多婆羅洲社會在 19 和 20 世紀皈依基督教，自 20 世紀中葉以來，福音派在島嶼地區累積了越來越多的追隨者。

約西元 1970 年
婆羅洲砂拉越龍佩魯安（Long Peluan）
藤、尼龍
高 47.1 公分
As 1988,22.53

（Tatmadaw）在 2021 年 2 月的政變中推翻了民主選舉。

　　在民族主義運動的發展中和戰後時期，藝術被編列為鼓舞士氣的宣傳手段，並用來建構統一的思想，除了眾所周知的文化元素，還使用從富足的場景到歷史人物和紀念碑等各種意象。畢業於歐洲人創辦的藝術學校的學生，如印度支那美術學院（École des Beaux-Arts de L'Indochine, 1925-45）、柬埔寨藝術學院（École des Arts Cambodgiens, 1917-45），以及 1943 年成立的泰國藝術大學（Silpakorn University），對民族現代藝術運動的發展起了相當作用。藝術家在這些學校最初接受西方技術、材料和思想的訓練，描繪自然風景和日常生活場景。很快的，地方資助的學校相繼開辦，例如 1950 年成立的印尼藝術學院，而且創作類型不斷擴大，越來越具實驗性。近年來，新加坡的藝術家村（The Artists Village）、柬埔寨的 Stiev Selapak 和菲律賓 98B Collaboratory 等藝術家團體和集團一直在為藝術家提供支持，批判性地評估藝術概念和假設，並擴大跨領域的藝術創作。

隨著衝突在 20 世紀晚期減緩或停止，藝術在其他方面變得重要。1960 和 1970 年代古董貿易的蓬勃發展，形成掠奪物品的走私和製作贗品的龐大產業。不受控制的挖掘和人為拆除雕像及建築素材，對考古及歷史遺址造成的破壞成為一個大問題，其中最廣為人知的是從柬埔寨盜取的文物。

國際觀光，以及後來的區域及地方觀光，促使家庭、小型工作坊和大型工廠大量生產紀念品，包括早期藝術作品和少數民族紡織的複製品。地方上的個人和團體也提倡重新參與傳統的文化習俗，尤其是在少數族群的社區之間。近年來，大學和教育中心一直在復興從舞蹈到紡織、金工和繪畫等傳統藝術形式的訓練。東南亞藝術在全球市場上變得更加重要，顧客包括當地收藏家。蘇富比於 1996 年在新加坡首次舉辦兩年一次的東南亞現代暨當代藝術品拍賣會，佳士得則於 2004 年開始東南亞藝術的拍賣。

隨著宗教信仰和習俗出現變化，新的圖像和藝術形式被採用和適應。在 20 和 21 世紀，薩滿、治療師和巫師持續在許多群體間發揮作用。隨著社會轉向全球化的現代性，有些傳統配備——例如手寫手冊、手工製作的手杖和外套——已經不再使用，但有些配備仍然在儀式中發揮著重要作用（圖二），或是被製成新的形式或改用新的材料製作。和佛教、伊斯蘭教和基督教有關聯的物品結合了在地和全球。和中東的連結促使清真寺的形式和服飾出現變化；佛教繪畫運用現代意象和技巧來描繪古老的故事；基督教的思想和符號被融入日常用品中（圖三）。科技的力量也被用來支持比較古老的活動，並為社會、政治和宗教創新做出貢獻。在當今創作的藝術中，過去和現在交織在一起，創造出現代的東南亞。

7│1 戰爭與難民

　　這裡有無數實體物品使人想起在 20 和 21 世紀震撼東南亞的戰爭。二戰期間，日本人從 1942 至 1945 年控制了大部分地區，並在緬甸、菲律賓、馬來亞和印尼發行當地貨幣（圖三）。戰後緬甸和菲律賓邁向獨立的過渡相對順利，蘇加諾（Sukarno）領導的印尼儘管在 1945 年 8 月宣布獨立，仍不得不與荷蘭人作戰直到 1949 年。隨著越南和美國之間的衝突在 1960 年代升級（圖四），美國轟炸柬埔寨和寮國，試圖摧毀越南的軍事和補給路線，導致柬埔寨和寮國被捲入戰爭，加重國內政治紛爭惡化。1975 年，北越人以極大的生命代價統一了國家，導致大量南越人離境。共產主義在寮國的成功，以及極端馬克思主義團體紅色高棉在柬埔寨的勝利，也導致百姓在 1970 年代後半流離失所，其中許多人逃往泰國、馬來西亞和印尼（圖一）。難民營像雨後春筍冒出，很多至今仍然存在，因為該地區的其他衝突，例如少數民族群體與緬甸軍隊之間的長期戰爭，持續導致人們逃離家園。東帝汶在 1975 年之前一直是葡萄牙而非荷蘭的殖民地，不屬於獨立的印尼，並從 1975 至 1999 年之間和入侵的印尼軍隊作戰，最終於 2002 年正式獨立。東南亞許多地方仍遍布戰爭物資，未爆彈即使到了 21 世紀還繼續造成人員傷亡，但碎片也成為新用途的原材料（圖二）。

圖一　編織繡花故事布（細節）

寮國被捲入越南和美國之間的戰爭，許多曾和美國並肩作戰的赫蒙人在 1970 年代中期共產主義巴特寮取得控制權後逃離寮國。故事布是 1970 年代的發明，當時難民營的赫蒙婦女被鼓勵製作織物來養家。這些布道出戰爭前、戰爭期間和戰爭後的生活，也講述赫蒙人的傳說。這個作品展示攜帶武器的士兵正在作戰，以及帶著家當和牲畜離開家園的人們。

西元 1970 年代晚期至 1980 年代初期
泰國赫蒙人
聚酯纖維、棉
高 142 公分，寬 172 公分
As 1983,09.28

圖二　頸環

在東南亞，珠寶和衣服上的裝飾不僅可以作為一種儲存家庭財富的方式，同時也象徵著未婚女性的地位並吸引追求者。雖然頸環傳統上是銀製，但這款頸環是用越南和美國戰爭期間被擊落的一架飛機的機身的鋁製成。很多地區日益加劇的貧困導致銀被銀色的金屬取代。

西元 1960 年代
泰國北部
鋁
寬 20.5 公分
安德魯‧特頓（Andrew Turton）
捐贈
2018,3034.39

圖三　日佔時期五盧比紙幣

日本在二戰擊敗東南亞的歐美人時，白人優越的神話被摧毀，重塑跨文化關係，並為東南亞地區殖民主義的結束奠定基礎。儘管宣稱要打造一個「大東亞共榮圈」，日本人並沒有和當地領導人分享權力，而是成為了另一個殖民者。日本發行的貨幣結合在地圖像──正面是傳統的卡羅巴塔克房屋，背面是戴著傳統頭巾的米南加保婦女──和日文字。發行機構以羅馬字母和日文漢字標識為大日本帝國政府。

西元 1942–45 年
印尼大日本帝國政府
紙
寬 15 公分，高 7 公分
1980,1212.4

圖四　凡達（Van Da）和阮秋（Nguyen Thu），《昏果島》

北越藝術家在與法國和美國作戰期間創作了大量有關戰線後方的戰鬥和生活圖像。1962 年，美國開始使用凝固汽油彈和橙劑等落葉劑來對付越南人的游擊戰，頗具爭議。這些有毒化學物質殺死了這片土地上的所有生物，留下燒焦的殘骸，而且維持不變好幾十年，就像這幅作品中昏果島的樹木一樣。這些化學物質也造成許多先天畸形。

西元 1965 年
越南
炭筆，繪於紙上
高 27.5 公分，寬 39 公分
大英博物館之友捐贈
1999,0630,0.12

7│2 現代貨幣

在擺脫殖民列強爭取獨立和建立現代民族國家的過程中，東南亞貨幣的生產和設計變得帶有強烈政治目的，常常發揮宣傳的作用。自從獨立以來，在地設計師取代外國設計師，不過在多數情況下，東南亞政府使用德拉魯公司（De La Rue）和捷德公司（Giesecke & Devrient）等國際貨幣公司印刷鈔票，或利用他們的專門技術建立印刷工廠，就像緬甸在 1970 年代早期所做的。

許多鈔票設計展示民族英雄和獨立運動的主要人物，包括緬甸的翁山蘇姬、菲律賓的荷西·黎剎（José Rizal）、印尼的蘇加諾和越南的胡志明（圖一、三、五）。二戰結束後，印尼出現三種貨幣——日本佔領紙幣、荷蘭東印度群島盾（guilders）和印尼政府發行的印尼盾。獨立印尼的第一任總統蘇加諾說革命像是一座噴發的火山——起初具有破壞性，但最終帶來豐碩成果——荷蘭—印尼戰爭（1945-49 年）期間發行的鈔票上印有一座火山的圖案（圖四）。汲取在地文化元素和古文明的圖像，例如緬甸的神話「欽特」獅（chinthe），或是泰國或柬埔寨的歷史古蹟，呈現出國家統一、穩定的概念，擁有單一的歷史或宗教（圖二）。在獨立後經歷的各種衝突期間，這個觀點對各國政府變得越來越重要，衝突包括少數民族團體的分離主義運動，例如菲律賓南部穆斯林人口眾多的民答那峨島和緬甸的克倫族。在經歷共產主義革命的政權裡，圖像以社會主義現實主義的風格呈現（圖一、二、三）。馬克思主義紅色高棉在 1975 年到 1979 年控制柬埔寨期間，曾短暫發行硬幣和紙幣，然後才全面廢除貨幣（圖二）。在統一的越南，紙幣上的農業學家、工人肖像和工廠使政府的目標顯得突出（圖一）。

圖一　2000 盾紙鈔

這張鈔票的正面是胡志明肖像，他主導越南獨立運動，並從 1940 年代初領導國家直到 1969 年去世。背面描繪在紡織廠工作的婦女，傳達工業化和勞動的正面形象，並與其他不同面額的鈔票結合，呈現可從事的工作的多樣性。

西元 1988 年
越南國家銀行
紙
寬 13.3 公分，高 6.5 公分
2007,4125.17

圖二 5 瑞爾紙幣

柬埔寨紅色高棉在廢除貨幣之前發了自己的貨幣，以農業和軍事的圖像和 12 世紀吳哥窟等建築傑作為特色。他們徹底地重組社會，迫使城市居民搬到農村，耕作嚴重管理不善的集體農場，引發了一場飢荒，再加上其他因素，導致 1975 年至 1979 年共有 150 萬至 300 萬柬埔寨人死亡，約佔柬埔寨人口的四分之一至半數。

西元 1975 年
柬埔寨國家銀行
紙
寬 12 公分，高 5.7 公分
2017,4036.4

圖三 45 緬元紙鈔

1987 年，緬甸聯邦社會主義共和國政府取消法定貨幣的 25、35 和 75 緬元紙鈔，改發行 45 和 90 緬元的紙鈔（以尼溫將軍的幸運數字 9 為基礎）。在緬甸，占星術和數字命理學對於決定何時開始冒險非常重要，例如展開一趟旅程、委託建造一座寺廟或建造一棟房子，但在這個例子中，貨幣的變更消滅了多數老百姓的儲蓄。這張鈔票描繪率領抗英獨立運動的領導人寶赫拉卲（U Po Hla Gyi，正面）以及油田和工人（背面）。

西元 1987 年
由緬甸聯邦發行
紙
寬 15.6 公分，高 7.5 公分
T‧理查‧布魯頓（T. Richard Blurton）捐贈
2006,0805.9

圖四 1 盧比紙鈔

1945 年 8 月，蘇加諾宣布印尼脫離荷蘭獨立，但印尼要到 1949 年 12 月，經過艱苦的戰鬥才實現自治。在「異中求同」的口號下，現代印尼在政治上結合了曾經屬於荷屬東印度的眾多文化。對這些民族的許多人來說，山脈發揮著重要的象徵作用，包括作為精神力量的所在地，這張 1945 年發行的 1 盧比鈔票正反面都印有火山。

西元 1945 年 10 月
印尼政府
紙
寬 13.9 公分，高 6.5 公分
1980,0378.589

圖五 2 披索紙鈔

這張 2 披索的鈔票上有荷西‧黎剎（1861–1896 年）的肖像，他是一位呼籲政治改革的作家，在 1896 年的菲律賓反抗開始後被西班牙人處決。1898 年短暫的美西戰爭後，美國取得對菲律賓的殖民控制。早期的菲律賓紙幣設計仿照綠色的美元，但 1946 年獨立後不久，改採更多彩繽紛的在地設計。

西元 1949 年
菲律賓中央銀行
紙
寬 16 公分，高 6.7 公分
1977,0802.10

7│3 伊斯蘭潮流

自 1984 年和 1963 年脫離英國獨立以來，汶萊達魯薩蘭國（Brunei Darussalam）和馬來西亞聯邦（由馬來半島和婆羅洲的沙巴和砂拉越兩個州組成）都將伊斯蘭教奉為官方國教。儘管印尼是穆斯林公民數量最多的國家，但它是一個世俗國家。1960 年代，隨著繁榮帶來前往沙烏地阿拉伯麥加朝觀的機會，而且學生到中東地區留學，這都使得東南亞的伊斯蘭教變得越趨保守。東南亞與全球伊斯蘭社群「烏瑪」（umma）的關係更加緊密，阿拉伯人因為與伊斯蘭教的發源地有關而被視為宗教上的正統。石油資源豐富的中東國家和個人也透過商業、教育和文化投資宣揚保守的伊斯蘭觀點。安華·易卜拉欣（AnwarIbrahim，生於 1947 年）在 1980 年代初把馬來西亞進一步伊斯蘭化（dakwah）的呼籲制度化。獨立後，汶萊蘇丹哈山納·包奇亞（從 1967 年統治至今）透過馬來穆斯林君主制國家意識形態，把自己定位為伊斯蘭信仰的捍衛者，汶萊也於 2014 年正式採用伊斯蘭教法「沙里亞」（sharia）。

20 世紀晚期興起的伊斯蘭運動對東南亞的文化表現產生了影響。越來越多女性穿戴遮蔽身體的衣服和頭巾，不過通常是穿戴由當地的蠟染布和彩布，而不是黑色的織物。紡織壁掛繡有《古蘭經》的摘錄經文，信仰宣言則用東南亞宋吉織錦技藝表現（圖一）。在地藝術形式於 19 世紀和 20 世紀初期被伊斯蘭化，來自爪哇的半神小丑塞馬爾（Semar）就是一個例子（圖二）。外部資金也促進中東風格清真寺的興建（圖三）。

圖一　帶有古蘭經文的壁掛

2000 年代初，潘代斯克村（Pandai Sikek）的織工開始用宋吉錦技術（參見 224–25 頁）製作帶有可以裝框並懸掛在家中的宗教經文壁掛。這項技術和地位與聲望相關，因此被認為適合阿拉伯文字書寫的《古蘭經》第一章第一節經文，如圖所示。經文讚美並感謝真主，同時祈求憐憫和指引。

西元 2016 年
印尼蘇門答臘島潘代斯克村
棉線和金屬線
高 51 公分，寬 69 公分
2016,3065.4

圖二　拉斯蒂卡（Rastika），半神小丑塞馬爾的反向玻璃畫

塞馬爾是印尼神話的半神人物，也是爪哇皮影戲的主要丑角（punakawan）。儘管皮影戲主要演出當地版本的《摩訶婆羅多》和《羅摩衍那》史詩，但伊斯蘭教的概念和信仰也漸漸被納入。在一齣皮影戲中，塞馬爾展開朝覲麥加之旅。雖然塞馬爾通常穿著顯示其神性的格紋布，這裡的塞馬爾是由阿拉伯書法構成的，文字宣告穆斯林對真主的信仰和接受穆罕默德作為祂的先知。反向玻璃畫直到 19 世紀才在印尼發展起來。

西元 1990 年代初
印尼西爪哇
顏料，繪於玻璃上
高 70 公分，寬 49.5 公分
2016,3020.2

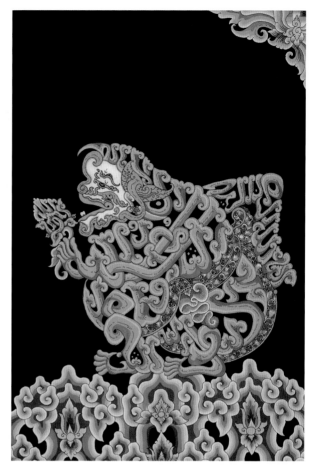

圖三　新加坡蘇丹回教堂明信片

新加坡第一座清真寺由柔佛蘇丹胡笙沙（Sultan Hussain Shah of Johor）建於 1826 年，採用兩層金字塔形屋頂的傳統東南亞風格。時至 1924 年，它對於不斷成長的穆斯林社群顯得太小，於是由雙邁建築師事務所（Swan & Maclaren）的丹尼斯‧珊特里（Denis Santry）重建，採用有尖塔和圓頂的中東和印度風格（如圖所示）。它是一個熱門的旅遊景點，並在 1975 年被公告為國家歷史古蹟。

馬來亞彩景公司（Malayan Color Views Company）
西元 1960 年代
新加坡
紙上油墨印刷
高 9 公分，寬 13.8 公分
EPH–ME.1760

圖一　彩繪布

峇里島自 20 世紀初以來一直是熱門的旅遊勝地，它迅速地調整藝術的形式去適應外國人的品味。1930 年代，烏布統治者、當地藝術家和西方藝術家提倡把峇里島的生活、節慶和風景描繪在紙上。這在某種程度上是對西方藝術意象的回應。這類圖畫的生產漸漸變得標準化，並擴大到在布料上繪畫，如圖所示。這些圖畫結合從事各種活動的人物和豐富的裝飾風景，和傳統繪畫形成鮮明對比。

西元 1970 年代至 1980 年代初
印尼峇里島烏布
顏料，繪於棉布上
長 39 公分，寬 32 公分
As 1984,13.20

圖二　毗濕奴蠟染畫

皮影戲偶的毗濕奴神騎在祂的座騎神鳥嘉魯達身上，是這幅蠟染畫的主題。隨著 1960 年代東南亞旅遊業的成長，爪哇蠟染畫變得越來越受歡迎，而且現在已經成為常見的產品，工藝品質從低到高皆有。它們以棉布或合成布生產，結合使用多種工具（包括傳統的銅壺筆）。其製作工序一直保持不變，上蠟、染色、再上蠟、再染色，直至做出想要的效果。蠟染複製品現在也在工廠印刷製作。

西元 1970 年代至 1980 年代初
印尼爪哇
棉
長 61 公分，寬 45 公分
As 1984,13.24

旅遊業和商業化

直到 1980 年代初，東南亞主要透過農產品和天然製品的出口參與國際貿易，這是 2000 多年來的傳統，不過旅遊產業自 19 世紀晚期交通科技改進以來一直持續發展。伊洛瓦底船隊有限公司（Irrawaddy Flotilla Company Ltd）在 1865 至 1942 年間於緬甸伊洛瓦底江沿岸經營客運和貨運，而峇里島、爪哇和蘇門答臘島在 1930 年代被荷屬東印度旅遊資訊局宣傳為「繽紛的神奇島嶼」。然而，旅遊業在 1980 年代急劇成長。區域旅遊，例如來自香港、臺灣、日本、韓國和後來中國的觀光，以及東南亞國家協會內之間的觀光，也成為繁榮的主要成分。由於東南亞人越來越富裕，包括宗教朝聖和參觀國家及歷史古蹟在內的地方旅遊業大幅增長。個別國家吸引遊客的行銷活動取得成功，例如 1987 年泰國旅遊年，東協國家共同宣傳東南亞的 1992 年東協旅遊年。許多東南亞人在財務上開始依賴旅遊業。這並不等於說旅遊業經歷持續不斷的成長，因為 1997 年的金融危機、2003 年的 SARS 疫情、2004 年的海嘯、2000 年代初的好幾次恐攻事件，以及最近的新冠大流行均導致旅遊業嚴重衰退，造成財務災難。

旅遊業影響東南亞藝術和手工藝的生產。在某些情況下，國家修改和調整文化表現以滿足旅遊觀光的需求，而這也可能反過來成為文化主流的一部分。爪哇宮廷傳統上有食物搭配的戲劇表演被改變成有招待宴會的表演。印尼孩童會參加婆羅浮屠和普蘭巴南的學校旅行，認識過去，也使民族認同具體化。朝聖一直是佛教的一部分，旅遊公司為前往緬甸和泰國著名佛塔、寺廟和佛像的朝聖者提供服務。專為這些在地遊客製作的物品包括用於家庭聖壇的傳統與現代形式的宗教物品（圖五、六）。雖然為觀光市場製造的商品通常比傳統工藝品簡單，它們也可以代表適應一個新市場的業務（圖一），以及工業化生產。新的種類，如相框，和新的藝術形式，如蠟染畫（圖二），變得普遍，旅遊業也刺激更多模型和袖珍模型的製造（參見 120-23 頁）。攝影促使描繪地方景點和當地民族的名片和明信片的生產。最初在基督教傳教士的鼓勵下，像是泰國北部的赫蒙人和克倫族等少數民族把他們的織物製作成襯衫和褲子賣給遊客（圖三）。於是旅遊業開始變得和身為少數族群的認同問題有關，而且他們的藝術形式變得商品化。大量生產紀念品的工作坊（有時是生產線）連同銷售場所和出口公司一起激增，構成觀光經濟很重要的一部分。用於出口和本地消費的新舊形式陶瓷生產仍然是越南和泰國的主要產業（圖四）。

圖五　帕清拉納佛像的流行印刷品

朝聖對佛教很重要，人們會購買宗教紀念品，例如懸掛在家裡、神龕、餐廳和其他公共場所的海報，提醒人們想起佛陀及其教義。很多都是描繪著名的佛像和重要的朝聖地，圖中是1357年創立的帕西雷達納瑪哈泰寺（Phra Si Rattana Mahathat）的帕清拉納佛（Phra Chinarat）佛像。它還指出「慈心是世界的支柱」，鼓勵慈悲的行為。

暹羅畫廊有限公司（Siam Gallery Company Ltd）
西元1990年
泰國曼谷
紙上油墨印刷
高53公分，寬38.5公分
1991,1022,0.27

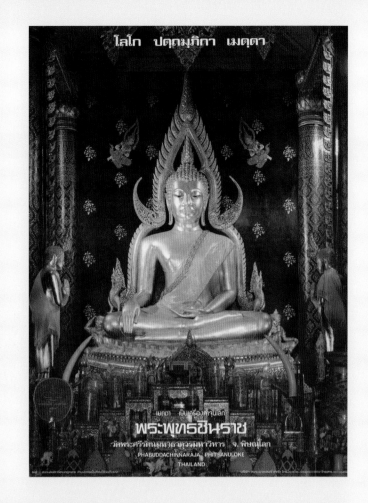

圖六　吳拉茂，五佛寺佛像複製品

吳拉茂（U Hla Maung）大量生產佛像複製品賣給朝聖者。緬甸五佛寺備受尊崇的佛像被貼了太多金箔以致失去了原來的形狀，創作者用經過上漆和鍍金的黏土混合灰泥與禮佛鮮花複製出這些圓滾滾的佛像。這些佛像被鑲嵌在金屬寶座上，裝飾著代表一週各天的動物，這是緬甸占星學的重要元素。

西元2017年
緬甸撣邦萊恰（Lae Char）
燒製黏土、金箔、漆、金屬
高4.2–8.5公分
由吉莉安和榮恩・葛雷罕（Gillian and Ron Graham）捐贈
2017,3086.1.a–j

7│4 科技、創新和復興

　　西方遊客在訪問東南亞時尋求體驗「傳統」文化,但認為這個地區要麼停滯在過去,要麼正在變得面目全非,這樣的假設並不一定正確。一些傳統技術的文化知識已經佚失,但東南亞人也適應並發展出新的形式,這些形式既展現和現代世界的積極互動,也保留早期的社會習俗和活動。科技使宗教能夠觸及在家裡和其他場所的廣大受眾,例如馬來西亞的廣播和網際網路轉播《古蘭經》閱讀比賽,或者佛教僧侶的布道可以透過光碟或社群媒體收聽(圖一)。漫畫書被用來傳達古老的故事,譬如泰王蒲美蓬(1946-2016 年在位)於 1996 年出版了某個版本的佛教《摩訶迦那伽本生》。誠如第五章的討論,很多戲劇類型不再像以前一樣受歡迎,但藝術家們正在使用現代樂器為表演伴奏,產生了諸如哇揚嘻哈等新舊混合的創新形式(圖二),並創作許多當代的故事。其他藝術家積極復興舊的藝術形式,賦予它們一點現代的風格(圖三),藉此確保它們不會被世人遺忘。

圖一　佛教傳道光碟

這張光碟收錄上面 5 位僧侶的 5 次講道。在緬甸,僧侶講道經常被錄製成 CD 和 DVD,在市場、街頭攤位和宗教場所販售。講道也可以從網站下載。它們形成信徒和特定僧侶之間的關係,並使僧侶能夠廣泛地傳播他們的想法。

西元 2013–14 年
緬甸
塑膠和紙
直徑 11.9 公分
2014,3026.1

圖二　卡圖.昆科羅,《哇揚嘻哈的塞馬爾戲偶與麥克風》

傳統爪哇皮影戲的小丑塞馬爾在此扮演哇揚嘻哈(Wayang Hip Hop)的角色,這是偶戲師卡圖.昆科羅(Catur Kuncoro)於 2010 年創作的戲劇形式,結合爪哇嘻哈歌曲和有關當代主題的漫畫短劇。雖然這個塞馬爾穿著現代的衣服和時尚的運動鞋,戴著 3D 眼鏡和麥克風,從身形和臉部特徵立刻就能辨識出他。

西元 2015–16 年
印尼爪哇島日惹
獸皮、獸角、竹子
高 81.4 公分(小丑)、高 51.7 公分(麥克風)
2016,3035.1, 2016,3035.5

圖三 賓宋，口簧琴

這個口簧琴（angkuoch daek）
罕見地使用鐵製，它是今天柬埔
寨已經很少使用的樂器的復興。
多數口簧琴都是竹製，但這個作
品的製造者賓宋（Bin Song）實
驗使用新的材料，製造出一個古
老樂器的創新變體。

西元 2020 年
柬埔寨
鐵
長 12 公分，寬 2.3 公分
瀕危材料知識計畫（Endangered
Material Knowledge Program-
me）捐贈
2020,3017.1

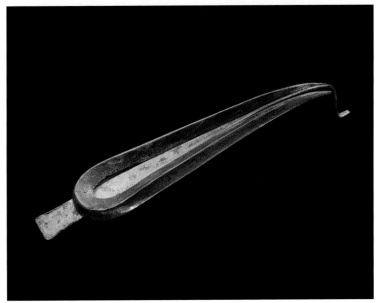

7│5 當代藝術

在 19 世紀和 20 世紀的過程中，東南亞藝術家改編和改造西方的媒材和技術，把它們和個人與在地融合，藉以展現他們自己。儘管現代藝術和當代藝術一直和傳統形式被分開來看，但隨著藝術家使用新方法重新詮釋並探索他們的世界，兩者難分難解地交織在一起。自 1980 和 1990 年代以來，越南、菲律賓、泰國和印尼的當代藝術圈非常活躍。緬甸在 2000 年代脫離孤立並放鬆審查制度後，才開始發展出當代藝術圈。有些藝術家專注創作精細、寫實的作品，像是來自緬甸的敏瓦昂（Min Wae Aung）（圖二）；其他藝術家，如荷西．約亞（José Joya）和費南多．佐巴爾．德阿亞拉（Fernando Zóbal de Ayala）則在菲律賓開拓與鼓吹抽象藝術（圖三）。離散在世界各地的東南亞藝術家，很多是因為 20 世紀的戰爭和暴行而流離失所，他們提供了對東南亞的國際視角，作品經常處理區域和全球社會政治議題，誠如越南裔美國人蒂梵妮．鍾（Tiffany Chung）的作品（圖一）。

圖一　蒂梵妮．鍾，聯合國難民署紅點系列追蹤敘利亞人道危機 2012 年 4 月至 12 月（9 幅畫中的第 9 幅）

蒂梵妮．鍾 1969 年生於越南，但她的家人在 1975 年戰爭結束後前往美國。她在 2000 年搬到胡志明市。2007 年，她開始將從檔案資料、新聞、條約、記憶和訪談中收集到的資訊疊加在地圖上，探索世界不同角落的政治創傷、流離失所和移民，以及衝突。在創作地圖的過程中，蒂梵妮．鍾將國際與本土結合起來，透過描繪都市地區的衰落或消失來揭示政治意識形態對個人經驗的影響。

西元 2014–15 年
越南
羊皮紙和紙上的油彩和墨水
高 21 公分，寬 30 公分
英國政府捐贈
2020,3018.9

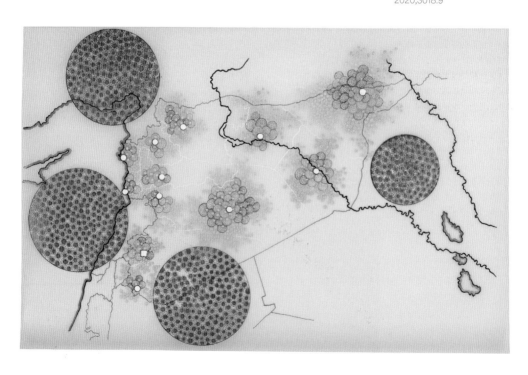

圖二　敏瓦昂，《小沙彌和狗》

敏瓦昂 1960 年生於緬甸達努布
（Danubyu），就在軍事政變使
緬甸遺世獨立之前不久，從仰光
國立美術學院畢業後，最早從事
商業平面藝術。1993 年和 1994
年訪問美國和日本後，他發展出
一種以純色空間中的主要圖像為
特色的現實主義美學，並成為首
批享有國際聲譽的緬甸藝術家之
一。他的作品和佛教關係密切。
這幅畫是他在 2000 年接受委託
根據一張照片創作的。

西元 2000 年
緬甸
紙上鉛筆素描
高 30.3 公分，寬 37.8 公分
B・D・G・立維頓基金會（B. D. G.
Leviton Foundation）捐贈
2017,3083.1

圖三　荷西・約亞，《構圖研究》

荷西・約亞（1931–1995）是一
位多才多藝的藝術家，集畫家、
版畫師、混合媒體藝術家和陶藝
家等身分於一身，引領抽象表現
主義在菲律賓的發展，並榮獲國
家藝術家獎的殊榮。約亞主張創
作藝術時，藝術家以具體的形式
傳達訊息。他的作品特色是大膽
的線條和圖像，在這幅版畫中可
以看到圓形和正方形的並置，以
及形狀的強烈輪廓。

西元 1967 年
菲律賓
平版印刷
高 37.5 公分，寬 28 公分
約翰・阿迪斯（John Addis）捐
贈
1984,0203,0.66

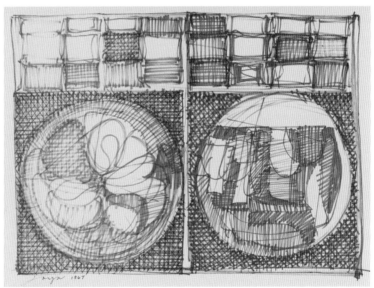

精選書目

這裡列出的出版物並非完整涵蓋了該主題的所有內容，而是在編寫這本書的過程中所參考的書目精選。它們旨在為讀者提供進階的閱讀協助。

General sources

Baker, Chris & Phongpaichit, Pasuk, 2009, *A History of Thailand*, Bangkok.

Bennett, James (ed.), 2006, *Crescent Moon: Islamic Art and Civilisation in Southeast Asia*, Adelaide.

Bonnefoy, Yves, 1993, *Asian Mythologies*, Chicago.

Brown, Roxanna M., 1988, *The Ceramics of South-East Asia: Their Dating and Identification*, Kuala Lumpur.

Cribb, Joe, et al., 1999, *The Coin Atlas: A Comprehensive View of the Coins of the World throughout History*, New York.

Dallapiccola, Anna L. & Verghese, Anila (eds), 2017, *India and Southeast Asia: Cultural Discourses*, Mumbai.

Girard-Geslan, Maud, et al., 1994, *Art of Southeast Asia*, Paris.

Guise, Lucien de, 2005, *The Message and the Monsoon: Islamic Art of Southeast Asia*, Kuala Lumpur.

Hall, K., 2011, *A History of Early Southeast Asia: Maritime Trade and Societal Development*, Lanham, MD.

Kerlogue, Fiona, 2004, *Arts of Southeast Asia*, London.

Lieberman, Victor B., 2003 and 2009, *Strange Parallels: Southeast Asia in Global Context, c. 800–1830*, Vols 1–2, Cambridge.

Miksic, John, 2010, *The A to Z of Ancient Southeast Asia*, Toronto.

Miksic, John & Goh, Geok Yian, 2017, *Ancient Southeast Asia*, New York.

Nguyen-Long, Kerry, 2013, *The Arts of Viet Nam, 1009–1945*, Ha Noi.

Osborne, Milton, 2016, *Southeast Asia: An Introductory History*, Sydney.

Reid, Anthony, 1992, 'Southeast Asia: A Region and a Crossroad', in *Cultures at Crossroads: Southeast Asian Textiles from the Australian National Gallery*, Canberra, pp. 8–17.

Scott, Rosemary & Guy, John (eds), 1994, *South East Asia and China: Art, Interaction and Commerce*, London.

Sumner, Christina, 2001, *Arts of Southeast Asia from the Powerhouse Museum Collection*, Sydney.

Tarling, Nicholas (ed.), 1992, *Cambridge History of Southeast Asia*, Vols 1 & 2, Cambridge.

Wolters, O. W., 1999, *History, Culture, and Region in Southeast Asian Perspectives*, revised edition, Ithaca, NY.

Zwalf, W. (ed.), 1985, *Buddhism: Art and Faith*, London.

第 1 章

Bacus, Elisabeth A., 2004, 'The archaeology of the Philippine Archipelago', in Ian Glover & Peter Bellwood (eds), *Southeast Asia: From Prehistory to History*, New York, pp. 257–81.

Bellina, Bérénice, et al. (eds), 2010, *50 Years of Archaeology in Southeast Asia: Essays in Honour of Ian Glover*, Bangkok.

Bellwood, Peter, 1985, *Prehistory of the Indo-Malaysian Archipelago*, Canberra.

Bellwood, Peter, 2017, *First Islanders: Prehistory and Human Migration in Island Southeast Asia*, Hoboken, NJ.

Borell, Brigitte, Bellina, Bérénice & Boonyarit, Chaisuwan, 2014, 'Contacts between the Upper Thai-Malay Peninsula and the Mediterranean World', in Nicolas Revire & Stephen A. Murphy (eds), *Before Siam: Essays in Art and Archaeology*, Bangkok, pp. 98–117.

Calo, Ambra, 2008, 'Heger I Bronze Drums and the Relationships between Dian and Dong Son Cultures', in Elisabeth A. Bacus, Ian C. Glover & Peter D. Sharrock (eds), *Interpreting Southeast Asia's Past: Monument, Image and Text*, Singapore, pp. 208–24.

Calo, Ambra, 2014, *Trails of Bronze Drums across Early Southeast Asia*, Singapore.

Carter, Alison, 2016, 'The Production and Exchange of Glass and Stone Beads in Southeast Asia from 500 BCE to the Early Second Millennium CE: An Assessment of the Work of Peter Francis in Light of Recent Research', *Archaeological Research in Asia* 6, pp. 16–29.

Carter, Alison, Abraham, Shinu Anna & Kelly, Gwendolyn O., 2016, 'Updating *Asia's Maritime Bead Trade*: An Introduction', *Archaeological Research in Asia* 6, pp. 1–3.

Dussubieux, Laure & Gratuze, Bernard, 2010, 'Glass in Southeast Asia', in Bérénice Bellina, et al. (eds) *50 Years of Archaeology in Southeast Asia: Essays in Honour of Ian Glover*, Bangkok, pp. 247–59.

Glover, Ian, 1976, 'Ulu Leang Cave, Maros: A Preliminary Sequence of post-Pleistocene Cultural Development in South Sulawesi', *Archipel* 11, pp. 113–54.

Glover, Ian, 1981, 'Leang Burung 2: An Upper Palaeolithic Rock Shelter in South Sulawesi, Indonesia', *Modern Quaternary Res. SE Asia* 6, pp. 1–38.

Glover, Ian, 1999, 'The Archaeological Past of Island Southeast Asia', in Jean Paul Barbier (ed.), *Messages in Stone: Statues and Sculptures from Tribal Indonesia in the Collections of the Barbier-Mueller Museum*, Geneva, pp. 17–34.

Glover, Ian, 2010, 'Bronze Drums, Urns, and Bells in the Early Metal Age of Southeast Asia', in Louise Allison Cort & Paul Jett (eds), *Gods of Angkor: Bronzes from the National Museum of Cambodia*, Washington, DC, pp. 18–29.

Glover, Ian & Bellwood, Peter, 2004, *Southeast Asia: From Prehistory to History*, New York.

Glover, Ian, Hughes-Brock, Helen & Henderson, Julian (eds), 2003, *Ornaments from the Past, Bead Studies after Beck: A Book on Glass and Semiprecious Stone Beads in History and Archaeology for Archaeologists, Jewellery Historians and Collectors*, London.

Glover, Ian, Suchitta, Pornchai & Villiers, John (eds), 1992, *Early Metallurgy, Trade and Urban Centres in Thailand and Southeast Asia*, Bangkok.

Higham, Charles, 1989, *The Archaeology of Mainland Southeast Asia*, Cambridge.

Higham, Charles, 1996, *The Bronze Age of Southeast Asia*, Cambridge.

Higham, Charles, 2002, *Early Cultures of Mainland Southeast Asia*, Bangkok.

Karlström, Anna & Källén, Anna (eds), 2003, *Fishbones and Glittering Emblems: Southeast Asian Archaeology 2002*, Uppsala.

Klokke, Marijke & Degroot, Véronique (eds), 2013, *Unearthing Southeast Asia's Past: Selected Papers from the 12th International Conference of the European Association of Southeast Asian Archaeologists*, Vol. 1, Singapore.

Miksic, John, 2018, 'Archaeology, Pottery and Malay Culture', *Passage*, pp. 14–15.

Moore, Elizabeth H., 2007, *Early Landscapes of Myanmar*, Bangkok.

O'Connor, Sue, 2015, 'Rethinking the Neolithic in Island Southeast Asia, with Particular Reference to the Archaeology of Timor-Leste and Sulawesi', *Archipel* 90, pp. 15–47.

Olsen, Sandra & Glover, Ian, 2004, 'The Bone Industry of Ulu Leang 1 and Leang Burung 1 Rockshelters, Sulawesi, Indonesia, in its Regional Context', *Modern Quaternary Res. SE Asia* 18, pp. 273–99.

Peacock, B. A. V., 1959, 'A Short Description of Malayan Prehistoric Pottery', *Asian Perspectives* 3, pp. 121–56.

Tan, Noel Hidalgo, 2014, 'Rock Art Research in Southeast Asia: A Synthesis', *Arts* 3, 1, pp. 73–104.

Theunissen, Robert, 2003, *Agate and Carnelian Beads and the Dynamics of Social Complexity in Iron Age Mainland Southeast Asia*, PhD thesis, University of New England, Australia.

第 2 章

Anonymous, 2003, *Vietnamese Antiquities*, Hanoi.

Aung-Thwin, Michael, 1987, 'Heaven, Earth, and the Supernatural World: Dimensions of the Exemplary Center in Burmese History', in Bardwell Smith & Holly Baker Reynolds (eds), *The City as a Sacred Center: Essays in Six Asian Contexts*, Leiden, pp. 88–102.

Barnes, Ruth, 1997, *Indian Block-Printed Textiles in Egypt: The Newberry Collection in the Ashmolean Museum, Oxford*, 2 vols, Oxford.

Bautze-Picron, Claudine, 2002, 'The Biography of the Buddha in Indian Art: How and When?' in Andreas Schüle (ed.), *Biography as a Religious and Cultural Text*, Berlin, pp. 197–239.

Bautze-Picron, Claudine, 2015, 'Textiles from Bengal in Pagan (Myanmar) from the Late Eleventh Century and Onwards', in Mokammal H. Bhuiyan (ed.), *Studies in South Asian Heritage: Essays in Memory of M. Harunur Rashid*, Dhaka, pp. 19–29.

Borell, Brigitte, 2017a, 'Gold Coins from Khlong Thom', *Journal of the Siam Society*, 107, 1, pp. 151–77.

Borell, Brigitte, 2017b, 'Gold Coins from Khlong Thom', *Journal of the Siam Society*, 107, 2, pp. 155–58.

Brown, Robert L., 1990, 'God on Earth: The Walking Buddha in the Art of South and Southeast Asia', *Artibus Asiae* 50, 1, 2, pp. 73–107.

Brown, Robert L., 1991, 'Ganesa in Southeast Asian Art: Indian Connections and Indigenous Developments', in Robert L. Brown (ed.), *Ganesh: Studies of an Asian God*, Albany, pp. 171–233.

Brown, Robert L., 1992, 'Indian Art Transformed: The Earliest Sculptural Styles of Southeast Asia', in Ellen M. Raven & Karel R. van Kooij (eds), *Panels of the VIIth World Sanskrit Conference* 10, *Indian Art and Archaeology*, Leiden, pp. 40–53.

Brown, Robert L., 2008, 'The Act of Naming Avalokiteśvara in Ancient Southeast Asia', in Elisabeth A. Bacus, Ian C. Glover & Peter D. Sharrock (eds), *Interpreting Southeast Asia's Past: Monument, Image and Text*, Singapore, pp. 263–74.

Brown, Robert L., 2011, 'The Importance of Gupta-period Sculpture in Southeast Asian Art History', in Pierre-Yves Manguin, A. Mani & Geoff Wade, *Early Interactions between South and Southeast Asia: Reflections on Cross-cultural Exchange*, Singapore, pp. 317–31.

Chandler, David P., 1993, *A History of Cambodia*, Chiang Mai.

Chutiwongs, Nandana, 1999, 'Early Buddhist Sculpture of Thailand: Circa sixth–thirteenth century', in Robert L. Brown (ed.), *Art from Thailand*, Mumbai, pp. 19–33.

Cort, Louise, 2000, 'Khmer Stoneware Ceramics', in Louise Allison Cort, Massumeh Farhad & Ann C. Gunter (eds), *Asian Traditions in Clay: The Hauge Gifts*, Washington DC, pp. 91–149.

Diskul, M. C. Subhadradis, et al., 1980, *The Art of Śrīvijaya*, Singapore.

Feener, R. Michael, et al., 2021, 'Islamisation and the Formation of Vernacular Muslim Material Culture in 15th-century Northern Sumatra', *Indonesia and the Malay World* 49, pp. 1–41.

Fontein, Jan, 1990, *The Sculpture of Indonesia*, Washington, DC.

Frédéric, Louis, 1994, *Borobudur*, New York.

Galloway, Charlotte, 2002, 'Relationships Between Buddhist Texts and Images of the Enlightenment During the Early Bagan Period', in Alexandra Green & T. Richard Blurton (eds), *Burma: Art and Archaeology*, London, pp. 45–54.

Galloway, Charlotte, 2010, 'Ways of Seeing a Pyu, Mon and Dvaravati Artistic Continuum', *Bulletin of the Indo-Pacific Prehistory Association* 30, pp. 70–78.

Galloway, Charlotte, 2013, 'Buddhist Narrative Imagery during the Eleventh Century at Pagan, Burma: Reviewing Origins and Purpose', in Alexandra Green (ed.), *Rethinking Visual Narratives from Asia: Intercultural and Comparative Perspectives*, Hong Kong, pp. 159–74.

Giteau, Madeleine, 1976, *The Civilization of Angkor*, New York.

Glover, Ian, 2010, 'The Dvaravati Gap: Linking Prehistory and History in Early Thailand', *Bulletin of the Indo-Pacific Prehistory Association* 30, pp. 79–86.

Griffiths, Arlo, 2014, 'Written Traces of the Buddhist Past: Mantras and Dharanis in Indonesian Inscriptions', *Bulletin of the School of Oriental and African Studies* 77, 1, pp. 137–94.

Guillon, Emmanuel, 2001, *Cham Art: Treasures from the Dà Nang Museum, Vietnam*, London.

Gutman, Pamela, 2001, *Burma's Lost Kingdoms: Splendours of Arakan*, Bangkok.

Guy, John, 2014, (ed.), *Lost Kingdoms: Hindu-Buddhist Sculpture of Early Southeast Asia*, New Haven, CT.

Harris, P., 2007, *Zhou Daguan: A Record of Cambodia, the Land and its People*, Bangkok.

Harrison-Hall, Jessica, 2002, 'Vietnamese Ceramics in the British Museum', *Apollo: The International Magazine of Arts* 489, pp. 3–11.

Higham, Charles, 2001, *The Civilisation of Angkor*, London.

Jarrige, Jean-François & Maud Girard-Geslan, 1999, *Indonesian Gold: Treasures from the National Museum, Jakarta*, South Brisbane.

Jessup, Helen Ibbitson & Zéphir, Thierry (eds), 1997, *Millennium of Glory: Sculpture of Angkor and Ancient Cambodia*, Washington, DC.

Kinney, Ann R., 2003, *Worshipping Siva and Buddha: The Temple Art of East Java*, Honolulu.

Klokke, Marijke J., 1994, 'The Iconography of the So-called Portrait Statues in Late East Javanese Art', in Marijke J. Klokke & Pauline Lunsingh Scheurleer (eds), *Ancient Indonesian Sculpture*, Leiden.

Klokke, Marijke J. & Scheurleer, Pauline Lunsingh (eds), 1994, *Ancient Indonesian Sculpture*, Leiden.

Krahl, Regina, Guy, John, Wilson, J. Keith & Raby, Julian (eds), 2010, *Shipwrecked: Tang Treasures and Monsoon Winds*, Washington, DC.

Lambourn, Elizabeth, 2004, 'Carving and Communities: Marble Carving for Muslim Patrons at Khambhāt and around the Indian Ocean Rim, Late Thirteenth–Mid-Fifteenth Centuries', *Ars Orientalis* 34, pp. 99–133.

Lambourn, Elizabeth, 2008, 'Tombstones, Texts, and Typologies: Seeing Sources for the Early History of Islam in Southeast Asia', *Journal of the Economic and Social History of the Orient* 51, 2, pp. 252–86.

Lammerts, D. Christian (ed.), 2017, *Buddhist Dynamics in Premodern and Early Modern Southeast Asia*, Singapore.

Lankton, James W., Dussubieux, Laure & Rehren, Thilo, 2008, 'A Study of Mid-First Millenium CE Southeast Asian Specialized Glass Beadmaking Traditions', in Elisabeth A. Bacus, Ian C. Glover & Peter D. Sharrock (eds), *Interpreting Southeast Asia's Past: Monument, Image and Text*, Singapore, pp. 335–56.

Luce, G. H., 1969, *Old Burma Early Pagan*, Vols 1–3, Locust Valley, NY.

Mabbett, I. W., 1983, 'The Symbolism of Mount Meru', *History of Religions* 23, 1, pp. 64–83.

Mabbett, Ian & Chandler, David, 1995, *The Khmers*, Oxford.

Mahlo, Dietrich, 2012, *The Early Coins of Myanmar (Burma): Messengers from the Past*, Bangkok.

Manguin, Pierre-Yves, 1991, 'The Merchant and the King: Political Myths of Southeast Asian Coastal Polities', *Indonesia* 51, pp. 41–54.

Manguin, Pierre-Yves, Mani, A. & Wade, Geoff, 2011, *Early Interactions between South and Southeast Asia: Reflections on Cross-cultural Exchange*, Singapore.

Miksic, John, 1990a, *Borobudur: Golden Tales of the Buddhas*, Boston.

Miksic, John, 1990b, *Old Javanese Gold*, Singapore.

Mitchiner, Michael, 1998, *The History and Coinage of Southeast Asia until the Fifteenth Century*, London.

Moore, Elizabeth H., 2007, *Early Landscapes of Myanmar*, Bangkok.

Murphy, Stephen A., 2018, 'Revisiting the Bujang Valley: A Southeast Asian Entrepôt Complex on the Maritime Trade Route', *Journal of the Royal Asiatic Society* 28, 2, pp. 355–89.

Nguyen, Van Huy and Kendall, Laurel (eds), 2003, *Vietnam: Journeys of Body, Mind, and Spirit*, Berkeley, CA.

Postma, Antoon, 1992, 'The Laguna Copper-Plate Inscription: Text and Commentary', *Philippine Studies* 40, 2, pp. 183–203.

Reichle, Natasha, 2007, *Violence and Serenity: Late Buddhist Sculpture from Indonesia*, Honolulu.

Revire, Nicolas & Murphy, Stephen A. (eds), 2014, *Before Siam: Essays in Art and Archaeology*, Bangkok.

Romain, Julie, 2011, 'Indian Architecture in the "Sanskrit Cosmopolis": The Temples of the Dieng Plateau', in Pierre-Yves Manguin, A. Mani & Geoff Wade (eds), *Early Interactions between South a nd Southeast Asia: Reflections on Cross-cultural Exchange*, Singapore, pp. 299–316.

Scheurleer, Pauline Lunsingh & Klokke, Marijke J., 1988, *Divine Bronze: Ancient Indonesian Bronzes from AD 600 to 1600*, Leiden.

Sen, Tansen, 2009, 'The Military Campaigns of Rajendra Chola and the Chola-Srivijaya-China Triangle', in Herman Kulke, K. Kesavapany & Vijay Sakuja (eds), *Nagapattinam to Suvarnadwipa: Reflections on the Chola Naval Expeditions to Southeast Asia*, Singapore.

Skilling, Peter, 2008, 'Buddhist Sealings in Thailand and Southeast Asia: Iconography, Function, and Ritual Context', in Elisabeth A. Bacus, Ian C. Glover & Peter D. Sharrock (eds), *Interpreting Southeast Asia's Past: Monument, Image and Text*, Singapore, pp. 248–62.

Szczepanowska, H. & Ploeger, R., 2019, 'The Chemical Analysis of Southeast Asian Lacquers Collected from Forests and Workshops in Vietnam, Cambodia, and Myanmar', *Journal of Cultural Heritage* 40, pp. 215–25.

Tan, Heidi (ed.), 2012, *Enlightened Ways: The Many Streams of Buddhist Art in Thailand*, Singapore.

Wade, Geoff, 2010, 'Early Muslim Expansion in Southeast Asia, Eighth to Fifteenth Centuries', in David O. Morgan & Anthony Reid, *The New Cambridge History of Islam*, Vol. 3, pp. 366–408.

Wade, Geoff, 2014, 'Beyond the Southern Borders: Southeast Asia in Chinese Texts to the Ninth Century', in John Guy (ed.), *Lost Kingdoms: Hindu-Buddhist Sculpture of Early Southeast Asia*, New Haven and London, pp. 25–31.

Wicks, Robert S., 1992, *Money, Markets, and Trade in Early Southeast Asia: The Development of Indigenous Monetary Systems to AD 1400*, Ithaca, NY.

Wolters, O. W., 1969, *Early Indonesian Commerce: A Study of the Origins of Srivijaya*, Ithaca, NY.

Wolters, O. W., 1970, *The Fall of Srivijaya in Malay History*, Ithaca, NY.

Woodward, H., 1995, 'Thailand and Cambodia: The Thirteenth and Fourteenth Centuries. Studies and Reflections on Asian Art History and Archaeology', in Khaisri Sri-Aroon, et al. (eds), *Essays in Honour of H.S.H. Professor Subhadradis Diskul*, Bangkok, pp. 335–42.

Woodward, Hiram W., Jr., 1997, *The Sacred Sculpture of Thailand*, Baltimore.

第 3－6 章

Adams, Kathleen M. & Gillogly, Kathleen A., 2011, *Everyday Life in Southeast Asia*, Bloomington, IN.

Andaya, Barbara Watson, 2003a, 'Aspects of Warfare in Premodern Southeast Asia', *Journal of the Economic and Social History of the Orient* 46, 2, pp. 139–42.

Andaya, Barbara Watson, 2003b, 'History, Headhunting and Gender in Monsoon Asia: Comparative and Longitudinal Views', *South East Asia Research* 12, 1, pp. 13–52.

Andaya, Barbara Watson & Andaya, Leonard Y., 2015, *A History of Early Modern Southeast Asia, 1400–1830*, Cambridge.

Appleton, Naomi, 2010, *Jātaka Stories in Theravada Buddhism: Narrating the Bodhisatta Path*, Aldershot and Burlington, VA.

Appleton, Naomi, Shaw, Sarah & Unebe, Toshiya, 2013, *Illuminating the Life of the Buddha: An Illustrated Chanting Book from Eighteenth-Century Siam*, Oxford.

Baker, C. & Pasuk Phongpaichit, 2009, *A History of Thailand*, Bangkok

Barbier, Jean Paul & Newton, Douglas (eds), 1988, *Islands and Ancestors: Indigenous Styles of Southeast Asia*, Munich.

Barley, Nigel & Sandaruppa, Stanislaus, 1991, *The Toraja Ricebarn*, London.

Barnes, Ruth, 1993, 'South-East Asian Basketry', *Journal of Museum Ethnography* 4, pp. 83–102.

Barnes, Ruth, 2006, 'Indian Textiles for Island Taste: The Trade to Eastern Indonesia', in Rosemary Crill (ed.), *Textiles from India: The Global Trade*, Calcutta, pp. 99–116.

Barnes, Ruth & Kahlenberg, Mary Hunt, 2010, *Five Centuries of Indonesian Textiles: The Mary Hunt Kahlenberg Collection*, Munich.

Beemer, Bryce, 2009, 'Southeast Asian Slavery and Slave-Gathering Warfare as a Vector for Cultural Transmission: The Case of Burma and Thailand', *The Historian* 71, 3, pp. 481–506.

Bell, Edward N., 1907, *A Monograph: Iron and Steel Work in Burma*, Rangoon.

Bennett, James (ed.), 2011, *Beneath the Winds: Masterpieces of Southeast Asian Art from the Art Gallery of South Australia*, Adelaide.

Bjork, Katharine, 1998, 'The Link that Kept the Philippines Spanish: Mexican Merchant Interests and the Manila Trade, 1571–1815', *Journal of World History* 9, 1, pp. 25–50.

Blurton, T. Richard, 1999, '"Looking very gay and bright": Burmese Textiles in the British Museum', *Apollo: The International Magazine of Arts* 453, pp. 38–42.

Boisselier, Jean, 1976, *Thai Painting*, Tokyo.

Brandon, James R., 2009, *Theatre in Southeast Asia*, Cambridge, MA.

Brinkgreve, Francine, 2016, *Lamak: Ritual Objects in Bali*, Oxfordshire.

Brinkgreve, Francine & Sulistianingsih, Retno (eds), 2009, *Sumatra: Crossroads of Cultures*, Leiden.

Brown, C. C., 1953, 'Sejarah Melayu or "Malay Annals", a translation of Raffles Ms 18', *Journal of the Malayan Branch of the Royal Asiatic Society* 25, 2 and 3

Brown, Roxanna, 2009, *The Ming Gap and Shipwreck Ceramics in Southeast Asia: Towards a Chronology of Thai Trade Ware*, Bangkok.

Brownrigg, Henry, 1992, *Betel Cutters from the Samuel Eilenberg Collection*, Stuttgart.

Casal, Father Gabriel, et al. (eds), 1981, *The People and Art of the Philippines*, Los Angeles, CA.

Cate, Sandra & Lefferts, Leedom, 2012, 'Becoming Active/Active Becoming: Prince Vessantara Scrolls and the Creation of a Moral Community', in Julius Bautista (ed.), *The Spirit of Things: Materiality and Religious Diversity in Southeast Asia*, Ithaca, NY, pp. 165–82.

Césard, Nicolas, 2013, 'Heirlooms and Marriage Payments: Transmission and Circulation of Prestige Jars in Borneo', *Indonesia and the Malay World* 42, 122, pp. 1–26.

Chalermpow, Paritta, 1981, *A popular drama in its social context: nang talung shadow puppet theatre of South Thailand*, PhD dissertation, University of Cambridge.

Chandavij, Natthapatra & Pramualaratana, Promporn, 1998, *Thai Puppets and Khon Masks*, Bangkok.

Charney, Michael W., 2004, *Southeast Asian Warfare, 1300–1900*, Leiden.

Charney, Michael W., 2018, 'Warfare in Premodern Southeast Asia', in *Oxford Research Encyclopedia, Asian History*, Oxford.

Charney, Michael W. & Wellen, Kathryn (eds), 2018, *Warring Societies of Pre-Colonial Southeast Asia: Local Cultures of Conflict within a Regional Context*, Copenhagen.

Ché-Ross, Raimy, 2012, 'Malay Silverware', *Arts of Asia* 42, 1, pp. 68–83.

Chin, Edmond, 1991, *Gilding the Phoenix: The Straits Chinese and Their Jewellery*, Singapore.

Chiu, Angela, 2017, *The Buddha in Lanna: Art, Lineage, Power, and Place in Northern Thailand*, Honolulu.

Ch'ng, David, 1986, 'Malay Silver', *Arts of Asia* 16, 2, pp. 102–9.

Chong, Alan (ed.), 2016, *Christianity in Asia: Sacred Art and Visual Splendour*, Singapore.

Chutiwongs, Nandana, 1995, 'The Role of Narrative Sculpture and Painting in Thailand', in K. R. van Kooij & H. van der Veere (eds), *Function and Meaning in Buddhist Art*, Groningen, pp. 167–78.

Clayre, Beatrice & Nicholson, Julia, 1999, 'Melanau Sickness Images in the Pitt Rivers Museum', *Sarawak Museum Journal* 54, pp. 105–42.

Cohn, Bernard S., 1996, *Colonialism and its Forms of Knowledge: The British in India*, Princeton, NJ.

Conway, Susan, 2001, 'Power Dressing: Female Court Dress and Marital Alliances in Lan Na, the Shan States, and Siam', *Orientations* 32, 4, pp. 42–49.

Conway, Susan, 2006, *The Shan: Culture, Art and Crafts*, Bangkok.

Cort, Louise Allison & Lefferts, Leedom, 2010–11, 'Pots and How They are Made in Mainland Southeast Asia', *Transactions of the Oriental Ceramic Society* 75, pp. 1–16.

Couderc, Pascal, 2012, 'Cultural and Literary Aspects of Uut Danum Patterned Plaiting', in Bernard Sellato (ed.), *Plaited Arts from the Borneo Rainforest*, Copenhagen, pp. 294–312.

Cribb, Joe, 1999, *Magic Coins of Java, Bali and the Malay Peninsula: A Catalogue Based on the Raffles Collection of Coin-Shaped Charms from Java in the British Museum*, London.

Crosby, Kate, 2013, *Theravada Buddhism: Continuity, Diversity and Identity*, Chichester.

Dell, Elizabeth & Dudley, Sandra (eds), 2003, *Textiles from Burma: Featuring the James Henry Green Collection*, Brighton.

Dixon, Charlotte, 2018, *Sailing the Monsoon Winds in Miniature: Model Boats as Evidence for Boat Building Technologies, Cultures, and Collecting*, PhD thesis, University of Southampton.

Djajasoebrata, Alit, 1999, *Shadow Theatre in Java: The Puppets, Performance and Repertoire*, Amsterdam.

Dubin, Lois Sherr, 2009, *The Worldwide History of Beads*, London.

Dudley, Sandra, 2008, 'Karenic Textiles', in Alexandra Green (ed.), *Eclectic Collecting: Art from Burma in the Denison Museum*, Singapore, pp. 19–48.

Eiseman, Fred, 1990, *Bali: Sekala and Niskala: Essays on Religion, Ritual, and Art*, Hong Kong.

Eiseman, Fred & Eiseman, Margaret, 1988, *Woodcarvings of Bali*, Singapore.

Endres, Kirsten W. & Lauser, Andrea (eds), 2011, *Engaging the Spirit World: Popular Beliefs and Practices in Modern Southeast Asia*, New York.

Feldman, Jerome (ed.), 1985, *The Eloquent Dead: Ancestral Sculpture of Indonesia and Southeast Asia*, Los Angeles, CA.

Fischer, Joseph, et al., 1994, *The Folk Art of Java*, Kuala Lumpur.

Fong Peng Khuan, 2012, 'Malay Brassware', *Arts of Asia* 42, 1, pp. 120–27.

Forbes, Henry O., 1885, *A Naturalist's Wanderings in the Eastern Archipelago: A Narrative of Travel and Exploration from 1878 to 1883*, New York.

Forge, Anthony, 1993, 'Balinese Painting: Revival or Reaction', in John Clark (ed), *Modernity in Asian Art*, Broadway, Australia.

Fowler, John, 1988, 'Classical Wayang Painting of Bali', *Orientations* 19, 1, pp. 47-57.

Fraser, David W. & Fraser, Barbara G., 2005, *Mantles of Merit: Chin Textiles from Myanmar, India and Bangladesh*, Bangkok.

Fraser-Lu, Sylvia, 1981a, 'Buddha Images from Burma: Sculptured in Stone, Part 1', *Arts of Asia* 11, 1, pp. 72–82.

Fraser-Lu, Sylvia, 1981b, 'Buddha Images from Burma: Bronze and Related Metals, Part 2', *Arts of Asia* 11, 2, pp. 62–72.

Fraser-Lu, Sylvia, 1981c, 'Buddha Images from Burma: Wood and Lacquer, Part 3', *Arts of Asia* 11, 3, pp. 129–36.

Fraser-Lu, Sylvia, 1982, 'Kalagas: Burmese Wall Hangings and Related Embroideries', *Arts of Asia* 12, 4, pp. 73–82.

Fraser-Lu, Sylvia, 1988, *Handwoven Textiles of Southeast Asia*, Singapore.

Fraser-Lu, Sylvia, 1989, *Silverware of South-East Asia*, Singapore.

Fraser-Lu, Sylvia, 1994, *Burmese Crafts: Past and Present*, Kuala Lumpur.

Fraser-Lu, Sylvia, 2000, *Burmese Lacquerware*, Bangkok.

Fraser-Lu, Sylvia & Stadtner, Donald M., 2015, *Buddhist Art of Myanmar*, New Haven, CT.

Fujimoto, Helen, 1988, *The South Indian Muslim Community and the Evolution of the Jawi Peranakan in Penang up to 1948*, Tokyo.

Gallop, Annabel Teh, 1995, *Early Views of Indonesia: Drawings from the British Library*, London.

Gallop, A. T., 2004, 'An Achenese Style of Manuscript Illumination', *Archipel* 68, pp. 193–240.

Gallop, A. T., 2007, 'The Art of the Qur'an in Southeast Asia', in Fahmida Suleman (ed.), *Word of God, Art of Man: The Qur'an and its Creative Expressions: Selected Proceedings from the International Colloquium, London, 18–21 October 2003*, Oxford, pp. 191–204.

Gallop, A. T., 2012, 'The Art of the Malay Qur'an', *Arts of Asia* 42, 1, pp. 84–95.

Galloway, Charlotte, 2001, 'An Introduction to the Buddha Images of Burma', *TAASA Review* 10, 2, pp. 8–10.

Gavin, Traude, 2004, *Iban Ritual Textiles*, Singapore.

Ginsburg, Henry, 2000, *Thai Art and Culture: Historic Manuscripts from Western Collections*, Chiang Mai.

Ginsburg, Henry, 2005, 'Ayutthaya Painting', in Forrest McGill (ed.), *The Kingdom of Siam: The Art of Central Thailand, 1350–1800*, San Francisco, CA, pp. 95–110.

Ginsburg, Henry & Chakrabonse, Narisa, 2020, '*Phra Bot*: Thai Buddhist Paintings on Cloth', *Arts of Asia* 50, 1, pp. 142–50.

Gittinger, M., 1989, *To Speak with Cloth: Studies in Indonesian Textiles*, Los Angeles, CA.

Gommans, Jos & Leider, Jacques (eds), 2002, *The Maritime Frontier of Burma: Exploring Political, Cultural, and Commercial Interactions in the Indian Ocean World*, Amsterdam.

Green, Alexandra (ed.), 2008, *Eclectic Collecting: Art from Burma in the Denison Museum*, Singapore.

Green, Alexandra, 2011, 'From Gold Leaf to Buddhist Hagiographies: Contact with Regions to the East Seen in Late Burmese Murals', *Journal of Burma Studies* 15, 2, pp. 305–58.

Green, Alexandra, 2015, 'Space and Place in a Burmese Cosmology Manuscript at the British Museum', in Justin McDaniel & Lynn Ransom (eds), *From Mulberry Leaves to Silk Scrolls: New Approaches to the Study of Asian Manuscript Traditions*, The Lawrence J. Schoenberg Studies in Manuscript Culture, Vol. 1, Philadelphia, PA, pp. 42–69.

Green, Alexandra, 2018, 'Pattern of Use and Reuse: South Asian Trade Textiles and Burmese Wall Paintings', in Anna Dallapiccola & Anila Verghese (eds), *India and Southeast Asia: Cultural Discourses*, Mumbai, pp. 459–84.

Green, Alexandra & Blurton, T. Richard (eds), 2002, *Burma: Art and Archaeology*, London.

Green, Gillian, 2003, *Traditional Textiles of Cambodia: Cultural Threads and Material Heritage*, Bangkok.

Griffiths, A., Acri, Andrea & Creese, H. M. (eds), 2010, *From Lanka Eastwards: The Ramayana in the Literature and Visual Arts of Indonesia*, Leiden.

Groneman, Isaäc. 2009, *The Javanese Kris*, Leiden.

Guha-Thakurta, Tapati, 2004, *Monuments, Objects, Histories: Institutions of Art in Colonial and Postcolonial India*, New York.

Guy, John, 1998, *Woven Cargoes: Indian Textiles in the East*, London.

Håbu, Anne & Rooney, Dawn F. (eds), 2013, *Royal Porcelain from Siam: Unpacking the Ring Collection*, Oslo.

Hales, Robert, 2013, *Islamic and Oriental Arms and Armour: A Lifetime's Passion*, Farnham Common, UK.

Hamilton, Roy W. & Barrkman, Joanna (eds), 2014, *Textiles of Timor: Island in the Woven Sea*, Los Angeles, CA.

Hauser-Schäublin, Brigitta, Nabholz-Kartaschoff, Marie-Louise & Ramseyer, Urs, 1991, *Balinese Textiles*, London.

Hemmet, Christine, 1996, *Nang Talung: The Shadow Theatre of South Thailand*, Amsterdam.

Heppell, Michael, 2005, *Iban Art: Sexual Selection and Severed Heads*, Amsterdam.

Herbert, Patricia M., 1992, *The Life of the Buddha*, London.

Herbert, Patricia, 1999, 'Burmese Court Manuscripts', in Donald Statdner (ed.), *The Art of Burma: New Studies*, Bombay, pp. 89–102.

Herbert, Patricia, 2002, 'Burmese Cosmological Manuscripts', in Alexandra Green & T. Richard Blurton (eds), *Burma: Art and Archaeology*, London, pp. 77–98.

Herbert, Patricia, 2006, 'Myanmar Manuscript Art', in Teruko Saito & U Thaw Kaung (eds), *Enriching the Past: Preservation, Conservation and Study of Myanmar Manuscripts*, Tokyo, pp. 23–41.

Heringa, Rens, 2010, 'Upland Tribe, Coastal Village, and Inland Court: Revised Parameters for Batik Research', in Ruth Barnes & Mary Hunt Kahlenberg (eds), *Five Centuries of Indonesian Textiles: The Mary Hunt Kahlenberg Collection*, Munich, pp. 121–31.

Heringa, Rens & Veldhuisen, Harmen C., 1996, *Fabric of Enchantment: Batik from the North Coast of Java*, Los Angeles, CA.

Ho Wing Meng, 1987, *Straits Chinese Beadwork and Embroidery*, Singapore.

Hobart, Angela, 1987, *Dancing Shadows of Bali: Theatre and Myth*, London.

Hobart, Angela, Ramseyer, Urs & Leeman, Albert, 1996, *The Peoples of Bali*, Oxford.

Honda, Hiromu & Shimazu, Noriki, 1997, *The Beauty of Fired Clay: Ceramics from Burma, Cambodia, Laos, and Thailand*, Oxford.

Howard, Michael C., 1999, *Textiles of the Hill Tribes of Burma*, Bangkok.

Isaacs, Ralph & Blurton, T. Richard, 2000, *Visions from the Golden Land: Burma and the Art of Lacquer*, London.

Janowski, Monica, 1998, 'Beads, Prestige and Life among the Kelabit of Sarawak, East Malaysia', in Lidia Sciama & Joanne Eicher (eds), *Beads: Gender, Making and Meaning*, Oxford, pp. 213–46.

Janowski, Monica, 2014, *Tuked Rini, Cosmic Traveller: Life and Legend in the Heart of Borneo*, Copenhagen.

Janowski, Monica, 2020, 'Stones Alive! An Exploration of the Relationship between Humans and Stone in Southeast Asia', *Bijdragen Tot De Taal-, Land- En Volkenkunde* 176, pp. 105–46.

Jessup, Helen Ibbitson, 1990, *Court Arts of Indonesia*, New York.

Johnson, Irving Chan, 2012, *The Buddha on Mecca's Verandah: Encounters, Mobilities, and Histories Along the Malaysian-Thai Border*, Seattle.

Jory, Patrick, 2002, 'The *Vessantara Jataka*, *Barami*, and the *Bodhisatta*-Kings: The Origin and Spread of a Premodern Thai Concept of Power', *Crossroads: An Interdisciplinary Journal of Southeast Asian Studies* 16, 1, pp. 152–94.

Jose, R. T., 2004, 'Image', in R. T. Jose & R. N. Villegas (eds), *Power + Faith + Image: Philippine Art in Ivory from the 16th to the 19th Century*, Philippines, pp. 97–133.

Kahlenberg, Mary Hunt, 2006, 'Who Influenced Whom? The Indian Textile Trade to Sumatra and Java', in Rosemary Crill (ed.), *Textiles from India: The Global Trade*, Kolkata, pp. 135–52.

Kaiser, Thomas, Lefferts, Leedom, & Wernsdorfer, Martina, 2017, *Devotion: Image, Recitation, and Celebration of the Vessantara Epic in Northeast Thailand*, Stuttgart.

Keeler, Ward, 1992, *Javanese Shadow Puppets*, Oxford.

Kerlogue, F., 2001, 'Islamic Talismans: The Calligraphy Batiks', in Itie van Hout (ed.), *Batik: Drawn in Wax: 200 Years of Batik Art from Indonesia in the Tropenmuseum Collection*, Amsterdam, pp. 124–35.

Khazeni, A., 2019, 'Indo-Persian Travel Writing at the Ends of the Mughal World', *Past and Present* 243, 1, pp. 141–74.

King, Victor T., 1993, *The Peoples of Borneo*, Oxford.

Koentjaraningrat, 1985, *Javanese Culture*, Singapore.

Lammerts, Christian, 2010, 'Notes on Burmese Manuscripts: Text and Images', *Journal of Burma Studies* 14, pp. 229–53.

Lee, Peter, 2014, *Sarong Kebaya: Peranakan Fashion in an Interconnected World, 1500–1950*, Singapore.

Lefferts, Leedom, Cate, Sandra & Tossa, Wajuppa, 2012, *Buddhist Storytelling in Thailand and Laos*, Singapore.

Lewis, Paul & Lewis, Elaine, 1998, *Peoples of the Golden Triangle*, London.

Lieberman, Victor B., 1978, 'Ethnic Politics in Eighteenth-Century Burma', *Modern Asian Studies* 12, 3, pp. 455–82.

Lopetcharat, Somkiart, 2000, *Lao Buddha: The Image and Its History*, Bangkok.

Maxwell, Robyn, 1990, *Textiles of Southeast Asia: Tradition, Trade and Transformation*, Hong Kong.

Maxwell, Robyn, 2010, *Life, Death, and Magic. 2000 Years of Southeast Asian Ancestral Art*, Canberra.

Mackenzie Private 16, 'Copy of an Historical Account of the Island of Great Java by François Van Boeckholtz'. British Library.

McGill, Forrest (ed.), 2005, *The Kingdom of Siam: The Art of Central Thailand, 1350–1800*, San Francisco, CA.

McGill, Forrest (ed.), 2009, *Emerald Cities: Arts of Siam and Burma 1775–1950*, San Francisco, CA.

McGill, Forrest (ed.), 2016, *The Rama Epic: Hero, Heroine, Ally, Foe*, San Francisco, CA.

Miksic, John (ed.), 2003, *Earthenware in Southeast Asia*, Singapore.

Morris, Stephen, 1991, *The Oya Melanau*, Kuching, Sarawak, Malaysia.

Munan, Heidi, 2005, *Beads of Borneo*, Kuala Lumpur.

Munan, Heidi, 2012, 'Hornbill Wood Carvings', *Arts of Asia* 42, 1, pp. 106–13.

Murphy, Stephen A. (ed.), 2016, *Cities and Kings: Ancient Treasures from Myanmar*, Singapore.

Murphy, Stephen A., Wang, Naomi & Green, Alexandra (eds), 2019, *Raffles in Southeast Asia: Revisiting the Scholar and Statesman*, Singapore.

Nguyen-Long, Kerry, 2002, 'Lacquer Artists of Vietnam', *Arts of Asia* 39, 1, pp. 27–39.

Niessen, Sandra, 2009, *Legacy in Cloth: Batak Textiles of Indonesia*, Leiden.

Novellino, Dario, 2006, 'Weaving Traditions from Island Southeast Asia: Historical Context and Ethnobotanical Knowledge', *Proceedings of the IVth International Congress of Ethnobotany*, pp. 307–16.

Peacock, A. C. S. & Gallop, Annabel Teh, 2015, 'Islam, Trade and Politics Across the Indian Ocean: Imagination and Reality', *Proceedings of the British Academy* 200, pp. 1–23.

Pollock, Polly, 1993, 'Basketry: Tradition and Change', *Journal of Museum Ethnography*, December, pp. 1–24.

Pourret, Jess G., 2002, *The Yao: the Mien and Mun Yao in China, Vietnam, Laos and Thailand*, London.

Prapatthing, Songsri (ed.), 1993, *Thai Minor Arts*, Bangkok.

Rafee, Yaup Mohd, et al., 2017, 'Bilum: A Cultural Object of the Pagan Melanau', *Journal of Engineering and Applied Sciences* 12, pp. 6968–73.

Ramseyer, Urs, 2002, *The Art and Culture of Bali*, Basel.

Reid, Anthony, 1988, *Southeast Asia in the Age of Commerce, 1450–1680*, New Haven, CT.

Richards, Thomas, 1993, *The Imperial Archive: Knowledge and the Fantasy of Empire*, London.

Richman, Paula, 1991, *Many Rāmāyaṇas: The Diversity of a Narrative Tradition in South Asia*, Berkeley, CA.

Richter, Anne, 2000, *The Jewelry of Southeast Asia*, London.

Ricklefs, M. C., Voorhoeve, P. & Gallop, A. T., 2014, *Indonesian Manuscripts in Great Britain. New Edition with Addenda et Corrigenda*, Jakarta.

Rogers, Susan, 1985, *Power and Gold: Jewelry from Indonesia, Malaysia, and the Philippines*, Geneva.

Rooney, Dawn F., 1993, *Betel Chewing Traditions in South-East Asia*, Kuala Lumpur.

Ross, Lauri Margot, 2016, *The Encoded Cirebon Mask: Materiality, Flow, and Meaning along Java's Islamic Northwest Coast*, Leiden.

Sadan, Mandy, 2008, 'Kachin Textiles', in Alexandra Green (ed.), *Eclectic Collecting: Art from Burma in the Denison Museum*, Singapore, pp. 75–96.

San San May & Igunma, Jana (2018), *Buddhism Illuminated: Manuscript Art from Southeast Asia*, London.

Schefold, Reimar (ed.), 2013, *Eyes of the Ancestors: the Arts of Island Southeast Asia*, New Haven, CT.

Schober, Juliane, 1980, 'On Burmese Horoscopes', *The South East Asian Review* 5, 1, pp. 43–56.

Scott, P., 2019, *Vietnamese Lacquer Painting: Between Materiality and History*. Online: https://www.nationalgallery.sg/magazine/vietnamese-lacquer-painting-between-materiality-and-history [Accessed 28 July 2021].

SEAMEO-SPAFA, 2015, *100 Everyday Objects from Southeast Asia and Korea*, Bangkok.

Sellato, Bernard (ed.), 2012, *Plaited Arts from the Borneo Rainforest*, Copenhagen.

Shaw, J. C., 1989, *Northern Thai Ceramics*, Chiang Mai.

Sibeth, Achim, 1991, *The Batak: Peoples of the Island of Sumatra*, London.

Singer, Noel, 1989, 'The Ramayana at the Burmese Court', *Arts of Asia* 19, 6, pp. 90–103.

Singer, Noel F., 2002, 'Myanmar Lacquer and Gold Leaf: From the Earliest Times to the 18th Century', *Arts of Asia* 32, 1, pp. 40–52.

Singh, Saran, 1986, *The Encyclopaedia of the Coins of Malaysia, Singapore, and Brunei*, Kuala Lumpur.

Skeat, W. W. & Blagden C. O., 1906, *The Pagan Races of the Malay Peninsula*, 2 vols, London.

Skilling, Peter, 2006, '*Pata (Phra Bot)*: Buddhist Cloth Painting of Thailand', in François Lagirarde & Paritta Chalermpow Koanantakool (eds), *Buddhist Legacies in Mainland Southeast Asia*, Paris and Bangkok, pp. 223–76.

Skilling, Peter, 2013, 'Rhetoric of Reward, Ideologies of Inducement: Why Produce Buddhist "Art"?' in David Park, Kuenga Wangmo & Sharon Cather (eds), *Art of Merit: Studies in Buddhist Art and its Conservation*, London, pp. 27–37.

Skilling, Peter, 2007, 'For Merit and Nirvana: The Production of Art in the Bangkok Period', *Arts Asiatiques* 62, pp. 76–94.

Sng, Jeffery, et al. (eds), 2011, *Bencharong and Chinaware in the Court of Siam: The Surat Osathanugrah Collection*, Bangkok.

Stratton, Carol, 2004, *Buddhist Sculpture of Northern Thailand*, Chiang Mai.

Sumarsam, 1992, *Gamelan: Cultural Interaction and Musical Development in Central Java*. Chicago, IL.

Surakiat, Pamaree, 2006, *The Changing Nature of Conflict between Burma and Siam as Seen from the Growth and Development of Burmese States from the 16th to the 19th Centuries*, Singapore.

Suanda, Endo, 1985, 'Cirebonese Topeng and Wayang of the Present Day', *Asian Music* 16, 2, pp. 84–120.

Sweeney, Amin, 1972, *Malay Shadow Puppets*, London.

Sweeney, Amin, 1972, *The Ramayana and the Malay Shadow-Play*, Malaysia.

Sweeney, Amin, 1974, 'The Rama Repertoire in the Kelantan Shadow Play: A Preliminary Report', in Mohd Taib Osman (ed) *Traditional Drama and Music of Southeast Asia, Kuala Lumpur*, pp. 5–18.

Taylor, Paul M., Aragon, Lorraine V. & Rice, Annamarie L. (eds), 1991, *Beyond the Java Sea: Art of Indonesia's Outer Islands*, New York.

Than Htun (Dedaye), 2013, *Lacquerware Journeys: The Untold Story of Burmese Lacquer*, Bangkok.

Thaw Kaung, 2002, 'The *Ramayana* Drama in Myanmar', *Journal of the Siam Society* 90, 1, pp. 137–48.

Thompson, Ashley, 2017, 'Hiding the Female Sex: A Sustained Cultural Dialogue between India and Southeast Asia', in A. Dallapiccola & A. Verghese (eds), *Cultural Dialogues between India and Southeast Asia from the 7th and the 16th century*, Mumbai, pp. 125–44.

Tiffin, Sarah, 2006, *Southeast Asia in Ruins: Art and Empire in the Early 19th Century*, Singapore.

Tingley, Nancy, 2003, *Doris Duke: The Southeast Asian Art Collection*, New York.

Totton, Mary-Louise, 2005, 'Cosmopolitan Tastes and Indigenous Designs – Virtual Cloth in a Javanese *candi*', in Ruth Barnes (ed.), *Textiles in Indian Ocean Societies*, London, pp. 110–29.

Totton, Mary-Louise, 2009, *Wearing Wealth and Styling Identity: Tapis from Lampung, South Sumatra, Indonesia*, Hanover, NH.

Truong, Philippe, 2007, *The Elephant and the Lotus: Vietnamese Ceramics in the Museum of Fine Arts, Boston*, Boston.

Trusted, Marjorie, 2009, 'Propaganda and Luxury: Small-Scale Baroque Sculptures in Viceregal America and the Philippines', in Donna Pierce, et al. (eds) *Asia and Spanish America: Trans-Pacific Artistic and Cultural Exchange, 1500–1850*, Denver, CO, pp. 151–63.

Vandergeest, Peter and Chalermpow-Koanantakool, Paritta, 1993, 'The Southern Thai Shadowplay Tradition in Historical Context', *Journal of Southeast Asian Studies* 24, 2, pp. 307–29.

van Hout, Itie (ed.), 2001, *Batik: Drawn in Wax*, Amsterdam.

Vickers, Adrian, 2012, *Balinese Art: Paintings and Drawings of Bali 1800–2010*, Tokyo.

Vickers, Adrian, 2016, *Balinese Painting and Sculpture from the Krzysztof Musial Collection*, Clarendon, VT.

Waterson, Roxana, 1990, *The Living House: An Anthropology of Architecture in South-East Asia*, Oxford.

Wichienkeeo, Aroonrut, 2006, 'Buddha Images from Lan Na (Northern Thailand): A Study from Palm-leaf Texts and Inscriptions', in François Lagirarde & Paritta Chalermpow Koanantakool (eds), *Buddhist Legacies in Mainland Southeast Asia*, Paris and Bangkok, pp. 33–52.

Woolley, G. C., 1929, 'Some Notes On Murut Basketwork and Patterns', *Journal of the Malayan Branch of the Royal Asiatic Society* 10, 1, pp. 291–302.

Wright, Barbara Ann Stein, 1980, *Wayang Siam: An Ethnographic Study of the Malay Shadow Play of Kelantan*, PhD thesis, Yale University, New Haven, CT.

Yahya, Farouk, 2016, *Magic and Divination in Malay Illustrated Manuscripts*, Leiden.

第 7 章

Anderson, Benedict, 1991, *Imagined Communities: Reflections on the Origin and Spread of Nationalism*, London.

Bruntz, Courtney & Schedneck, Brooke, 2020, *Buddhist Tourism in Asia*, Honolulu.

Cribb, Robert, 1981, 'Political Dimensions of the Currency Question 1945–1947', *Indonesia* 31, pp. 113–36.

Dewhurst, Kurt C. & MacDowell, Marsha (eds), 1983, *Michigan Hmong Arts: Textiles in Transition*, Lansing, MI.

Geertz, Hildred, 1994, *Images of Power: Balinese Paintings Made for Gregory Bateson and Margaret Mead*, Honolulu.

Harrison, David & Hitchcock, Michael (eds), 2005, *The Politics of World Heritage: Negotiating Tourism and Conservation*, Buffalo, NY.

Harrison-Hall, Jessica, 2002, *Vietnam Behind the Lines: Images from the War 1965–1975*, London.

Hitchcock, Michael, King, Victor T. & Parnwell, Mike (eds), 2009, *Tourism in Southeast Asia: Challenges and New Directions*, Leiden.

Hockenhull, Tom, 2020, 'Peasants, Produce and Tractors: Farming Scenes on Communist Banknotes', *International Bank Note Society Journal* 59, 2, pp. 26–39.

Joya, José & Benesa, Leonidas V., 1981, *José Joya: A 30-year Retrospective*, Manila.

Ma Thanegi, 2000, *The Native Tourist: In Search of Turtle Eggs*, Yangon.

O'Neill, Hugh, 1994, 'South-East Asia', in M. Frishman and H. Khan (eds), *The Mosque: History, Architectural Development and Regional Diversity*, London, pp. 225–41.

Picard, Michel (ed.), 1997, *Tourism, Ethnicity, and the State in Asian and Pacific Societies*, Honolulu.

Riddell, P., 2001, *Islam and the Malay-Indonesian World: Transmission and Responses*, Honolulu.

Sabapathy, T. K., 2011, 'Developing Regionalist Perspectives in Southeast Asian Art Historiography (1996)', in Melissa Chiu & Benjamin Genocchio (eds), *Contemporary Art in Asia: A Critical Reader*, Cambridge, MA, pp. 47–61.

Taylor, Nora A., 1997, 'Orientalism/Occidentalism: The Founding of the l'École des Beaux-Arts d'Indochine and the Politics of Painting in Colonial Vietnam 1925–45', *Crossroads* 11, 2, pp. 1–33.

Taylor, Nora A. & Ly, Boreth (eds), 2012, *Modern and Contemporary Southeast Asian Art: An Anthology*, Ithaca, NY.

Taylor, Paul Michael (ed.), 1994, *Fragile Traditions: Indonesian Art in Jeopardy*, Honolulu.

網站

Anonymous, 2000, *Heilbrunn Timeline of Art History*, New York, https://www.metmuseum.org/toah/chronology/#!?geo=ss [accessed 1 August 2021].

Artoftheancestors.com [accessed 14 August 2021]

British Library blog post, 24 March 2014, *An Illuminated Qur'an manuscript from Aceh*, https://britishlibrary.typepad.co.uk/asian-and-african/2014/03/an-illuminated-quran-manuscript-from-aceh.html [accessed 14 August 2021].

British Library blog post, 28 November 2016, *Batak Manuscripts in the British Library*, https://blogs.bl.uk/asian-and-african/2016/11/batak-manuscripts-in-the-british-library.html [accessed 14 August 2021].

British Library blog post, 22 August 2019, *Monastic ordination in Theravada Buddhism*, https://blogs.bl.uk/asian-and-african/2019/08/monastic-ordination-in-theravada-buddhism.html [accessed 14 August 2021].

British Library blog post, 4 February 2021, *Qur'an manuscripts from Southeast Asia in the British Library*, https://blogs.bl.uk/asian-and-african/2021/02/quran-manuscripts-from-southeast-asia-in-the-british-library.html [accessed 14 August 2021].

British Library blog post, 14 June 2021, *Three Qur'an Manuscripts from Aceh in the British Library*, https://blogs.bl.uk/asian-and-african/2021/06/three-quran-manuscripts-from-aceh-in-the-british-library.html [accessed 14 August 2021].

Min Wae Aung images at Karin Weber Gallery: https://www.karinwebergallery.com/artists/min-wae-aung/ [accessed 17 August 2021].

Nationaal Museum van Wereldculturen, *The Great Pustaha*, https://artsandculture.google.com/story/GAVBQ-bzRQMA8A?hl=fr [accessed 25 August 2020].

Smithsonian Southeast Asian ceramics information: https://asia.si.edu/collections-area/southeast-asian/southeast-asia-objects/southeast-asian-art-ceramics/ and https://archive.asia.si.edu/publications/seaceramics/default.php [accessed 15 August 2021].

Tattoo pattern block and equipment: http://web.prm.ox.ac.uk/bodyarts/index.php/permanent-body-arts/tattooing/168-tattoo-pattern-block-and-equipment.html [accessed 15 August 2021].

Tiffany Chung: Vietnam, Past is Prologue: https://americanart.si.edu/exhibitions/chung [accessed 17 August 2021].

Tiffany Chung (biography and works): http://www.trfineart.com/artist/tiffany-chung/#artist-works [accessed 17 August 2021].

圖片版權

The publisher would like to thank the copyright holders for granting permission to reproduce the images illustrated. Every attempt has been made to trace accurate ownership of copyrighted images in this book. Any errors or omissions will be corrected in subsequent editions provided notification is sent to the publisher. All images of British Museum objects are © 2022 The Trustees of the British Museum, courtesy the Department of Photography and Imaging. **Introduction 1** © Shutterstock; **2** © Shutterstock; **3** Photo courtesy of Alexandra Green; **Chapter 1 Intro 1** Photo courtesy of Alexandra Green; **2** © Collection of the Asian Civilisations Museum; **1.1.1** Photo courtesy of Noel Hidalgo Tan; **1.1.4** Photo courtesy of Alexandra Green; **Chapter 2 2.10.2** Photo courtesy of Michael Feener; **Chapter 3 3.7.3** © British Library Board. All Rights Reserved / Bridgeman Images; **3.15.1** Collection of the Peranakan Museum. Gift of Mrs Knight Glenn Jeyasingam; **Chapter 4 4.7.1** © Shutterstock; **Spirits and Ancestors 1** © Shutterstock; **4.11.2** Courtesy of Le Quoc Viet; **Chapter 7 7.1.4** Reproduced by permission of the artist; **7.5.1** Courtesy of the artist and Tyler Rollins Fine Art; **7.5.2** Courtesy of the artist.

致謝

本書收錄的物品僅代表東南亞高度多樣的藝術形式的一小部分，同樣的，它們也僅是大英博物館眾多東南亞收藏的一小部分。文物、文化和國家的多樣性意味著我要感謝許多同事和朋友，他們毫不吝嗇地花時間，給我專業知識上的幫助。我非常感謝 Theresa McCullough、Fiona Kerlogue 和 Leonard Andaya 從頭到尾讀完本書，也感謝 Angela Chiu 和 Ashley Thompson 讀了很大部分，感謝他們提出的寶貴意見、建議和忠告。Monica Janowski 在婆羅洲的章節照顧我，因為婆羅洲對我是一個全新的主題。東南亞硬幣的章節則是多虧 Joe Cribb 的照顧，Annabel Gallop 在伊斯蘭的章節幫助我。我也非常感激很多其他人的貢獻，他們評論某些章節和主題，或提供資訊和翻譯，這些人包括 Michael Backman、Nigel Barley、Ruth Barnes、Ambra Calo、Barbie Campbell Cole、Sau Fong Chan、Michael Charney、David Clinnick、Pamela Cross、Charlotte Dixon、R. Michael Feener、Barbara and David Fraser、Traude Gavin、Gillian Green、Alfred Haft、Jessica Harrison–Hall、Michael Hitchcock、Tom Hockenhull、Irving Chan Johnson、Cristina Juan、Zeina Klink–Hoppe、James Lankton、Peter Lee、Leedom Lefferts、Pauline Lunsingh Scheurleer、Valerie Mashman、Forrest McGill、Edmund McKinnon、Stephen Murphy、Sandra Niessen、Kerry Nguyen–Long、Chris Reid、Marion Pastor Roches、Tyler Rollins、Geoffrey Saba、Noel Hidalgo Tan、Nora Taylor、Aprille Tijam、Mary–Louise Totton、Adrian Vickers、Helen Wang、Mei Xin Wang、Naomi Wang、Pim Westerkamp 和 Michael Willis。

和我合作生產這本書的時候，大英博物館和泰晤士與哈德遜出版社（Thames & Hudson）有很多人慷慨地貢獻出他們的時間、技能和知識。這本書沒有他們是不可能完成的。在出版方面，大英博物館的 Claudia Bloch、Bethany Holmes 和 Laura Meachem，以及泰晤士與哈德遜出版社的 Philip Watson、Melissa Mello 和 Susanna Ingram 大力支持我。Carolyn Jones 和 Ben Plumridge 以銳利的雙眼編輯本書，對此我感激不盡。Peter Dawson 繳出精彩的設計，而且非常耐心地滿足我想要做細微調整的要求。博物館的攝影部門費心處理大量從不曾被拍照的素材。我尤其非常感謝 Joanna Fernandes 管理這項任務並進行攝影。感謝攝影師 David Agar、Stephen Dodd、Kevin Lovelock、Saul Peckham、Michael Row、Bradley Timms 和 John Williams。亞洲收藏、版畫和繪畫收藏、硬幣和獎章收藏，以及織物收藏的團隊們，把看似無止盡的文物運送到保存和攝影中心，然後再送回。我衷心感謝 Gavin Bell、Paul Chirnside、Henry Flynn、Amanda Gregory、Jim Peters、Simon Prentice、Stephanie Richardson、Chloe Windsor、Helen Wolfe、Stella Yeung 和 Enrico Zanoni。特別感謝 Imogen Laing 和 Benjamin Watts。儘管工作排程繁忙，保存部門的 Rachel Berridge、Eliza Doherty、Kyoko Kusunoki、Alex Owen、Monique Pullan、Carla Russo 和 Stephanie Vasiliou 仍慷慨地通融很多文物的工作。我也非常感謝 Richard Blurton、Hugo Chapman、J. D. Hill，特別是 Jane Portal 給我的鼓勵。

最後，我要感謝我的家人堅定不移的支持和耐心。不用說，所有錯誤都是我的責任。

歷史大講堂
大英博物館裡的東南亞史

2024年12月初版　　　　　　　　　　　　　　定價：新臺幣800元
有著作權・翻印必究
Printed in Taiwan.

著　　　者	Alexandra Green	
譯　　　者	葉　品　岑	
叢書編輯	陳　胤　慧	
校　　對	陳　嫻　若	
內文排版	連　紫　吟	
封面設計	兒　　日	

出　版　者	聯經出版事業股份有限公司	編務總監	陳　逸　華
地　　　址	新北市汐止區大同路一段369號1樓	總編輯	涂　豐　恩
叢書主編電話	(02)86925588轉5317	總經理	陳　芝　宇
台北聯經書房	台北市新生南路三段94號	社　　長	羅　國　俊
電　　　話	(02)23620308	發行人	林　載　爵
郵政劃撥帳戶第0100559-3號			
郵　撥　電　話	(02)23620308		
印　刷　者	文聯彩色製版印刷有限公司		
總　經　銷	聯合發行股份有限公司		
發　行　所	新北市新店區寶橋路235巷6弄6號2樓		
電　　　話	(02)29178022		

行政院新聞局出版事業登記證局版臺業字第0130號

本書如有缺頁，破損，倒裝請寄回台北聯經書房更換。　　ISBN　978-957-08-7559-1 (精裝)
聯經網址：www.linkingbooks.com.tw
電子信箱：linking@udngroup.com

國家圖書館出版品預行編目資料

大英博物館裡的東南亞史/ Alexandra Green 著 . 葉品岑譯 .
初版 . 新北市 . 聯經 . 2024年12月 . 272面 . 17×24公分（歷史大講堂）
譯自：Southeast Asia: a history in objects.
ISBN　978-957-08-7559-1（精裝）

1.CST：文化史　2.CST：東南亞

738.01　　　　　　　　　　　　　　　113017857